뉴노멀 시대의
그리스도인

뉴노멀 시대의 그리스도인

© 생명의말씀사 2021

2021년 10월 25일 1판 1쇄 발행

펴낸이 | 김창영
펴낸곳 | 생명의말씀사

등록 | 1962. 1. 10. No.300-1962-1
주소 | 서울시 종로구 경희궁1길 6 (03176)
전화 | 02)738-6555(본사) · 02)3159-7979(영업)
팩스 | 02)739-3824(본사) · 080-022-8585(영업)

지은이 | 최성은

기획편집 | 서정희, 김유미, 장주연
디자인 | 김혜진
인쇄 | 예원프린팅
제본 | 정문바인텍

ISBN 978-89-04-16778-4 (03230)

저작권자의 허락없이 이 책의 일부 또는 전체를
무단 복제, 전재, 발췌하면 저작권법에 의해 처벌을 받습니다.

뉴노멀 시대의 그리스도인

시 / 대 / 를 / 분 / 별 / 하 / 라

어제의 낯선 상황이
오늘의 새로운 표준이 되는 뉴노멀 시대!
그리스도인은 어떻게 살아야 할까?

최성은

NEW NORMAL

추/천/사

한국교회가 살기 위해서 꼭 읽어야 할 책

팬데믹 위기가 자초한 시대의 변화는 작지 않습니다. 우리 시대 모든 삶의 영역에 변화를 요구하고 있습니다. 그리스도인도 결코 예외가 아니고 교회도 예외가 아닙니다. 최성은 목사님은 존 스토트 연구로 복음주의 교회의 소명을 연구한 학자입니다. 그러나 그는 설교자로 오늘의 강단에서 시대정신과 마주하고 질문을 던집니다. 그리고 우리 시대에서 한국교회 성도들의 대답을 함께 모색합니다.

우리가 변하지 않으면 우리는 이 시대에서 도태될 것입니다. 우리 한국교회가 살기 위해서라도 이 책은 꼭 읽혀야 합니다. 한국교회 목회자들과 평신도 지도자들에게 일독을 권합니다. 우리가 변하면 시대는 다시 복음에 귀를 기울이게 될 것입니다. 그런 소망스러운 변화를 기대하며 이 책을 함께 읽었으면 합니다. "No Cross, No Crown!"이라는 청교도의 고백을 다시 들었으면 합니다. 뉴노멀 시대에 우리 강단에서 복음이 회복되는 것을 보고 싶습니다.

_ 이동원 (지구촌교회 원로목사)

원색적인 복음으로, 진리로 돌아가게 하는 책

『뉴노멀 시대의 그리스도인』의 마지막 페이지를 덮으며 감사했습니다. 일반적이고 좋은 설교가 주를 이루는 시대에 십자가 중심의 복음적인 진짜 설교를 들을 수 있었기 때문입니다. 일반적인 좋은 책은 많지만, 원색적인 복음으로, 진리로 돌아가게 하는 책이 흔하지 않기에 이 책이 더 소중하게 느껴집니다.

최성은 목사님은 하나님께 받은 은사를 열정으로 감당하는 하나님의 사람입니다. 그 열정으로 정말 필요한 때에 좋은 책을 내놓는 것을 기뻐하지 않을 수 없습니다. 이 책은 절대 진리가 부정되는 포스트모더니즘 시대를 살아가는 우리에게 하나님의 절대 진리를 붙잡게 만듭니다. 많은 분이 이 책을 통해 혼란한 뉴노멀 시대에 분명한 말씀의 표지판을 바라보며 멋진 인생을 살아가기를 소원합니다.

_ 유관재 (성광교회 담임목사)

미래를 준비하는 이들을 위한 친절한 안내서

코로나 팬데믹으로 인한 거대한 변화로 사람들은 혼란과 불안 속에 휩싸여 있습니다. 그야말로 역사의 전환기에 살고 있습니다. 분별력을 가지지 않으면 영적 미아가 될 수 있습니다. 저자는 이 책에서 우리가 겪는 상황을 분석하고 있으며, 말씀을 통해 미래를 열어가고자 하는 통찰을 보여주고 있습니다. 세상에서 흔히 이야기하는 미래학이 아니라 말씀의 조망을 통해 우리 모두가 새롭게 열어갈 미래를 어떻게 준비해야 할 것인지를 친절하게 안내해 주고 있습니다. 포스트 코로나를 이야기하는 바로 이때 시의적절하게 나온 이 책이 평신도들이나 목회자 모두에게 유익한 필독서가 되리라 믿습니다.

_ 이규현 (수영로교회 담임목사)

성도가 영원히 붙들어야 할 나침반 같은 지침

최성은 목사님을 생각하면 웃음이 나옵니다. 만날 때마다 약간 능글맞으면서도 유머러스한 모습이 코로나로 답답한 저의 기분을 풀어주곤 했습니다. 사뭇 진지하게 시대를 향한 고민과 혜안들을 진솔하게 나누는 모습에 매료되기도 했습니다. 얼굴도 잘생기고, 유머 감각에 시대적인 통찰까지 겸비한 목사님입니다.

이 책은 그런 목사님의 고민과 지혜, 통찰과 열정이 담겨 있습니다. 이 책을 읽으면서 '본질과 복음 그리고 확신'이란 단어가 떠올랐습니다. 뉴노멀 시대에 모두가 어디로 갈지 몰라 방황하고 있습니다. 이런 시대에 필요한 것은 견해가 아닌 확신입니다. 개인적으로 장마다 확신 있는 어조로 뉴노멀 시대에 필요한 복음의 본질을 재촉구하시는 목사님의 모습에 많은 격려와 도전을 받았습니다.

서점에 가면 팬데믹 솔루션에 관한 책들이 난무합니다. 이 책은 세상의 주장들과 달리, 성도가 영원히 붙들어야 할 나침반 같은 지침을 소개합니다. 시대에 대한 혜안과 죄에 대한 탄식, 영혼에 대한 긍휼과 진리에 대한 확신이 어우러진 이 책은 그리스도인다운 '선택'과 '집중'을 할 수 있도록 도와줍니다. 답답하고 어두운 시대에 쉽고 재미있고 깊이 있게, 우리를 진리로 이끌어주는 귀한 책을 만날 수 있어서 감사합니다.

_ 이인호 (더사랑의교회 담임목사)

하나님의 큰 그림의 빛 아래에서 통찰하는 삶과 역사

갑자기 눈앞에 나타난 낯선 길에서, 안심과 신뢰와 고마움을 주는 마을 이장님을 만난 느낌입니다. 먼저 뉴노멀에 당황할 이유가 없다는 바탕에서 글을 끌어가는 저자의 관점이 안정감을 줍니다. 그의 말처럼 역사는 뉴노멀의 반복적인 탄생과 소멸의 여정이었을 뿐이니 말입니다. 저자는 '또 한 번의 뉴노멀' 앞에서 지나치게 당황할 필요가 없다는 사실은 견지하면서도, 동시에 늘 반복되었던 것의 또 한 번의 출현일 뿐이라는 안일함을 경계하는 균형 위에서 말씀과 복음의 본질로 돌파의 창을 구축하려는 분투가 깊은 신뢰를 줍니다.

영원한 뉴노멀은 이미 육화된 새 계명, 곧 유일하신 예수 그리스도의 자기를 내어주시는 십자가 사랑에서 영원토록 드러났습니다. 저자 자신이 굳게 붙들고 있을 게 분명한, 하나님의 큰 그림의 빛 아래에서 삶과 역사를 통찰하고 있습니다. 영원한 뉴노멀에 담긴 거룩과 사랑의 기적과 감사의 공동체로 삶과 역사에 대답하려는 성실한 의지, 그리고 뉴노멀의 당황 혹은 위기 가운데서 오히려 적극적인 복음적 행진을 제안하는 그의 용단 있는 목회적 선택은 깊은 고마움을 느끼게 합니다.

_ 정갑신 (예수향남교회 담임목사)

하나님의 백성으로 뉴노멀 시대를 어떻게 살아야 하는가

우리가 코로나19로 이전에 경험해 보지 못한 비정상적인 상황에 직면한 지 벌써 2년이 다 되어가고 있습니다. 그리고 이제는 그 비정상적인 상태가 새로운 정상(New-Normal)이 되었습니다. 그래서 많은 이들이 오늘을 가리켜 '뉴노멀 시대'라고 부르고 있습니다. 그러나 대부분의 사람은 이런 '뉴노멀 시대'를 맞이하여 어떻게 대처하며 살아가야 하는지 알 수 없어 당황해하고, 무력감과 불안과 두려움에 사로잡혀 있습니다.

바로 이런 상황에서 지구촌교회 최성은 목사님이 『뉴노멀 시대의 그리스도인』이라는 너무나 소중하고 시의적절한 책을 출간하였습니다. 이 책은 모든 그리스도인이 '뉴노멀 시대'에 진정으로 붙들어야 할 것은 무엇인지, 하나님의 백성으로서 뉴노멀 시대에 어떻게 살아야 하는지, 그리고 우리가 진정 무엇을 바라보아야 하는지를 말씀을 통해서 제시하고 있습니다. '뉴노멀 시대'에도 여전히, 그리고 절대로 변하지 않는 '복음'을 가지고 우리 그리스도인들이 나아갈 방향을 제시하고 있습니다. 이 책이 '뉴노멀 시대'를 살아가는 모든 성도들에게 '영적 백신'의 역할을 하게 되리라 확신하며, 감사와 기쁨으로 적극 추천합니다.

_ 주승중 (주안장로교회 위임목사)

C/O/N/T/E/N/T/S

프롤로그_ 우리는 시대를 분별해야 합니다 / 10

PART / 1
뉴노멀 시대, 우리는 어떤 시대에 살고 있는가?

시대적 위기

01. 전염병 한복판, 시대를 분별하라 / 17
02. 포스트모던 문화의 교묘한 유혹 / 33
03. 하나님을 떠난 세대의 4가지 특징 / 51

PART / 2
뉴노멀 시대, 무엇을 붙들어야 하는가?

붙들어야 할 것

04. 물 타지 않은 복음을 붙들라 / 71
05. 성경의 관점, 기독교 세계관을 붙들라 / 89
06. 하나님의 거룩과 사랑을 붙들라 / 105
07. 말씀에 근거한 기도를 붙들라 / 123

PART / 3
뉴노멀 시대, 어떻게 살아야 할까?

행해야 할 것

- 08. 감사_ 코로나 한복판에서도 감사　/ 143
- 09. 공동체_ 뉴노멀 시대에 빌레몬 가정처럼　/ 157
- 10. 전도_ 뉴노멀 시대, 복음 전도와 선교의 4가지 핵심　/ 177
- 11. 경건_ 예수님을 닮아 가는 삶　/ 193
- 12. 기적_ 이 시대에 필요한 오병이어　/ 207
- 13. 섬김_ 대한민국 피로회복의 비결　/ 221

PART / 4
뉴노멀 시대, 무엇을 기다려야 하는가?

바라보아야 할 것

- 14. 추수가 임박할 때 무슨 일이 일어나는가　/ 245
- 15. 종말을 사모하라　/ 261
- 16. 우리가 바라보아야 할 나라　/ 275

에필로그_ 뉴노멀 시대에도 여전히 변하지 않는 복음　/ 290

프/롤/로/그
우리는 시대를 분별해야 합니다

요즘 '뉴노멀'(New Normal)이라는 말이 유행입니다. 그러나 그 의미가 무엇인지 제대로 알고 사용하는 사람은 많지 않은 듯합니다.

사실 이 말은 2008년 세계 금융위기 때 저성장, 저물가, 저금리의 '3저' 경제 침체기를 맞이하면서 유행한 단어로, '새롭게 만들어진 경제적 기준'을 뜻합니다. 2003년 벤처 투자가인 로저 맥나미(Roger McNamee)가 처음 사용했지만, 2008년 금융 위기가 본격적으로 시작할 때 모하메드 엘 에리언(Mohamed El Erian)이라는 사람이 『새로운 부의 탄생』이라는 책에서 사용하여 유명해졌습니다. 그런데 이 말이 코로나19라는 전염병 시대에 다시 대두되었습니다.

그렇다면 코로나 전염병 시대에 뉴노멀이란 단어는 어떤 의미로 이해되고 있을까요? 오늘날 우리에게 '뉴노멀'은 어제까지 일상적이지 않았던 현상이 이제는 아주 흔한 표준이 되어 가고 있다는 것을 뜻합니다. 쉽게 말하면, '새로운 정상 상태'를 이야기하는 것입니다.

즉, 뉴노멀이란 이제 완전히 새로운 일상이 시작되었음을 알리는 말입니다. 그러나 뉴노멀을 과거에 비도덕적이었던 것이 지금은 정상이 될 수 있다는 말로 받아들여서는 안 됩니다.

예를 들면, 과거에는 스포츠 경기장을 찾은 사람들이 의자에 앉아서 경기를 관람했습니다. 그러나 이제는 선수들이 무관중 경기를 합니다. 그리고 경기장을 가득 채웠던 관람자들은 이제 온라인으로 경기를 시청합니다. 이러한 상황이 정상이 되어 가는 현실을 살아가고 있습니다.

그런데 그런 의미로 보면 뉴노멀 현상은 시대마다 등장해 왔습니다. 현재 당하는 코로나 전염병 시대뿐만이 아니라, 농업 경제에서 산업 경제로 발전할 때, 민족의 단위에서 국가의 단위로 발전할 때, 마차를 타던 시절에서 자동차가 발명될 때, 가정집 전화기에서 핸드폰으로 발전할 때, 텔레비전이 발명될 때, 비행기가 발명될 때, 무엇인가 급진적인 새로운 변화가 나올 때마다 인류는 뉴노멀을 맞이해 왔고, 또한 적응해 왔습니다.

지금 우리는 또 한 번의 뉴노멀을 맞이하고 있습니다. 특별히 우리 그리스도인들은 신앙생활의 중심이라고 할 수 있는 예배와 각종 교회 사역의 제한에 대하여 지난 일 년간 적지 않게 당황하고 있습니다. 선교지역에서도 새로운 패러다임 전환(Paradigm shift)과 전략이 절실히 요구되고 있습니다.

어떤 사람들은 이 사실을 부인하고, 다시 전처럼 똑같이 돌아갈 것이라고 믿고 있습니다. 그러나 동시에 전문가들은 이제 새로운 현실을 받아들여야 한다고 조언합니다. 아울러 전 세계가 전염병 시대에 맞추어 새로운 기준과 표준을 따라 새로운 일상을 시작했음에 동의해야 한다고 이구동성으로 이야기합니다. 싫건 좋건 간에 사실상 기업이나 비즈니스, 교육, 산업 전반에 걸쳐 우리는 뉴노멀 시대를 이미 맞이했습니다.

우리에게 이제 새로운 도전은 적지 않은 일상이 과거로 돌아갈 수 없다'는 것입니다. 우리는 코로나 시국이 속히 끝나기를 간절히 기도하지만, 하나님의 마침표 시간이 언제인지 알지 못합니다. 이에 마냥 다시 과거의 일상이 돌아오기를 기다리기보다, 현재 상태에서 하나님이 우리에게 원하시는 것이 무엇인지를 깨닫고 그것을 우리의 삶에 실천하는 것이 가장 지혜로운 삶이라고 할 수 있습니다.

그런 의미에서 우리는 시대를 분별해야 합니다. 하나님이 정하신 인류 역사 종말의 첫 번째 장에서 우리가 어디에 서 있는지 무엇을 어떻게 해야 하는지 영적으로 깨닫고 분별하는 것은 매우 중요합니다.

왜냐하면, 사람들은 묵시가 없어서 방자하게 행하기도 하지만, 묵시를 깨닫지 못해서 또한 방황하기 때문입니다. 우리가 오늘 이 시대를 향한 하나님의 뜻을 발견해야 하는 이유가 바로 여기에 있습니다.

그러나 저는 '뉴노멀'이라는 단어에 한 가지 함정이 있다고 생각합니다. 세상은 모든 것이 새로워졌기 때문에 과거를 잊어버리고 오직 새로운 시대에 적응해야 한다고 이야기합니다. 그러나 우리는 새로운 시대를 분별하는 기준(혹은 본질)이 필요함을 잊지 말아야 합니다.

시대가 변해도 변하지 않는 한 가지 법칙이 있습니다. 그 모든 뉴노멀을 통한 파장이 가져온 새 시대를 이끌어 나가시는 하나님과 그분의 말씀입니다. 변화되는 것을 분별하는 기준은 변하지 않는 진리의 말씀입니다. 영원히 진리이신 하나님이 인류를 이끄시기에 우리는 오늘날 혼돈 가운데도 시대를 살아나갈 수 있는 것입니다.

변하지 않는 진리가 변화되는 세상을 온전히 이끄는 역설입니다. 그러나 그 역설만이 우리가 살아갈 길이며 변하는 세상 속에 붙들어야 하는 본질입니다.

우리는 우리가 살고 있는 이 시대를 분별해야 합니다. 지금 많은 사람이 혼돈 가운데 있습니다. 절대 진리를 거부하는 포스트모던 사회라는 거대한 시대적 사조의 흐름과 더불어 우리는 감염병 시대에 본격적으로 돌입했습니다. 거기에 창조 질서에 역행하는 여러 가지 반기독교적 사상들과 법 제정과 행동들이 난무합니다.

빠르고 급격하게 변화하는 이런 시대를 우리는 하나님 말씀으로 어떻게 분별해야 할까요?

이 책은 우리의 시대 상황을 살펴보고, 하나님 말씀으로 진단하며, 우리가 견고히 붙들어야 할 것은 무엇인지, 우리의 신앙생활에 변화가 필요한 부분은 무엇인지, 그리고 마지막으로 우리가 무엇을 바라보고 소망해야 할 것인지를 고민한 결과입니다. 여기, 코로나 시대에 성도들과 함께 고민하고, 울고, 웃고, 부르짖은 믿음의 이야기가 담겨 있습니다.

이 책을 읽어 나가며 성령 안에서 우리의 고민을 함께 나눈다면, 하나님이 우리 마음에 동일한 은혜의 음성을 들려주실 줄로 믿습니다.

"풀은 마르고 꽃은 시드나 우리 하나님의 말씀은 영원히 서리라 하라"(사 40:8).

지구촌교회 목양실에서
시대의 한복판에 선 최성은 목사

PART / 1

뉴노멀 시대, 우리는 어떤 시대에 살고 있는가?

- 전염병 한복판, 시대를 분별하라
- 포스트모던 문화의 교묘한 유혹
- 하나님을 떠난 세대의 4가지 특징

NEW NORMAL

시대적 위기

전염병 한복판,
시대를 분별하라

_ 팬데믹 시대의 분별을 위한 지침

바리새인과 사두개인들이 와서 예수를 시험하여
하늘로부터 오는 표적 보이기를 청하니 예수께서 대답하여 이르시되
너희가 저녁에 하늘이 붉으면 날이 좋겠다 하고
아침에 하늘이 붉고 흐리면 오늘은 날이 궂겠다 하나니
너희가 날씨는 분별할 줄 알면서 시대의 표적은 분별할 수 없느냐
악하고 음란한 세대가 표적을 구하나
요나의 표적 밖에는 보여 줄 표적이 없느니라 하시고
그들을 떠나가시니라(마 16:1-4).

사람들은 종교인이든 아니든, 그리스도인이든 아니든, 시대마다 그 시대를 읽어 낼 수 있는 어떤 지표를 원합니다. 예를 들어, 요즘 시대는 주가나 경제에 관심이 많기에 사람들은 늘 경제의 흐름을 파악하고자 경제지표를 읽어 내려고 안간힘을 씁니다. 소상공인들이나 경제인들은 물가지수에 민감하고, 주부들은 콩나물 가격 하나에도 민감합니다.

시험을 앞둔 학생들은 올해 어떤 문제가 출제될지 막바지 동향에 촉각을 곤두세웁니다. 부동산 투자가들은 땅에, 항해사들은 바다의 물결에, 조종사들은 하늘의 기상 변화에, 스포츠 구단주들은 선수들 영입에 관심을 가지며, 많은 젊은이는 현재 트렌드를 알아보기 위하여 인터넷, 스마트폰으로 이리저리 서핑을 합니다. 사람들은 누구나 각 분야에서 시대의 흐름을 읽어 내려고 갖은 노력을 다합니다.

마태복음 16장 1-4절에는 '표적'이라는 단어가 등장합니다. 한국말 성경에는 이와 비슷한 '이적', '기적', '기사'라는 단어도 함께 등장합니다. 영어 성경은 '이적'과 '기사'를 'wonder'로, '기적'을 'miracle'로, 표적을 'sign'으로 번역했습니다.

헬라어로 구분해서 본다면 '테라스'(τέρας)는 '이적' 혹은 '기적', '기사'로 번역되는 것이 맞고, '세메이온'(σημεῖον)은 '표적'으로 번역되는 것이 더 타당합니다. 구분하자면, 성경에서 일어난 모든 기적과 기사가 다 어떤 뜻을 갖고 있지만, 특별히 예수님이 일으키신 기적 중에 특별한 메시지를 담고 있는 것들을 가리켜 '표적', 즉 '징조', '사인'이라고 합니다. '세메이온'이 '무엇을 가리키다'라는 어원적 의미를 갖고 있기 때문입니다.

예를 들어, 예수님이 가나 혼인 잔치에서 물이 포도주가 되게 하신 사건은 단순한 기적이나 기사를 넘어서서 예수님이 주고자 하시는 분명한 교훈을 갖습니다. 우리는 이러한 것을 '표적' 혹은 '사인'이라고 합니다.

시대가 어려울 때마다 고대의 사람들은 자연에 나타난 특이한 현상을 보고, 인류를 향한 어떤 징조, 즉 사인이라고 생각했습니다. 현대에도 민감한 사람들은 그 시대를 읽을 수 있는 표적을 원하고, 찾고자 합니다. 그 까닭은 모든 사람에게는 사실 다 종교성이 있기 때문입니다.

예수님 시대의 사람들은 자신들을 정치적, 경제적으로 구원해 줄 하나님이 보내시는 메시아를 기다리고 있었습니다. 그들에게 메시아는 시대의 가장 중요한 표적이며 종말론적 사인이었습니다. 이 장의 본문에 등장하는 바리새인들과 사두개인들도 예수님을 찾아와서 표적을 보이기를 청했습니다.

세상의 이치도 이러한데, 이 시대를 살아가는 우리 그리스도인들은 어떠해야 할까요? 더군다나 우리는 코로나 팬데믹이라는 전대미문의 전염병 한복판에서 내일을 예측할 수 없는 상황 가운데 있습니다. 이러한 때 우리는 어떻게 이 시대를 분별해야 할까요?

1. 말씀을 기준으로 시대의 현상을 파악하라

마태복음 16장 1-4절은 예수님과 바리새인, 그리고 사두개인이 나눈 짤막한 대화입니다. 그런데 자세히 살펴보면 이 짧은 대화 속에서 세상을 파악할 수 있는 아주 중요한 단서들을 발견할 수 있습니다(1-2절). 이 말씀은 이 시대를 가리켜 어떤 시대라고 이야기합니까?

첫째, 예수님을 시험(대적)하는 시대라고 합니다.

"바리새인과 사두개인들이 와서 예수를 시험하여"(마 16:1).

바리새인들과 사두개인들은 유대교의 대표적인 종파로, 사이가 좋지 않았습니다. 바리새인들은 지금으로 말하면 대부분이 평신도 리더 그룹의 대표들로, 유대 상인이나 귀족들이었습니다. 사두개인들은 제사장 그룹이라고 할 수 있습니다.

그들은 부활에 대한 인식이 서로 달랐습니다. 바리새인들은 부활을 믿고, 사두개인들은 믿지 않았습니다. 그런 그들에게 예수라는 공동의 적이 생긴 것입니다. 그들에게 예수님은 그들의 기득권을 위협하는 자였습니다. 그러니 예수님을 모함하는 일에 하나가 된 것입니다. 악은 선을 이기기 위해 늘 하나가 됩니다. 그런 그들이 예수님을 시험했습니다.

여기서 '시험하였다'라는 표현의 원어적 의미는 한 번만 시험한 것이 아니라, 반복적으로 계속 시험했음을 뜻합니다. 즉 진실을 확인하려는 차원의 테스트가 아니라, 예수님을 모함하고 함정에 빠뜨리려는 테스트였다는 것입니다.

인간이 전능하신 하나님을 깊이 만나면 하나님 앞에서 내 삶이 드러나고 나의 신앙을 테스트하고 점검하게 됩니다. 반대로 하나님을 알아보지 못하면 신을 계속해서 부정적인 의미에서 테스트합니다. 신앙이 연약할수록 나의 영역에서 하나님을 반복적으로 시험합니다. 특히 포스트모던 시대는 인간의 이성과 과학, 그리고 인간이 추구하며 발명한 모든 것을 가지고 하나님을 시험대에 올려놓습니다.

사실 하나님이 우리에게 이성을 주신 까닭은 합리적인 사고를 통하여 성경 말씀에 있는 진리를 발견하게 하시기 위함입니다. 그러므로 하나님을 발견하기 위해 이성과 과학을 활용할 때와 하나님을 대적하기 위하여 하나님이 주신 도구들을 사용할 때는 완전히 다른 결과에 도달하게 됩니다. 그런데 이 시대는 어느 때보다 하나님을 시험하고 있습니다. 이러한 사실이 오늘을 살아가는 우리를 슬프게 합니다.

지금까지 바리새인과 사두개인, 그리고 예수님의 대화를 통해 시대를 분별할 수 있는 첫 번째 단서를 살펴보았습니다. 그것은 이 시대가 하나님을 시험하는 시대라는 것입니다. 그렇다면 두 번째 단서는 무엇일까요? 1절을 다시 한번 살펴봅시다.

> "바리새인과 사두개인들이 와서 예수를 시험하여 하늘로부터 오는 표적 보이기를 청하니"(마 16:1).

끊임없는 기적과 표적을 구하는 탐욕의 시대였습니다. 바리새인들과 사두개인들은 이미 직간접적으로 예수님이 일으키신 기적들을 보고 듣고 체험했습니다. 말씀도 충분하게 들었음에도 그들은 또 다른 기적을 원하는 행동은 예수님이 일으키신 이제까지의 모든 기적을 부인하는 것입니다.

당시 수많은 사람이 예수님을 따라다녔지만, 그들은 예수님을 하나님의 아들, 기적을 일으키시는 주체로 보지 않고, 기적을 베풀어 주는 도구로 보았습니다. **하나님을 사랑의 관계 속에서 만나지 않으면 하나님을 내 인생의 탐욕을 채워 주는 도구로 보기에, 우리는 끊임없이 기적과 표적을 요구만 할 뿐입니다.**

우리 세대가 바로 그런 세대가 아닐는지요. 탐욕으로 가득 차서 이웃은 배려하지 않고 오직 나의 유익만을 구하는 세대 말입니다. 우리를 말씀에 비추어 보지 않을 수 없습니다.

셋째로, 종교 지도자들과 예수님의 대화에서 엿볼 수 있는 이 시대의 현상은 무엇일까요? 천기를 분별할 줄 안다고 자랑하는, 교만한 시대입니다. 즉 세상의 이치에 밝은 시대입니다.

> "예수께서 대답하여 이르시되 너희가 저녁에 하늘이 붉으면 날이 좋겠다 하고 아침에 하늘이 붉고 흐리면 오늘은 날이 궂겠다 하나니 너희가 날씨는 분별할 줄 알면서 시대의 표적은 분별할 수 없느냐"(마 16:2-3).

세상은 갈수록 순진한 면을 잃어버리고 있습니다. 순수한 면도 잃어버리고 있습니다. 인터넷의 발달로 과거와는 다르게 우리의 아이들이 너무도 빨리 세상을 접하고 있습니다. 나이 때마다 알아 가야 하는 포지션, 레벨이 있어야 할 것 같습니다. 요즘 아이들은 인생의 무게를 너무 많이 느끼는 것 같습니다. 청년들도 마찬가지입니다.

예수님 시대에는 자연의 변화로 시대를 읽으려 했지만, 지금 이 시대는 온갖 다양한 정보와 과학으로 미래를 예측하고자 합니다. 저마다 각자 자기 소견에 옳은 대로 이 세상의 이치를 판단하려고 하고, 잘 판단하고 있다고 믿고 있습니다.

이뿐만이 아닙니다. 세상의 모든 지식을 동원하여 우주의 모든 것을 안다고 자만하고 있습니다. 인생을 안다고 자부합니다. 인터넷은 지식의 평준화를 만들어 주었고, 교통의 발달은 세계 일주를 가능하게 했고, 의술은 평균 수명을 높여 주었으며, 과학은 우주에 나가 보아도 하나님이 보이지 않는다고 이야기합니다. 우리 세대는 어쩌면 천기를 분별할 줄 안다고 자부하는 교만한 세대가 되어 버렸는지도 모릅니다.

말씀 앞에서, 그리고 하나님 앞에서 우리 시대를 점검해 봅시다.

"우리 시대는 예수님을 시험하는 시대인가?"

"우리 시대는 나의 욕심을 채우고자 끊임없이 기적과 표적을 구하는 시대인가?"

"우리 시대는 어느 시대보다도 세상의 이치에 밝은 시대인가?"

우리는 슬프게도 이 모든 질문에 고개를 끄덕일 수밖에 없습니다. 그러나 한 가지 소망이 있습니다. 오늘 이 시대를 파악하는 현상 3가지가 모두 성경에 기록되어 있다는 사실입니다. 이 사실은 우리에게 격려가 됩니다.

우리가 이 세상의 변화나 소리를 뒤로하고 매일 하나님 말씀을 묵상하고 그것에 의지하여 이 시대의 현상을 파악해야 하는 이유가 여기에 있습니다. 하나님의 말씀이 이 세상을 파악하는 기준이기 때문입니다.

2. 시대를 향한 예수님의 진단을 신뢰하라

말씀을 통해 상황이 파악되면, 그다음에 예수님이 이 시대를 어떻게 진단하시든지 믿고 신뢰해야 합니다. 하나님을 대적하고 교만하고 탐욕스러운 시대에 대하여 예수님은 두 가지 진단을 내리셨습니다. 하나는 '시대의 표적을 분별하지 못하는 시대'(마 16:3)라는 진단이고, 또 하나는 '악하고 음란한 시대'(마 16:4)라는 진단입니다.

마태복음 16장 2-3절은 이런 의미입니다. "너희가 수많은 지식과 전통과 학문과 경험과 이성을 가지고 날씨, 경제, 정세, 건강, 세상의 이치는 분별한다고 하면서, 어떻게 지금 시대의 표적은 분별할 수 없느냐?"라는 말씀입니다. 정말 우리의 정곡을 찌르는 말씀입니다.

코로나 팬데믹이 중국 우한에서 일어날 때만 해도 이 일이 이렇게 전 세계적으로 퍼져서 내가 사는 가정까지 위협받을 것이라는 생각은 아주 일부 전문가들을 제외하고는 누구도 하지 못했을 것입니다. 사람들은 지금 너무나도 큰 두려움과 상실감에 빠져 있습니다.

인류 역사상 가장 찬란한 문명의 이기를 누리며 21세기를 살아가고 있는 우리 세대가 이렇게 눈에 보이지 않는 작은 바이러스 하나의 통제를 받게 될 것이라고 감히 누가 상상이나 했을까요? 날씨를 분별하고 천기를 분별한다고 하지만, 눈에 보이지 않는 바이러스 하나로 모든 자존심이 무너졌습니다.

1918년 발병한 스페인 독감에 당시 전 세계 인구의 3분의 1이 감염되었습니다. 스페인 독감은 감염자 중 3%에 해당하는 5,000만 명 이상의 희생자를 내고 1919년 4월에 종식되었습니다. 제1차 세계대전 말미에 일어난 이 전염병으로 전쟁보다 더한 두려움을 느낀 각국의 지도자들은 서둘러서 전쟁을 마쳤습니다.

그로부터 정확히 100년 뒤인 2019년 12월, 중국 후베이성 우한시에서 코로나19가 발생했습니다. 정확히 1세기 만입니다. 전염병의 공포가 사람들의 기억에서 잊히고 희미해진 2020년, 이렇게 문명과 과학과 의학이 발달했는데 인류는 다시 팬데믹 시대를 걷고 있습니다.

코로나 팬데믹은 이런 의미에서 우리의 고난과 죄악 가운데 하나님의 숨겨진 은혜의 손길입니다. 우리의 시대적인 현상들, 즉 하나님을 시험하는 대적함, 하나님보다 많이 안다고 여기는 교만, 끊임없이 하나님을 이용하는 탐욕의 마음을 멈추게 했기 때문입니다. 코로나19가 없었다면 현장 예배, 성도의 교제와 섬김, 복음 증거의 소중함을 깨닫지 못했을 것입니다.

수많은 교회가 성도들 없이 예배하고, 복음을 증거하며, 교회를 운영합니다. 이런 상황을 코로나19 이전에는 상상도 하지 못했습니다. 우리는 때때로 예수 그리스도의 보혈의 은혜마저 우리의 공로로 여기기도 합니다. 그러나 코로나19는 우리의 신앙을 더욱더 겸손한 마음으로 회복되게 합니다. 그동안 우리는 정말 간절한 마음으로 신앙의 본질 회복을 위해 기도했을까요?

"너희가 날씨는 분별할 줄 알면서 시대의 표적은 분별할 수 없느냐"(마 16:3).

우리 시대를 향한 예수님의 음성입니다. 코로나19가 속히 종식되고 성도들이 일상으로 돌아오기를 간절히 원하지만, 만약 이 예수님의 경고의 음성을 깨닫지 못한 채 코로나19가 종식되고 일상으로 돌아간다면 어떻게 될까요?

그동안 코로나19로 인해 멈추어진 범죄와 탐욕, 교만이 더욱 폭주할 것입니다. 그러므로 우리는 고통스럽지만, 이 전염병 앞에서 예수님이 우리 시대를 향하여 진단하시는 그 음성을 들어야 합니다. 양 떼는 목자의 음성을 듣게 되어 있습니다.

세상의 관점에서 시대를 이끌어 간다고 하는 사람들과 하나님의 관점에서 시대를 이끌어 간다고 하는 사람들은 다릅니다. 세상에서도 뛰어나고 하나님도 열심히 섬기는 다니엘과 같은 사람도 있습니다. 하지만 세상의 관점에서 뛰어나더라도 하나님의 관점에서 인정을 받지 못하면 그것은 세상을 이끄는 것이지, 시대를 이끄는 것은 아닙니다.

세상을 이끄는 것과 시대를 이끄는 것은 다릅니다. 세상은 악인도, 파렴치한 사람도 이끌 수 있고 영향력을 끼칠 수 있습니다. 그러나 시대, 즉 하나님이 정하신 하나님의 뜻이 담겨 있는 시대는 오직 하나님의 사람만이 이끌어 갈 수 있습니다. 이 시대의 교회가 그런 교회가 되고, 우리가 하나님의 음성을 듣는 사람이 되길 원합니다.

예수님은 이 시대를 향한 영적 진단을 한 가지 더 해주십니다. "악하고 음란한 세대가 표적을 구하나"(마 16:4)라는 말씀입니다. 이 말씀은 마태복음 12장에서 일어난 비슷한 사건 속에도 기록되어 있습니다. 예수님을 찾아와서 표적을 원하는 서기관과 바리새인들에게 예수님은 동일한 말씀을 하셨습니다(마 12:39).

예수님을 모르는 세상은 당연히 영적으로 악할 수밖에 없습니다. 그러나 마태복음과 마가복음, 누가복음에 반복적으로 나오는 이 예수님의 말씀은 당시 썩을 대로 썩어 있는 유대교 종교 지도자들과 유대인들을 향한 예수님의 독설입니다.

'음란한 세대'는 이방인이 아닌, 바로 하나님을 알면서도 저버리고 세상을 숭배하는 이스라엘 백성을 향한 구약 시대의 말씀과 동일한 것입니다. 그러므로 예수님이 '악하고 음란한 세대'라고 말씀하실 때 우리는 이 시대의 타락한 세상을 생각하기 전에 나를 먼저 포함시켜야 합니다. 하나님 말씀을 읽을 때 나에게 하시는 말씀으로 가장 먼저 받아들여야 합니다. 왜냐하면 이 세대에 대하여 하시는 하나님의 말씀은 그 세대를 살아가는 나에게도 하시는 말씀이기 때문입니다.

나를 제쳐 놓고 하나님의 말씀을 보는 것이 교만입니다. 모든 말씀을 나에게도 하시는 말씀으로 받아들이면 소망이 생깁니다. 하나님의 차원에서 선한 자녀에게 격려와 위로를 하실 것이기 때문입니다.

우리는 복음서를 볼 때 예수님이 무리를 두 가지 시각으로 바라보셨다는 점을 기억해야 합니다. 사실 이 장 본문의 말씀은 예수님이 당시의 종교 지도자들에게 직접적으로 하신 쓴소리입니다. 예수님은 자기 스스로가 의인이라고 생각하는 사람들에 대해서는 그 정체성이 신랄하게 드러나도록 채찍질을 하십니다.

종교 지도자들과 전통적인 유대인들은 두려움이나 좌절이 없었습니다. 시대에 악한 사람들을 보면 창피함을 모르고 두려움도 없습니다. 강한 확신으로 세상을 이끄는 모습을 보게 됩니다. 좌절이라는 것도 없습니다. 그들은 자신만만하고 교만하고 분노에 가득 차 있습니다.

그러나 예수님은 공허와 두려움, 좌절 가운데 있는 무리를 향하여서는 불쌍히 여기는 마음을 가지셨습니다. 예수님은 가슴을 치며 자신이 죄인이라며 통곡하는 사람들을 의인이라고 부르기를 주저하지 않으셨습니다.

그가 이방인이든, 가난한 자든, 장애자든, 나병 환자든, 소외된 자든, 병든 자든, 실패한 자든, 사회 부적응자든 하나님의 은혜를 거부하지 않고 자신이 악하고 음란한 세대라는 사실을 깨닫는 자들은 누구든 끌어안아 주셨습니다. 그것이 하나님의 방법입니다. 탕자를 끌어안으신 아버지가 바로 하나님 아버지 아니십니까.

내가 어떤 부류에 속해 있는지에 따라서 하나님의 진단은 다릅니다. 나는 어떤 부류에 속해 있습니까? 예배를 드리고 말씀을 묵상한다는 것에는 여러 의미가 있겠지만, 그중 하나는 하나님이 하나님의 말씀으로 나의 영적인 상태를 진단해 주시는 것을 듣고 신뢰하는 일일 것입니다.

3. 예수님만이 시대를 읽는 유일한 표적이심을 믿어라

마지막으로 우리는 이 시대를 어떻게 분별해야 할까요? 예수님은 사두개인과 바리새인들과의 대화 가운데 이 세상의 현상을 말씀하시고 그 상태를 진단해 주셨습니다. 그리고 우리가 어떻게 회복될 수 있는지에 대한 처방을 말씀하셨습니다.

"악하고 음란한 세대가 표적을 구하나 요나의 표적 밖에는 보여 줄 표적이 없느니라 하시고 그들을 떠나가시니라"(마 16:4).

유대인들은 예수님께 표적을 요구했습니다. 시대를 읽어 낼 징조, 즉 사인을 요구했습니다. 더 큰 눈요깃거리를 원하는 마음으로 하나님의 아들을 테스트하고 조롱했습니다. 마치 "기적 하나 더 보여 봐. 그럼 우리가 믿을게"라고 하듯이 말입니다.

만약 우리가 예수님이라면 아마도 산을 움직이고 바다를 요동치게 하는 기적을 보여 준 후에, 표적으로 하늘에서 번개를 내려 그들을 즉결 심판했을 것입니다. 그러나 그것은 세상의 방법입니다. 니느웨 백성을 참으신 하나님, 앗수르 백성을 참으신 하나님, 가나안에 있는 족속들을 500년 이상 기다리신 하나님. 우리 하나님은 그런 분이십니다.

세상의 실패는 표적을 요구하면서도 정작 그 표적이신 예수 그리스도가 자신 앞에 있는데도 바라보지 못하는 데 있습니다. 예수님은 그들의 탐욕적이고 교만한 요구에 응답하지 않으셨습니다. 광야에서 사탄에게 시험을 받으실 때와 마찬가지로, 예수님은 또 다른 기적이 아니라 오직 말씀을 선포하셨습니다. 이 장 본문 말씀과 비슷한 답변을 하신 예수님을 마태복음에서 만날 수 있습니다.

"예수께서 대답하여 이르시되 악하고 음란한 세대가 표적을 구하나 선지자 요나의 표적 밖에는 보일 표적이 없느니라 요나가 밤낮 사흘 동안 큰 물고기 뱃속에 있었던 것같이 인자도 밤낮 사흘 동안 땅속에 있으리라"(마 12:39-40).

예수님은 구약성경의 요나를 예로 드셨습니다. 요나의 예화는 예수님이 앞으로 십자가에 돌아가실 그 사건, 그리고 요나가 큰 물고기 배 속에서 3일 만에 나온 것처럼 예수님도 부활하실 것을 의미합니다. 구약의 모든 것은 표적이었습니다. 그 표적이 가리키는 나침반의 방향은 예수 그리스도이십니다.

예수님 말씀의 의미는 이렇습니다. '시대를 읽어 내는 유일한 표적은 바로 예수 그리스도 한 분뿐입니다!' 즉 예수 그리스도의 십자가와 부활 사건만이 시대를 분별하고 읽어 낼 수 있는 유일한 사건이라는 말씀입니다. 성령님은 "귀 있는 자는 들을지어다"라고 지금 이 순간에도 말씀하십니다.

코로나 팬데믹 시대를 살아가면서 사람들이 두려워하는 것이 무엇입니까? 감염되는 것, 동선이 공개되는 것, 경제가 무너지는 것, 건강을 잃는 것, 사람들에게 따돌림을 당하는 것 등일 것입니다. 그러나 궁극적으로 모든 시대를 떠나서 인간이 가장 두려워하는 것은 죽음을 맞이하는 것입니다. 코로나19 바이러스에 걸리지 않았더라도 모든 사람은 죽음을 대면하게 되어 있습니다.

반대로 죽음의 문제가 해결된 사람은 죽음을 극복할 수 있습니다. 죽음을 극복할 수 있는 사람들이 사실 가장 무서운 사람들입니다. 그런데 그 문제를 해결해 주는 가장 유일하고 강력한 사건이 바로 예수님이 나를 위해 십자가에서 돌아가신 구속 사건입니다. 그분이 돌아가실 수밖에 없었던 이유는 바로 나의 죗값을 치르기 위함이었습니다.

그러나 예수님은 다시 살아나셨습니다. 죽으실 필요도, 부활하실 필요도 없으신 생명 자체이신 예수님이 나를 위하여 죽으셨고, 나를 위하여 부활하신 것입니다.

그러므로 이 세상에서 인간이 맛볼 수 있는 가장 큰 기적이요 표적은 하나님의 아들이 행하신 십자가와 부활 사건입니다. 따라서 나 개인의 상태와 국가의 상태, 그리고 이 시대의 상태를 분별하는 방법은 유일합니다. 하나님의 아들이신 예수 그리스도의 십자가와 부활의 사건을 알고 믿고 있는가 하는 것입니다.

지금 세상은 온갖 절망의 소리로 가득 차 있습니다. 그러나 그런 절망의 순간에도 시대를 분별하는 사람들은 예수 그리스도만이 유일한 시대의 표적이라는 사실을 굳게 믿고 전하는 사람들입니다.

지금 교회가 지탄받고 있습니다. 우리는 내 죄가 아니더라도 나의 문제로 생각하고 연대 회개를 해야 합니다. 그러나 동시에 이 시대를 말씀으로 분별하며, 오직 하나님의 말씀으로 외쳐야 합니다. 나는 부족하지만, 하나님의 말씀을 담고 있는 사람이기 때문에 외칠 수 있습니다. 초대 공동체는 핍박을 받으면서도 복음을 증거하고 이웃 사랑과 구제에 앞장섰습니다.

예수님이 다시 오실 때 모든 것이 판단될 것이고, 심판될 것이며, 복구될 것입니다. 이사야서 말씀을 보면 '하나님이 신원하신다'(사 34:8)고 말합니다. 그러므로 이 시대를 파악하고 진단했다면, 우리는 우리의 할 일을 묵묵히 감당하면 됩니다. 판단은 하나님이 하실 것입니다. 바울은 이렇게 권면합니다.

"유대인은 *[땅의] 표적을 구하고 헬라인은 [땅의] 지혜를 찾으나 우리는 십자가에 못 박힌 [하늘의] 그리스도를 전하니 유대인에게는 거리끼

---

* 위 [ ] 부분은 성경에는 없지만 설교 중 중요하게 언급한 내용입니다.

는 것이요 이방인에게는 미련한 것이로되 오직 부르심을 받은 자들에게는 유대인이나 헬라인이나 그리스도는 하나님의 능력이요 하나님의 지혜니라"(고전 1:22-24).

시대의 표적은 예수 그리스도 한 분뿐이십니다. 우리가 이 사실을 믿는다면 이 시대가 어떻든 시대의 표적이신 예수 그리스도를 외쳐야 합니다. 마지막으로 꼭 함께 나누고픈 격려의 말씀이 있습니다.

"네가 말하기를 여호와는 나의 피난처시라 하고 지존자를 너의 거처로 삼았으므로 화가 네게 미치지 못하며 재앙이 네 장막에 가까이 오지 못하리니"(시 91:9-10).

여호와를 피난처로 삼는 사람, 예수님을 시대를 읽는 유일한 표적으로 사는 사람만이 이 시대에서 승리할 것입니다.

포스트모던 문화의
교묘한 유혹

_ 출애굽기를 통해 본 포스트모더니즘 문화의 5가지 유혹

모세와 아론을 바로에게로 다시 데려오니 바로가 그들에게 이르되
가서 너희의 하나님 여호와를 섬기라 갈 자는 누구 누구냐
모세가 이르되 우리가 여호와 앞에 절기를 지킬 것인즉
우리가 남녀 노소와 양과 소를 데리고 가겠나이다
바로가 그들에게 이르되 내가 너희와 너희의 어린아이들을 보내면
여호와가 너희와 함께 함과 같으니라
보라 그것이 너희에게는 나쁜 것이니라
그렇게 하지 말고 너희 장정만 가서 여호와를 섬기라
이것이 너희가 구하는 바니라
이에 그들이 바로 앞에서 쫓겨나니라(출 10:8-11).

관점(觀點, viewpoint, perspective), 즉 무엇인가를 바라보고 판단하는 시각에 있어 사람과 하나님 사이에 크게 다른 점이 있습니다. 인간은 무슨 일을 하든지 대체로 과정을 무시하고 급하게 결과를 얻기 원합니다. 그러나 하나님은 과정을 중요하게 생각하십니다.

이러한 관점의 차이가 발생하는 이유는 인간이 앞을 내다보지 못하는 근시안적 존재이기 때문입니다. 반면 하나님은 시간과 공간의 창조주이시자 전능자이시기 때문에 과정을 중요하게 여기십니다. 과정을 중요하게 여기시는 하나님의 관점은 천지를 창조하신 창세기의 하나님을 통해서도 알 수 있습니다.

하나님의 백성이 된다는 것은 이제 그런 전지전능하신 창조주 하나님을 주인으로 모시고 산다는 뜻입니다. 그렇다면 우리의 관점도 달라져야 합니다. 관점이 변화되어야 구별된 백성으로 살아갈 수 있습니다.

그러나 우리는 하나님의 통치를 인정하지 않는 세력과 문화가 만연한 세상 한복판에서 살아가고 있습니다. 이러한 세상에서 하나님의 사람으로 살아간다는 것은 무슨 의미일까요? 사탄이 유혹하는 세상의 문화 한복판에서 하나님의 사람으로서 정체성을 가지고 하나님이 주신 사명을 감당하는 사람이 되는 것입니다.

출애굽기는 바로 그런 과정을 담고 있는 성경입니다. 애굽에서 살던 하나님의 백성이 그곳을 탈출하여 하나님의 백성으로 거듭나는 과정을 서술합니다. '출애굽기'(Exdous)라는 단어 자체가 애굽에서의 '탈출'을 의미하니, 그 어떤 성경에서보다 탈출과 거듭남의 과정을 잘 살펴볼 수 있습니다.

주전 2000년경 하나님은 아브라함을 부르셔서 이스라엘의 시조로 세우셨습니다. 그의 손자인 야곱은 당시 가나안 땅에 있었던 흉년을 피해 가족들 70여 명과 함께 애굽으로 이주해 정착했습니다. 당시 노예로 팔려 온 야곱의 아들 요셉이 애굽의 국무총리로 있으면서 대흉년을 지혜롭게 대비하며 애굽을 강성하게 이끌었습니다. 그 후 400년 혹은 430년이 지난 후(출 12:40, 행 7:6, 갈 3:17 참고), 이스라엘 민족은 300만 명에 가까운 인구로 성장했습니다.

그러나 요셉이 국무총리로 있으며 애굽을 이끌었던 시절을 기억하지 못하는 애굽의 왕들은 어느 순간 이스라엘 민족을 형제 민족에서 노예로 전락시켜 버렸습니다. 그러자 하나님은 아브라함과 맺은 약속을 지키기 위해서 거대한 계획을 실행하셨습니다. 곧 이스라엘 백성의 출애굽이었습니다.

주전 15세기, 이스라엘이 애굽의 고센 땅에서 셋방살이할 당시 고대 애굽 지역에는 다양한 신과 자연신을 섬기는 다신론 사상이 뿌리 깊었습니다. 이에 그들은 노예인 히브리인들의 하나님을 믿지 않았습니다. 하나님은 출애굽 과정에서 이처럼 마음이 강퍅한 애굽 사람들을 깨우치시기 위해 특단의 조치를 취하셨습니다. 바로 10가지 재앙입니다.

그런데 이 10가지 재앙은 당시 애굽 사람들이 섬기던 여러 지역의 신과 자연 숭배와 관련이 있었습니다. 하나님은 이런 과정을 통해 그분의 백성을 죄에서 구원하시고 보호하시며 자녀로 삼아 가십니다.

출애굽기를 통해 또 하나 알 수 있는 놀라운 사실이 있습니다. 4000년 전 바로와 모세가 나눈 대화에서 오늘날 우리가 겪는 유혹과 어려움이 발견된다는 것입니다.

지금 이 세상의 문화를 대변하는 거대한 흐름은 포스트모더니즘 문화입니다. 이 문화는 한마디로 정의할 수 없을 정도로 방대한 조직과 철학을 지니고 있습니다. 그리고 이 문화화 자체가 다 나쁜 것은 아닙니다. 그러나 죄의 노예를 상징하는 애굽에서 탈출한 그리스도인들은 포스트모더니즘 문화 안에 반기독교적인 요소들이 다수 포함되어 있다는 사실을 깨닫고, 이를 분별해야 합니다.

이에 이 장 본문인 출애굽기 8장과 10장을 통하여 포스트모더니즘 문화의 5가지 유혹에 대해 살펴보고자 합니다. 이러한 고찰은 이 시대를 분별할 수 있는 관점을 우리에게 제공할 것입니다.

1. 이 땅에서 예배하라

하나님이 애굽 땅에 내리신 10가지 재앙 중 첫 번째는 나일강 물이 피로 변하는 재앙이었습니다. 애굽에서 나일강 물은 풍요를 가져다주는 다산의 상징이었습니다. 그들의 자존심이었지요. 하나님이 그들의 이런 첫째 우상을 치심으로 그들의 자존심을 건드리셨습니다. 출애굽기 8장 25절은 두 번째 재앙인 개구리 재앙을 당한 뒤 보인 바로왕의 반응으로 시작합니다. 바로는 온 땅을 뒤덮은 개구리를 보고 두려워했습니다. 그러고는 히브리 민족의 지도자인 모세에게 이런 제안을 했습니다.

"바로가 모세와 아론을 불러 이르되 너희는 가서 이 땅에서 너희 하나님께 제사를 드리라"(출 8:25).

이 말을 잘 살펴보면 바로에게 아직도 이스라엘 백성을 놓아줄 마음이 없는 것을 알 수 있습니다. 예배를 드리되 너희들이 원하는 것처럼 탈출하지 말고 애굽 땅에서 예배하라는 것입니다. 역사적으로 볼 때 애굽, 곧 이집트는 어떤 곳이었습니까? 우상 숭배가 가득한 곳이었습니다. 그처럼 온갖 죄의 문화와 잡신이 가득한 땅에서는 거룩하신 하나님을 온전히 예배할 수 없습니다.

우리는 이것을 영적으로 적용해야 합니다. 하나님이 구별하신 백성은 죄의 장소에서 떠나 하나님을 예배해야 합니다. 그러나 사탄은 "하나님을 완전히 떠나라는 것이 아니잖아?" 하며 하나님의 백성을 유혹합니다. 사탄의 유혹은 치밀합니다. 하나님과 세상(재물, 정욕, 탐욕)을 '동시에' 섬길 수 있다고 유혹합니다.

"이 땅에서 너희 하나님께 제사를 드리라"는 바로의 말에 모세는 지혜롭게 대답했습니다. 애굽 땅에서 히브리인들이 제사를 지내면 애굽 사람들이 자신들을 가만히 내버려 두지 않을 것이라고 말입니다(창 8:26). 그리고 하나님이 명하시는 대로 광야로 떠나야 한다고 말했습니다. 그러자 재앙이 두려웠던 바로는 모세에게 보내 주겠다고 답했습니다. 그리고 이어서 바로의 두 번째 유혹이 시작되었습니다.

2. 너무 멀리 가지 말라

바로는 하나씩 타협을 하고 있지만, 끝까지 물고 늘어졌습니다. 바로는 히브리인 노예들을 절대로 놓치고 싶지 않았습니다. 그들을 놓치면 바로뿐 아니라 애굽 전체가 큰 손실을 얻게 되기 때문입니다. 이에 바로는 두 번째 유혹을 시작했습니다.

"바로가 이르되 내가 너희를 보내리니 너희가 너희의 하나님 여호와께 광야에서 제사를 드릴 것이나 너무 멀리 가지는 말라"(출 8:28).

이 말은 하나님을 예배하되 너무 깊이 빠지지는 말라는 이야기입니다. 너무 멀리 가지 말고 언제든지 나에게로 다시 돌아오라는 말입니다. 멀리 가지 않으면 옛 생활이 그리울 때 쉽게 돌이킬 수 있으니, 너무 멀리 가지 말라고 유혹하는 것입니다.

사탄은 이처럼 그리스도인들에게 하나님을 예배하는 것을 허용하지만, 너무 깊이 하나님을 사랑하지는 말라고 유혹합니다. 바로의 이 말은 "너무 멀리 가고, 너무 깊이 빠지면 다시 세상으로 돌아오기 힘들다"라며 사탄이 주는 경고의 메시지입니다.

물질이나 신앙적으로 자유가 있는 곳에서 이러한 유혹에 넘어가는 그리스도인들이 많습니다. '예배도 드리고, 기도도 하고, 헌신도 하되 너무 멀리만 가지 말고 적당히 하라.' 이것이 포스트모더니즘 문화가 우리에게 던지는 유혹입니다.

3. 나를 위해 기도해 달라

바로는 이런 말까지 합니다.

"그런즉 너희는 나를 위하여 간구하라"(출 8:28).

도대체 무슨 소리입니까? 바로는 이스라엘 백성이 그들의 하나님 앞에 기도할 때 자기 자신을 위해서 기도해 달라고 부탁했습니다. 바로가 하나님의 심판에 겁을 먹고 회개라도 한 것일까요?

하나님을 믿지 않는 사람들을 보면 여러 가지 다른 신들을 동시에 믿으려고 합니다. 쉬운 예로, 가까운 일본의 신토이즘에서 이런 현상을 발견할 수 있습니다. 당시 애굽을 비롯해 현재에 이르기까지 사람들이 여러 신을 동시에 섬기는 이유는 단 하나입니다. 복을 받기 위함입니다.

애굽의 마술사들도 모세의 기적들을 보고 "이것은 하나님의 권능이니이다"(출 8:19)라고 고백했습니다. 그러나 그들은 이 고백에도 불구하고 하나님의 백성이 되지 않았습니다. 단순한 지적인 동의와 삶이 묻어 나오는 신앙고백은 다르기 때문입니다.

재앙의 두려움 앞에서 지적으로 동의하며 내뱉은 바로의 말, "나를 위해 기도해 달라"는 말은 종교다원주의의 출발입니다. 바로가 본 하나님은 애굽의 여러 신 중 하나에 불과했기 때문입니다.

그러나 세상의 잡신들과 성경의 하나님의 차이는 분명합니다. 인간이 만들어 놓은 세상의 종교는 자신이 복 받기 위하여 신을 움직이는 데 목적이 있습니다. 반면, 성경의 하나님은 하나님 스스로 하나님의 백성을 구별하시고, 보호하시며, 복을 주십니다.

하나님은 설명할 수 없는 하나님의 은혜로 자녀들의 허물을 덮어 주십니다. 그러나 율법으로 가득 찬 세상의 신에게는 은혜라는 것이 존재하지 않습니다. 이것이 인간이 만들어 놓은 세상의 허상들, 우상 숭배가 만들어 놓은 기복주의 신앙과 부모의 심정으로 우리를 사랑하시는 여호와 하나님의 차이입니다.

우리를 자녀로 삼아 세상과 구별하신 아버지 하나님은 자기 백성에게 은혜를 베푸십니다. 출애굽기 8장에서 일어난 네 번째 재앙에서 구별된 백성에게 은혜를 베푸시는 하나님을 만날 수 있습니다

"네가 만일 내 백성을 보내지 아니하면 내가 너와 네 신하와 네 백성과 네 집들에 파리 떼를 보내리니 애굽 사람의 집집에 파리 떼가 가득할 것이며 그들이 사는 땅에도 그러하리라 그날에 나는 내 백성이 거주하는 고센 땅을 구별하여 그곳에는 파리가 없게 하리니 이로 말미암아 이 땅에서 내가 여호와인 줄을 네가 알게 될 것이라 내가 내 백성과 네 백성 사이를 구별하리니 내일 이 표징이 있으리라 하셨다 하라 하시고 여호와께서 그와 같이 하시니 무수한 파리가 바로의 궁과 그의 신하의 집과 애굽 온 땅에 이르니 파리로 말미암아 그 땅이 황폐하였더라"(출 8:21-24).

영어 성경은 22절을 'But'(그러나)으로 시작합니다. '그러나'는 앞의 내용과 뒤 내용이 상반될 때 쓰는 접속 부사입니다. 21절의 내용과 반대되는 내용이 이루어질 것을 암시하는 것입니다. 하나님은 "애굽 사람의 집집에 파리 떼가 가득할 것이다. 그러나 나의 백성이 거주하는 고센 땅은"이라고 말씀하시며 그들과 하나님의 백성을 '구별'하셨습니다.

4. 너만 열심히 믿어라

계속되는 재앙의 심판 속에 애굽의 바로왕은 굴복과 배신을 반복했습니다. 하나님은 모세와 아론을 통해 여덟 번째 재앙인 메뚜기 재앙을 통해 애굽의 남은 모든 것을 다 쓸어버리겠다는 선포를 하셨습니다. 이 말을 듣고 떨고 있던 바로의 신하들은 참다못해 이야기했습니다.

"이제 우리는 다 죽었습니다. 국토에 남아 있는 것이 없습니다. 그나마 남아 있는 것마저 저 모세의 예언처럼 메뚜기가 다 먹어 버리면 우리는 이제 마지막입니다. 제발 더 이상 고집 피우지 말고 모세와 백성을 놓아 줍시다."

이제는 바로를 앞에 놓고 신하들이 데모를 하는 지경에 이르렀습니다.

"바로의 신하들이 그에게 말하되 어느 때까지 이 사람이 우리의 함정이 되리이까 그 사람들을 보내어 그들의 하나님 여호와를 섬기게 하소서 왕은 아직도 애굽이 망한 줄을 알지 못하시나이까 하고"(출 10:7).

마지막 날 사탄의 모습이 이와 같을 것입니다. 우리를 놓지 않고 괴롭히다가 결국 사탄의 나라는 애굽처럼 초토화될 것입니다. 바로는 부하들의 말을 듣고 마음이 다시 조금 흔들렸습니다. 그리고 다시 거래를 했습니다. 사탄이 궁지에 몰리면 우리에게 잘 쓰는 수작입니다. 우리가 하나님 앞에 인생을 순종하려고 할 때 사탄은 작전을 바꾸어 우리를 달랩니다. 새번역성경으로 살펴보겠습니다.

"모세와 아론이 다시 바로에게 불려 갔다. 바로가 그들에게 말하였다. '너희는 가서 주 너희의 하나님께 예배하여라. 그런데 갈 사람은 누구 누구냐?' 모세가 대답하였다. '우리 모두가 주님의 절기를 지켜야 하므로, 어린 아이와 노인들을 비롯하여, 우리의 아들과 딸을 다 데리고 가야 하며, 우리의 양과 소도 몰고 가야 합니다.' 바로가 그들에게 호통쳤다. '그래, 어디 다 데리고 가 봐라! 너희와 함께 있는 너희의 주가 나를 감동시켜서 너희와 너희 아이들을 함께 보내게 할 것 같으냐? 어림도 없다! 너희가 지금 속으로 악한 음모를 꾸미고 있음이 분명하다!'"(출 10:8-10, 새번역성경).

바로는 모세와 아론을 꼬드겼습니다. 8절에서 바로는 다 알면서도 누구누구가 가냐고 물었습니다. 이에 대한 모세의 대답을 들은 바로는 "어디 다 데리고 가 봐라!" 하며 호통을 쳤습니다. 아이들과 여자들은 놔두고 남자들만 데리고 가라는 뜻입니다.

성경에는 기록되어 있지 않지만, 상식적으로 볼 때 아마도 바로는 "그먼 거리인 광야로 부녀자들을 데리고 가면 힘들 것이다. 3일만 예배하고 올 것이니 남자들만 대표로 갔다 오라"는 뜻으로 한 말이었을 것입니다.

모세는 완강하게 거절했습니다. 하나님 앞에 드리는 예배는 전부를 드리는 것이지, 무엇을 뒤에 남기고 타협하는 것이 아닙니다. 우리가 예배를 드릴 때는 전심으로 드리고, 어떤 것과도 타협하지 말아야 합니다. 바로는 다시 본심을 드러냈습니다.

"'그렇게는 안 된다! 가려면 너희 장정들이나 가서, 너희의 주에게 예배를 드려라. 너희가 처음부터 바란 것이 그것이 아니더냐?' 이렇게 해서, 그들은 바로 앞에서 쫓겨났다"(출 10:11, 새번역성경).

조금이라도 보내지 않으려는 바로의 심보를 볼 수 있습니다. 바로의 이와 같은 유혹은 "너만 열심히 믿어라. 너의 믿음을 다른 사람에게 강요하지 말라. 너희 자녀들과 배우자에게는 다 각자의 인생이 있고, 개인의 믿음이니 간섭하지 말라"는 포스트모더니즘의 유혹과 정확히 일치합니다.

이 말을 한번 깊이 생각해 봅시다. 하나님을 믿는다는 것은 진리를 발견했다는 것입니다. 진리인 기독교의 가르침은 '하나님 외에 다른 신은 없다'인데, 이 진리는 내 인생의 시작과 끝을 알게 합니다. 인생관이 달라집니다. 한시적인 인생을 사는 것이 아님을 알게 되고, 영원 속에서 인생을 계획하게 됩니다.

이 진리를 발견한 사람에게는 고난과 고통을 넉넉하게 이길 수 있는 능력과 믿음이 주어집니다. 그러므로 내가 가진 진리를 가지고 가족과 친구들에게 달려갈 수밖에 없습니다. 믿음을 강요하는 것이 아니라, 변화된 나의 삶을 통해 내가 가진 진리를 보여 주려고 노력할 것입니다.

5. 다 드리지 말라

또다시 강퍅해진 바로의 선언에 하나님은 아홉 번째 재앙을 내리셨습니다. 밤낮으로 칠흑같이 어두워지는 재앙이었습니다.

"여호와께서 모세에게 이르시되 하늘을 향하여 네 손을 내밀어 애굽 땅 위에 흑암이 있게 하라 곧 더듬을 만한 흑암이리라"(출 10:21).

성경은 아홉 번째 재앙이 일어나는 과정을 모두 기록하고 있습니다. 이를 통해 바로의 마음이 얼마나 강퍅했는지, 그리고 이스라엘 백성이 과거의 죄에서 벗어나는 과정이 얼마나 치열한 영적 전쟁을 통해서 이루어졌는지를 우리에게 보여 줍니다.

"모세가 하늘을 향하여 손을 내밀매 캄캄한 흑암이 삼 일 동안 애굽 온 땅에 있어서 그 동안은 사람들이 서로 볼 수 없으며 자기 처소에서 일어나는 자가 없으되 온 이스라엘 자손들이 거주하는 곳에는 빛이 있었더라"(출 10:22-23).

10가지 재앙은 흑암과 빛, 선과 악, 세상과 하나님을 계속해서 비교해서 보여 줍니다. 아홉 번째 재앙이 일어난 뒤 애굽 왕 바로는 다시 협상을 시도했습니다. 사탄은 영적 전쟁에서 전세가 불리해지면 늘 협상을 시도합니다.

"바로가 모세를 불러서 이르되 너희는 가서 여호와를 섬기되 너희의 양과 소는 머물러 두고 너희 어린 것들은 너희와 함께 갈지니라"(출 10:24).

계속해서 유혹하고, 변질시키려 하고, 어떻게든 협상하려고 하는 모습이 포스트모더니즘 문화이고, 사탄의 모습입니다. 사랑하는 가족들이 하나님 앞으로 모두 나아가니까, 사탄이 이제는 소유물로 우리를 유혹합니다. "소유물은 다 놔두고 가라"고 말입니다. 이 말은 곧 하나님을 믿고, 예수님을 믿고, 가족도 함께 교회에 나가는 것은 좋지만, 절대로 자신의 인생을 하나님 앞에 다 드리지는 말라는 의미입니다.

하나님의 능력을 경험하고 있는 모세는 바로왕 앞에서 담대하게 "우리가 가진 모든 재물은 하나님께 드릴 것이다"라고 엄포를 놓았습니다.

"모세가 이르되 왕이라도 우리 하나님 여호와께 드릴 제사와 번제물을 우리에게 주어야 하겠고"(출 10:25).

바로 당신이 애굽의 왕이라도, 이 세상의 통치자라고 할지라도 이것은 하나님의 명령이기 때문에 여호와께 드릴 번제물을 내놓아야 한다고 말했습니다.

우리는 이 시대를 장악하고 있는 포스트모더니즘 문화의 유혹 앞에서 어떻게 모세처럼 강하게 하나님의 이름을 선포할 수 있을까요? 무엇이 이 세상의 한복판에서 오염되지 않고 사명을 감당하며 살아갈 수 있게 할까요? 강력한 세상의 유혹에도 흔들리지 않고 모세와 같은 믿음으로 걸어 나갈 수 있게 하는 두 가지 동력을 살펴보겠습니다.

출애굽기 8장에는 파리 떼 재앙이 서술되어 있습니다. 이때 하나님은 고센 땅에 살고 있는 이스라엘 백성에게는 재앙을 내리지 않으셨습니다. 이때 하나님이 그들에게 강조하신 단어가 있습니다. 바로, '백성'과 '구별'입니다.

"이집트의 왕자"라는 만화영화가 대 히트를 쳤을 때 유행했던 성경 구절이 있습니다. "Let my people go"(나의 백성을 가게 하라)입니다. 여기의 '백성'이란 단어는 하나님이 즐겨 쓰시는 단어입니다. 이 단어는 죄와 사망의 권세 아래 노예로 살았던 이스라엘 민족을 해방시키겠다는 하나님의 선언 가운데 나온 말입니다. '나의 백성, 나의 자녀, 나의 가족'이라는 말입니다.

그리고 하나님은 사탄을 향해 "죄의 압제에서 내 백성을 그만 놓으라"고 선포하십니다. "너는 더 이상 죄에 속한 것이 아니라 나의 자녀다"라고 하시는 말씀입니다. 요셉을 잊어버린 애굽 백성에게 하나님은 계속해서 선언하셨습니다. "내 백성을 이제는 가게 하라." 사탄을 향해, 이 세상을 향해 선언하셨습니다. 하나님의 백성을 향한 하나님의 사랑 표시입니다.

'구별'이라는 단어는 '거룩'이라는 의미를 가진 단어입니다. '카다쉬'(קדש)라는 히브리어는 사실 '거룩하게 하다', '성결하게 하다'라는 뜻을 가진 단어입니다.

그러나 원래는 원칙적으로 '분리하게 하다'라는 의미가 있습니다. 세상과 구별된 백성이 하나님의 백성이라는 것입니다. 죄와 구별된, 즉 죄와 분리된 자녀가 하나님의 자녀입니다. "그들은 나의 백성이다"라는 하나님의 선포이고 고백입니다.

여기서 가장 중요한 사실을 기억해야 합니다. 그렇게 이스라엘 백성을 구별된 백성으로 삼으시고 재앙으로부터 보호하시는 주체는 애굽의 수많은 신도 아니고, 바로왕과 같은 권세도 아닌, 이스라엘의 하나님이시라는 사실을 말입니다.

그렇다면 이스라엘 백성, 즉 구별된 백성의 가장 큰 복은 무엇입니까? 하나님이 고센 땅에 파리 재앙을 내리지 않으신 일이 아닙니다. 하나님이 홍해를 가르신 일도 아니고, 가나안을 점령하게 하신 일도 아닙니다. 구별된 백성이 갖는 가장 큰 복은 그 모든 것을 계획하시고 이끌어 가시고 진행하시고 은혜를 베풀어 주시는 하나님이 나의 하나님이시라는 사실입니다.

이러한 사실이 하나님만 고백하는 일방적인 사랑이 되어서는 안 됩니다. 하나님이 "너는 이제부터 내 백성이야. 내 가족이야. 내 형제야"라고 말씀하실 때, "하나님은 나의 아버지십니다"라는 우리의 고백도 있어야 합니다. 이런 고백이 있다면 지금의 내 상황이 애굽이건, 고센 땅이건, 광야이건, 가나안이건 전혀 상관없게 됩니다. 왜냐하면 하나님은 나와 동행하시는 지금의 과정을 중요하게 보시기 때문입니다.

복의 결과는 하나님의 때에 하나님의 방법으로 따라오는 것입니다. 우리는 늘 결과를 보기 원하지만, 하나님은 그 결과를 이미 십자가에서 가장 강력하게 우리에게 보여 주셨습니다. 친히 십자가에서 돌아가실 뿐 아니라 우리 모두가 경험할 부활의 역사를 보여 주시지 않으셨습니까. 어떤 기적이 더 필요합니까? 어떤 결과가 더 필요합니까?

우리가 지금 고센 땅이 아닌 그 옆 땅에 있었다면 그 땅이 축복의 땅이 되었을 것입니다. 고센 땅이라서 복이 임한 것이 아니라, 이스라엘 백성이 그 땅에 있었기 때문에 그 땅이 복을 받은 것입니다. 중요한 것은 하나님이 이스라엘과 함께하셨기 때문에 그 모든 것이 복이 되었다는 사실입니다.

오늘날 너무 많은 그리스도인이 일의 결과나 자신이 원하는 복에만 초점을 맞추고 있습니다. 그러나 가장 큰 복은 나를 구원하시고 구별되게 하시며 복 주시는 하나님이 지금 나와 함께하시는 것임을 잊지 말아야 합니다.

애굽에서 맛있는 음식을 먹고 질병 없이 만수무강하여도 거기에 하나님이 계시지 않는다면 그것이 바로 파리 재앙이고, 메뚜기 재앙이고, 흑암의 재앙입니다.

하나님은 "그 사람 내 백성이야. 내 아들이야. 내 딸이야. 건들지 마"라고 말하기를 즐겨하십니다. 그런데 우리는 세상의 한복판에서 "하나님은 나의 하나님이시다"라는 고백을 즐겨하고 있습니까? 지금 내가 나의 하나님 때문에 구별되어 있다는 사실을 가장 기뻐하고 있습니까? 이제 하나님의 자녀답게 살기로 결단해야 합니다.

사탄은 애굽의 바로처럼 자신이 사로잡은 사람들을 어떻게든 풀어 주지 않으려고 안간힘을 쓸 것입니다. 그리고 우리가 모세처럼 강하게 나아가면 사탄은 우리와 타협을 시도할 것입니다. 이때 우리가 얼마나 많이 속아 넘어갑니까. 우리는 절대 사탄과 타협하면 안 됩니다. 사탄의 속임수는 참으로 다양하고 교묘합니다.

- "좀 나중에 가": "지금 하나님 앞에 꼭 예배드려야 하나? 하나님을 만날 기회는 언제든지 다시 있어. 일단 인생을 즐기고 봐."

- "예배드리고 바로 다시 애굽으로 와": "하나님과 세상을 충분히 동시에 섬길 수 있어."
- "꼭 기독교의 하나님만 섬겨야 해?": "다른 신들도 같이 믿으면 더 좋아."
- "아이들과 아내들은 놔두고 가": "하나님께 다 드릴 필요 없어. 나중을 위해 조금 남겨 놔야지. 다른 사람들에게 강요하지 마."

우리가 이와 같은 사탄의 속삭임에 흔들리고 있지 않은지 수시로 점검해야 합니다.

NEW NORMAL
뉴노멀 시대의
그리스도인

하나님을 떠난 세대의
4가지 특징

하나님을 알되 하나님을 영화롭게도 아니하며 감사하지도 아니하고
오히려 그 생각이 허망하여지며 미련한 마음이 어두워졌나니
스스로 지혜 있다 하나 어리석게 되어
썩어지지 아니하는 하나님의 영광을 썩어질 사람과 새와 짐승과
기어다니는 동물 모양의 우상으로 바꾸었느니라(롬 1:21-23).

예전에 미국에서 목회 심방을 할 때 아직 자녀가 없는 젊은 부부 가정에 방문한 적이 있습니다. 그들은 죄가 만연한 이 세상에서 자녀를 낳아 기르는 것이 얼마나 힘들고 위험한 일인지에 대해 심각하게 걱정하며 기도 제목을 내놓았습니다. 그리고 그들은 진심으로 자녀를 위해서 기도하고 말씀으로 양육하는 것이 최우선이라는 결론을 내렸습니다.

저는 그날 그들의 이야기를 듣고 얼마나 큰 위로를 받았는지 모릅니다 그런 신앙에 바로 선 젊은 세대가 자녀들을 위해 눈물로 기도할 때 하나님이 이 세상을 살아갈 담대함과 성령의 지혜를 주실 것을 믿습니다.

바울은 지금 로마에 세워진 교회들에 편지를 쓰고 있습니다. 로마서의 주제는 "하나님의 의"(the Righteousness of God) 혹은 "하나님의 공의"(the Justice of God)입니다. 하나님의 의는 하나님의 개인적인 성품을 반영하고, 공의라는 것은 공적인 하나님의 의를 세상 가운데 선포하는 것을 이야기합니다.

그런데 죄인 된 인간은 거룩하신 하나님의 공의에 다다를 수 없습니다. 바울은 로마서를 통해 우리 인간이 얼마나 죄로 가득한 세상 한가운데 살고 있는지에 대해 명백하게 드러냅니다.

특별히 당시 로마는 그리스의 세련된 문화와 로마의 막강한 경제력과 군사력을 바탕으로 이루어진 제국이었지만, 그 거대한 제국의 그림자에는 너무나 타락하고 추악한 모습이 자리 잡고 있었습니다. 당시 로마는 그리스도인들을 잔인하게 핍박했고, 그리스 신화가 만들어 낸 수많은 종류의 신들을 숭배하는 신전들이 즐비했으며, 그 신전마다 매춘이 성행했습니다. 우리가 알고 있는 고린도 도시에는 한 신전에만 3,000명이 넘는 매춘부들이 일하고 있었다는 사실이 우리에게 큰 충격을 줍니다.

그러나 바울은 이 로마 제국을 향해 그리스도의 사랑으로 다가갔습니다. 이 세계의 심장부에 가서 진리를 모르고 죽어 가는 영혼들에게 마지막으로 예수 그리스도의 피 묻은 은혜의 복음을 증거하고 순교하는 것이 그의 소원이었습니다.

바울은 세상의 제국인 로마에 있는 그리스도인들에게 편지를 쓰면서 가장 먼저 로마의 영적인 상태를 진단했습니다. 바울의 이 진단은 오늘날 우리가 살고 있는 이 시대를 진단하는 귀한 영적인 이정표가 될 것입니다. 이 이정표를 따라 '사탄이 점령한 세대의 4가지 특징'을 살펴보며 우리의 삶을 되짚어 보겠습니다.

1. 하나님을 알되 예배하지 않는다

"하나님의 진노가 불의로 진리를 막는 사람들의 모든 경건하지 않음과 불의에 대하여 하늘로부터 나타나나니"(롬 1:18).

의를 떠난 사람들의 특징은 진리를 거부하는 것입니다. 성경은 이것의 시작이 불경건(ungodliness)이라고 말합니다. 하나님을 나를 만드신 창조주로 인정하지 않으면, 인간은 진리에서 떠나게 되어 있습니다. 그리고 진리에서 떠난 인간이 하는 행동은 불의(unrighteousness)입니다.

하나님과의 관계에서 나타나는 것이 불경건이라면, 다른 사람들과의 관계에서 나타나는 부당한 일들을 '불의'라고 할 수 있습니다. 하나님 앞에 부당한 일을 한 인간은 남에게 부당한 일을 하고, 남에게 부당한 일을 당하기도 합니다. 결국 하나님을 떠난 인간은 죄를 짓는데, 자신이 더불어 살아가는 사람들에게도 막대한 피해를 주게 됩니다.

그런데 신학적으로 굉장히 중요한 사실이 있습니다. 인간이 하나님을 떠날 때, 하나님을 몰라서 떠나는 것이 아니라는 사실입니다.

> "이는 하나님을 알 만한 것이 그들 속에 보임이라 하나님께서 이를 그들에게 보이셨느니라"(롬 1:19)

'이는'이란 말을 쓴 이유는 하나님이 진노하신 이유에 대해서 좀 더 구체적으로 설명하고자 함입니다. 성경은 하나님이 우주 만물의 창조주이신 증거들이 우리에게 자연스럽게 보이며, 하나님 스스로 그것을 의도적으로 보이셨다고 말합니다.

> "창세로부터 그의 보이지 아니하는 것들 곧 그의 영원하신 능력과 신성이 그가 만드신 만물에 분명히 보여 알려졌나니 그러므로 그들이 핑계하지 못할지니라"(롬 1:20).

여기서는 하나님이 인간의 눈에 보이지 않지만, 하나님의 능력, 하나님의 거룩함을 하나님이 만드신 만물에 의도적으로 분명하게 나타내셨다고 말합니다. 신학적으로 우리는 이것을 '일반은총'이라고 합니다. 선인이나 악인이나 모든 사람이 볼 수 있도록 하나님이 자연 만물 가운데 하나님 자신을 계시하셨다는 것입니다.

우주에 떠 있는 셀 수 없이 많은 별, 그 별들이 한 치의 오차도 없이 완벽하게 운행되는 놀라운 설계, 나를 오묘하게 닮은 자녀들을 보며 느끼는 생명의 신비함, 우주의 별들 가운데 가장 아름답고 완벽한 환경에서 우리가 살아가고 있다는 사실…. 이 모든 것이 우연이 아니며, 과학이 발달한 결과도 아니고, 외계인의 창조도 아닌, 오직 하나님이 설계하시고 만드신 것임을 하나님 스스로 분명하게 그분의 작품들 속에 나타내셨다고 말합니다.

유명한 그림들을 보면, 그 그림을 그린 명품 화가의 이름이 적혀 있습니다. 하나님은 "너는 내 것이다"라고 하시며 모든 피조물에 하나님의 신성을 새겨 놓으셨습니다. 모든 자연과 우주는 하나님이 창조주 되심을 반영하는 거울입니다.

그래서 하나님은 이런 명백한 창조 사건에 대해 누가 창조했는지 모른다고 핑계하지 말라고 말씀하십니다. 그런데도 하나님을 거역하는 인간들은 어떤 일을 벌이고 있습니까?

"하나님을 알되 하나님을 영화롭게도 아니하며 감사하지도 아니하고 오히려 그 생각이 허망하여지며 미련한 마음이 어두워졌나니 스스로 지혜 있다 하나 어리석게 되어 썩어지지 아니하는 하나님의 영광을 썩어질 사람과 새와 짐승과 기어다니는 동물 모양의 우상으로 바꾸었느니라"(롬 1:21-23).

인간의 가장 큰 죄는 무지함에서 시작되지 않았습니다. 에덴동산의 가장 큰 죄는 하나님을 알되 그 하나님의 영광을 가로채려고 했던 것입니다. 곧 교만입니다. 하나님과 같이 되려는 교만, 하나님의 영광을 가로채려는 교만이 무지에서 근거하는 것이 아니라는 뜻입니다. 하나님이 누구신지 알지만, 하나님 앞에 마땅히 드려야 할 예배를 드리지 않다 보니 생각이 허망해지고 미련한 마음은 더욱더 어두워집니다.

'하나님이 없다'고 생각하는 인간은 염세주의와 허무주의에 빠질 수밖에 없습니다. 포스트모던의 끝이 바로 허무주의입니다. 이것이 불경건이고 불의라고 성경은 말합니다.

인생의 근원을 부인하기 때문에 인생의 목적을 상실하는 것입니다. 인생의 시작을 모르는데 어떻게 인생이 목적을 알 수 있겠습니까. 사탄에게 점령당한 세대의 첫 번째 특징은 이와 같이 하나님을 알지만, 하나님을 예배하지 않는다는 것입니다.

2. 하나님의 창조 섭리에 역행하는 일을 한다

하나님을 떠난 인간은 그 자리에 자신을 존귀하게 여기려는 교만함을 싹 틔웁니다. 스스로 지혜가 있다고 여기지만, 마음이 어두워져서 하나님을 경배하는 대신 하나님이 만드신 피조물을 오히려 숭배하기 시작합니다. 인간은 영원하신 하나님을 예배해야 하는데, 오히려 썩어질 것들에게 영광을 돌리는 겁니다.

이 모든 것이 나라와 민족을 넘어 모든 인류 역사에 기록되어 있습니다. 동시에 그러한 일들을 하면서 마음이 허무해지니까, 허무한 마음을 채우고자 온갖 다른 방법으로 쾌락을 추구합니다. 그러나 썩어질 것들을 예배해서는 마음에 평안이 오지 않습니다.

"그러므로 하나님께서 그들을 마음의 정욕대로 더러움에 내버려 두사 그들의 몸을 서로 욕되게 하게 하셨으니 이는 그들이 하나님의 진리를 거짓 것으로 바꾸어 피조물을 조물주보다 더 경배하고 섬김이라"(롬 1:24-25).

하나님이 그들을 마음의 정욕대로 더러움에 내버려 두신 이유를 설명해 줍니다. 마땅히 하나님께 영광을 돌려야 하는데 그렇지 않았기 때문입니다.

창조 섭리 첫 번째는 하나님이 하나님의 형상대로 사람을 창조하신 것입니다. 하나님은 '인간' 혹은 '흙'이란 의미의 아담을 창조하셨습니다. 그리고 하나님은 아담이 홀로 있는 것을 보완하고 그의 인생을 돕는 의미로써 최초의 여자를 만드셨습니다. 하나님은 여자의 이름을 '하와'라고 하셨는데, 그 이름의 뜻은 '살아 있는 생명의 어머니'입니다.

모든 생명에게 그렇게 하셨듯이, 하나님은 아담과 하와에게 "생육하고 번성하라" 하고 복을 주셨습니다. 아담과 하와는 가정을 이루고 자녀들을 낳았고, 그 후 성경은 여러 곳에서 "누구는 누구를 낳고…"라는 역사와 족보를 기록하고 있습니다.

"아담이 이르되 이는 내 뼈 중의 뼈요 살 중의 살이라 이것을 남자에게서 취하였은즉 여자라 부르리라 하니라 이러므로 남자가 부모를 떠나 그의 아내와 합하여 둘이 한 몸을 이룰지로다"(창 2:23-24).

하나님의 창조 섭리는 성경 어디를 보아도 분명히 남자와 여자 간 사랑의 결합이라고 말하고 있습니다. 그런데 하나님을 떠난 인간은 순리대로 살지 않고 하나님의 창조 섭리에 역행하는 일을 하기 시작한 것입니다.

"이 때문에 하나님께서 그들을 부끄러운 욕심에 내버려 두셨으니 곧 그들의 여자들도 순리대로 쓸 것을 바꾸어 역리로 쓰며 그와 같이 남자들도 순리대로 여자 쓰기를 버리고 서로 향하여 음욕이 불 일듯 하매 남자가 남자와 더불어 부끄러운 일을 행하여 그들의 그릇됨에 상당한 보응을 그들 자신이 받았느니라"(롬 1:26-27).

성경 말씀을 통해 분명히 밝히지만, 동성 결혼은 선진국으로 가는 단계에서 허용하는 일이 아닙니다. 동성 간 성행위나 결혼은 하나님이 가장 가증하게 여기시는 일 가운데 하나이며, 하나님의 창조 섭리와 정면으로 충돌하는 죄입니다.

"어떻게 2000년 전에 이 같은 동성애가 있었는가?"라고 질문할지 모릅니다. 이것은 현대병이 아닌 아주 오래된 인류의 죄입니다. 동성행위는 창세기에 등장하는 소돔과 고모라의 멸망의 원인 가운데 하나였고, 구약 레위기에서는 동성애 하는 자를 사형하라고까지 명령합니다.

"누구든지 여인과 동침하듯 남자와 동침하면 둘 다 가증한 일을 행함인즉 반드시 죽일지니 자기의 피가 자기에게로 돌아가리라"(레 20:13).

레위기의 이 말씀이 당시에만 적용되는 시대적인 말씀이라고 가정해도, 신약의 로마서에서도 분명하게 동성행위에 대하여 죄라고 이야기하고 있습니다. 그럼 왜 바울은 복음을 이야기하다가 동성애 문제를 로마서 서론에서 이처럼 중요하게 다루었을까요?

당시 그리스 로마의 문화에서 남자끼리의 동성애가 일반적인 사회 현상이었습니다. 당시의 문학과 그림들이 수없이 발견되는데, 그리스의 남성들이 청소년기의 소년과 동성애를 하는 것을 하나의 통과의례로 여길 정도로 동성애가 창궐했습니다.

처음에는 이런 일을 부끄럽게 여겼습니다. 그러나 사회적으로 보편화되는 과정에서 그들은 이 일을 즐기는 단계로 나아갔고, 성경은 이를 가리켜 남자가 남자를 향해 '음욕이 불 일듯 했다'(inflamed with lust for one another)고 표현합니다. 사람이 처음 죄를 지으면 벌거벗은 아담과 하와처럼 두려움을 갖습니다. 그러나 그 횟수가 늘어나면 양심이 작용하지 않고 죄책감을 느끼지 않습니다.

로마는 풍요했고, 로마의 중·상류층 남자들은 모든 것을 다 가진 듯 누렸습니다. 그렇게 육신의 정욕을 누리다가 재미가 없어졌습니다. 그래서 순리를 역행하고 남자가 남자로 더불어, 여자가 여자로 더불어 정상적이지 않은 사랑을 하게 된 것입니다.

죄는 가장 편안한 에덴동산에서부터 시작되었습니다. 기억합시다. **인간은 가장 좋은 순간에 하나님을 예배하지 않으면 다른 곳에서 자신의 만**

족을 채웁니다. 이처럼 사탄이 점령한 세대의 두 번째 특징은 하나님의 창조 섭리를 거스르는 것입니다.

3. 온갖 종류의 죄가 만연하다

성경을 한 번이라도 읽어 본 사람은 알겠지만, 성경만큼 낮은 자와 소외된 자, 인간의 권리와 자유, 평등에 대하여 균형 있게 강조하는 책은 없습니다. 그러나 인간이 하나님의 순리에 역행하는 죄를 받아들이면, 인권과 평등이라는 미명 아래 죄를 더 이상 죄라고 하지 않습니다. 모든 것을 개인의 취향이라고 여깁니다. 동성애가 개인의 취향이라면, 양성애자는 어떻게 해야 합니까?

실제로 캘리포니아에서 두 여자가 결혼을 했습니다. 그러다가 그들은 아이를 낳고 싶어졌습니다. 그래서 두 여자와 한 남자가 결혼을 하고 둘 다 임신하여 아기를 낳았습니다. 일부다처를 하며 살게 되었습니다. 이 여자들은 결국 양성애자들입니다.

미국은 현재 동성애, 양성애, 그리고 성을 완전히 전환하는 수술을 한 트렌스젠더도 받아들이고 있습니다. 이런 것들이 개인의 성적인 취향으로 받아들여지고 있습니다. 누군가의 성적인 취향이 수많은 사람과 함께 성생활을 하는 것이라고 해도 우리는 그 점을 나무랄 수 없습니다.

레위기가 금지하고 있는 수간(동물과 인간의 성행위)도 단지 개인의 취향일 뿐이라고 받아들일 수밖에 없습니다. 이 모든 것이 개인의 취향이라고 한다면 우리는 무엇으로 판단한단 말입니까?

만약에 우리 사회가 이런 문제들에 대해서 이제 다 괜찮다고 한다면, 그런 교육을 받고 자라나는 우리의 아이들은 얼마나 혼란스러울까요? 청소년 시절에 자신의 성 정체성에 대해서 혼돈하며 고민하는 아이들이 통상 50%가 넘는다고 합니다. 그런데 그처럼 안정되지 않은 시기의 아이들에게 "결혼은 남자와 남자가 해도 문제없는 거야"라고 가르친다면 얼마나 많은 자녀가 그 유혹에 넘어가겠습니까.

제가 살았던 워싱턴주에서는 몇 년 전부터 마리화나가 합법화되어서 집 근처에 마리화나를 식당처럼 판매, 운영하는 곳이 있었습니다. "마리화나는 더 이상 마약이 아니니 괜찮아!"라는 메시지입니다. "술은 건강에 좋으니 5살부터 먹어도 돼." 이 말은 실제로 얼마 전에 5살이 된 자기 아이에게 술과 담배를 하게 한 엄마가 그것을 자랑삼아 SNS에 올렸던 충격적인 말입니다.

아직 분별력이 약한 우리 자녀들은 자극적인 성의 유혹에 수없이 노출되고 있습니다. 이제 학교에서도 친구들이 어떤 옷을 입든, 어떤 노래를 부르든, 어떤 영화를 보든, 동성애나 결혼 전 성에 대해 관대한 생각을 갖든, 그것은 개인의 선택일 뿐이라고 가르칩니다. 이런 가르침이 아이들에게 얼마나 혼돈을 주고, 방황하게 하겠습니까.

아이들의 인권은 누가 책임질 것입니까? '이 정도는 괜찮지', '내 아이만 아니면 괜찮지' 등 그리스도인 부모들의 영적 게으름이 도처에 만연합니다. 아니, 아예 청소년들을 상대로 그런 비즈니스를 하는 어른들도 적지 않습니다.

포스트모더니즘의 모토는 '관용'(tolerance)이라고 주장하며 서로의 죄를 신경 쓰지 않습니다. 모든 사람의 인권을 존중해야 한다고 말하며, 특별히 성적 취향은 개인의 일이라고 가르칩니다. 그냥 서로가 인정하고 평화롭게 사는 것이 좋다는 가짜 평화주의, 가짜 인권을 주장합니다.

그러나 인간이 하나님 없이 자신들이 주장하는 식의 평등과 사랑을 가지고 살 수 있다면 왜 하나님이 아들을 십자가에 못 박게 하셨을까요? 죄는 분명히 또 다른 죄를 낳습니다.

> "또한 그들이 마음에 하나님을 두기를 싫어하매 하나님께서 그들을 그 상실한 마음대로 내버려 두사 합당하지 못한 일을 하게 하셨으니 곧 모든 불의, 추악, 탐욕, 악의가 가득한 자요 시기, 살인, 분쟁, 사기, 악독이 가득한 자요 수군수군하는 자요 비방하는 자요 하나님께서 미워하시는 자요 능욕하는 자요 교만한 자요 자랑하는 자요 악을 도모하는 자요 부모를 거역하는 자요"(롬 1:28-30).

사탄이 점령한 세대의 특징은 온갖 죄가 만연함에도 불구하고, 그것을 정상적인 것으로 받아들인다는 것입니다. 이것은 마음에 하나님 두기를 거부한 결과입니다. 하나님만큼 인간을 사랑해 주시고 보호해 주시는 분은 없습니다. 인간은 그런 하나님을 떠난 것입니다.

4. 죄의 결과를 경험한다

로마서 1장에 하나님이 그들을 죄 가운데 '내버려 두셨다'라는 표현이 여러 번 등장합니다. "마음의 정욕대로 더러움에 내버려 두사"(롬 1:24),

"부끄러운 욕심에 내버려 두셨으니"(롬 1:26), "그 상실한 마음대로 내버려 두사"(롬 1:28) 등입니다.

이 말씀들은 하나님이 이런 행위들을 가만히 바라만 보고 계신다는 의미일까요? 방관하신다는 뜻일까요? 아니면 그런 죄들의 가증한 것을 막을 힘이 없으셔서 내버려 두시는 것일까요?

모두 아닙니다. 오히려 그 반대입니다. 하나님은 죄악된 그들의 마음대로 결정한 행동의 결과를 보게 하시려는 것입니다. 하나님은 오랫동안 우리의 죄에 대해서 인내하십니다. 그러나 그 죄가 차고 위험 수위가 넘어 버리면 그 결과를 보게 하십니다.

21절 말씀처럼 인간이 아무리 똑똑하고 잘난 것 같아도 '하나님을 알되 하나님을 영화롭게도 아니하며 감사하지도 아니하고 오히려 그 생각이 허망하여지며 미련한 마음이 어두워'질 수밖에 없습니다. 이 미련하고 어둡고 지혜 없는 마음의 특징이 바로 '강퍅함'입니다. 딱딱한 돌밭입니다. 출애굽기에 등장하는 애굽 바로왕의 마음 상태입니다.

'강퍅함'이라는 단어의 영적 의미는 바로 '무감각하다'입니다. 즉 감동도 없고, 감사도 없고, 찔림이나 죄에 대한 자각 증상이 없는 상태입니다. 겉으로는 평화, 평등, 개인적 취향, 인권, 자유, 정의를 말할지 모르겠지만, 그 마음에는 시기와 악독이 가득 차서 불만, 욕심, 정욕으로 불일 듯하는 것이 바로 인간입니다. 그리고 결국 그 죄의 결과는 죽음입니다.

"그들이 이 같은 일을 행하는 자는 사형에 해당한다고 하나님께서 정하심을 알고도 자기들만 행할 뿐 아니라 또한 그런 일을 행하는 자들을 옳다 하느니라"(롬 1:32).

이것은 하나님의 말씀입니다. 진정으로 하나님을 안다고 하는 것은, 하나님이 창조하신 섭리에 감사하고 그것에 순종하는 것입니다. 그것이 바로 하나님 앞에 영광을 돌리는 삶입니다. 그러나 하나님을 안다고 하고 믿는다고 하면서 하나님 말씀을 근거한 가치관을 반대한다면, 이미 하나님을 떠난 상태입니다. "하나님께서 정하심을 알고도"라고 표현한 이유가 여기에 있습니다.

로마는 사탄이 점령한 영적 진영이었습니다. 그 세대의 특징을 정리하면 다음과 같습니다.

- 하나님을 알지만 하나님께 영광 돌리지 않는다.
- 하나님의 창조에 역행한다.
- 그 결과로 온갖 죄가 만연하다.
- 죄의 결과를 경험한다.

로마는 이런 죄를 경험함으로 스스로 무너진 것입니다. 그러면 우리는 어떻게 살아야 할까요? 사탄이 점령하고 있는 세대에게 소망은 무엇일까요? 바울은 로마를 향하여 소망의 메시지를 쏘아 올렸습니다.

"복음에는 하나님의 의가 나타나서 믿음으로 믿음에 이르게 하나니 기록된 바 오직 의인은 믿음으로 말미암아 살리라 함과 같으니라"(롬 1:17)

예수 그리스도만이 오직 우리의 소망이십니다. 오직 원초적인 복음의 능력으로 돌아가자는 것입니다.

로마서 1장 17절은 '복음에는 하나님의 의가 나타난다'고 합니다. 그 하나님의 의는 바로 십자가에 못 박히신 예수 그리스도를 통하여 드러났습니다. 그리고 예수님이 돌아가신 십자가 아래서 인간의 모든 죄가 드러납니다. 십자가에 하나님의 거룩함이 나타나기 때문입니다. 하나님의 아들 예수 그리스도의 보혈을 통해서, 그분의 삶을 통해서 우리의 모든 죄가 드러납니다. 그것이 '하나님의 정의'입니다.

십자가는 인간의 죄를 드러나게 할 뿐 아니라 동시에 그것을 용서하기 위한 속죄의 역할도 합니다. 이것이 바로 십자가의 온전한 목적입니다. **십자가에는 하나님의 사랑과 은혜가 있습니다. 하나님은 우리를 죽이기 위해서가 아니라 살리기 위해서 그 모든 죄를 십자가에서 드러나게 하셨습니다.**

십자가는 '나는 죄인이다. 나는 수많은 죄 가운데 스스로 구원할 수 있는 존재가 아니구나. 나는 하나님의 도우심이 필요하다'는 사실을 깨닫고 뉘우치는 사람에게 하나님의 은혜로 주어지는 구원의 통로입니다.

이 은혜는 모든 사람에게 차별 없이 주어집니다. 동성애자나 살인자, 간음한 자나 어떤 죄인이든 회개하는 자들에게 하나님의 용서하심과 은혜가 주어집니다. 그러므로 우리는 십자가의 복음이 가지고 있는 두 가지 요소, 즉 죄를 드러나게 하는 능력과 죄를 용서하는 능력을 부끄러워하지 말고 자랑스러워해야 합니다.

> "내가 복음을 부끄러워하지 아니하노니 이 복음은 모든 믿는 자에게 구원을 주시는 하나님의 능력이 됨이라 먼저는 유대인에게요 그리고 헬라인에게로다"(롬 1:16).

하나님은 로마에 있는 그리스도인들에게 이와 같이 당부하셨습니다.

"헬라인들도 미워하지 말라. 그들 역시 복음을 증거해야 될 대상이다. 오직 복음을 부끄러워하지 말고 예수 그리스도로 승부하라!"

몇 년 전에 어느 집회에 초청을 받았는데 그때 주제가 '거룩함'이었습니다. 어떤 말씀을 증거할까 고민하다가 하나님이 로마서 1장에 대한 확신을 주셨습니다. 특별히 제가 초청받았던 지역이 성적으로 문란하고 동성애가 합법적으로 받아들여진 지역이었습니다. 그래서 기도로 많이 준비하고 말씀을 증거했습니다.

특별히 마지막 날은 하나님의 사랑과 은혜에 대해서 선포를 했습니다. 그러면서 동성애자들을 포함하여 어떤 죄인도 하나님의 치유하심과 용서하심을 경험할 수 있다고 선포했습니다. 그런데 제가 평생 설교하며 그렇게 반응이 없었던 적이 처음이었습니다. 설교를 마치고 아무도 다가오지 않고 같이 있던 목사님이나 주변에서 누구도 말을 걸지 않았습니다. 그리고 숙소에 들어가 아내에게 전화를 걸고 이렇게 말했습니다

"여보, 빨리 집에 가고 싶다. 죽을 것 같아. 한 번 더 설교가 남아 있는데, 그냥 집에 가면 안 될까?" 그러면서 교회와 아내에게 기도를 부탁했습니다. 그리고 마지막 날 다시 한번 마음을 다잡고 설교를 했으나 역시나 반응이 전혀 없었습니다. 그래서 마음 가운데 '나는 이런 집회에 오면 안 되는구나'라고 생각하며 자책했습니다.

그런데 3년이 지나 똑같은 지역에서 또 초청을 해주셨습니다. 이번에는 누구나 들으면 좋아할 만한 설교를 했습니다. 정말 사람들이 많이 좋아했습니다. 말씀을 마치고 너무나 피곤한 가운데 있었는데, 한 청년이 간절히 만남을 요청하며 찾아왔습니다.

그 청년은 저에게 다짜고짜, "목사님, 저를 기억하세요?"라고 말합니다. 청년을 상담한 적도 없고 당시 집회를 망쳤다는 죄책감에 사로잡혀 있었기 때문에 그 청년을 기억할 수가 없었습니다. 그런데 청년은 자신의 당시 모습이 특이한 모습이었다며 기억해보라고 했고, 다행히 제가 기억을 해냈습니다. 그랬더니 청년은 제 평생에 잊을 수 없는 고백을 들려주었습니다.

"목사님, 사실 제가 동성애자였습니다. 어려서부터 교회도 다니고, 죄라는 것도 알았지만, 그날 하나님이 주신 로마서 1장 말씀을 듣고 제가 정말 죄인이라는 것을 마음 깊숙이 깨달았습니다. 하나님의 역사와 치유하심이 있었습니다. 저는 사실 동성애를 하기 위해 유학을 왔습니다. 그러나 그날 그 말씀을 통해 하나님 앞에 회개하며 저의 삶을 새롭게 드렸습니다. 지금은 대부분 치유되었고, 거의 회복되었습니다. 이것을 꼭 말씀드리고 싶어서 이렇게 상담을 요청했습니다."

그리고 자신이 그렇게 될 수 있었던 이유 중 하나는 자신의 출석 교회 목사님과 사모님이 자신을 정죄하지 않고, 사랑으로 감싸주고 인내하셨기 때문이라고 했습니다. 그분들이 감싸주신 덕분에 회복할 수 있었다고 고백했습니다.

그 청년은 이어서 "목사님, 그런 말씀을 계속 증거해 주세요. 요즘 시대에 저처럼 이런 삶을 살아가는 청년이 많습니다."라고 말하며 저를 격려했습니다. 그래서 저는 "형제여! 저도 말할 수 없는 죄인입니다. 우리 같이 죄인의 마음으로 하나님 앞에 기도합시다."라며 함께 회개하는 마음으로 울며 기도했습니다.

저는 3년 전 집회 때 그 한 청년을 위해서 하나님이 저를 그 자리에 부르셨음을 비로소 깨달았습니다. 하나님은 그 청년의 부르짖음을 듣고 계셨던 것입니다.

우리 그리스도인들은 사랑 없이 상대방을 정죄하는 습관에서 벗어나야 합니다. 우리는 하나님이 아닙니다. 우리는 모두 다 같은 죄인입니다. 로마서는 결코 동성애만 죄라고 하지 않습니다. 하나님의 용서하심을 아는 회개한 죄인이라면 그것을 삶 가운데 나누어야 합니다. 나 역시 구원받은 죄인이기에, 죄는 죄라고 이야기할 수 있는 진실함이 사랑 가운데 있어야 합니다.

이 시대의 우리 교회는 죄가 무엇인지 분명히 가르치면서도, 동성애뿐만 아니라, 모든 죄인을 그리스도의 사랑으로 포용하고, 치유할 수 있는 복음의 능력을 회복하도록 기도해야 합니다.

PART / 2
뉴노멀 시대, 무엇을 붙들어야 하는가?

- 물 타지 않은 복음을 붙들라
- 성경의 관점, 기독교 세계관을 붙들라
- 하나님의 거룩과 사랑을 붙들라
- 말씀에 근거한 기도를 붙들라

NEW NORMAL

붙들어야 할 것

물 타지 않은
복음을 붙들라

형제들아 내가 너희에게 나아가 하나님의 증거를 전할 때에
말과 지혜의 아름다운 것으로 아니하였나니
내가 너희 중에서 예수 그리스도와 그가 십자가에 못 박히신 것 외에는
아무것도 알지 아니하기로 작정하였음이라(고전 2:1-2).

중학교 시절, 그리스도인들 사이에서 꽤 인기 있는 책이 있었습니다. 노만 빈센트 필 박사(Norman Vincent Peale)의 저서들입니다. 대표 저서로 1952년에 출간된 『The Power of Positive Thinking』이 있는데, 우리말로는 『적극적 사고방식』이라는 제목으로 출간되었습니다. 이 책은 나오자마자 무려 186주나 연속 「뉴욕 타임즈」 선정 베스트셀러가 되며 전 세계에서 수천만 부가 판매되는 엄청난 기록을 세웠습니다.

필 박사는 이 책을 통해 자신감이 결여되어 있고 실패와 두려움이 많은 사람에게 "당신이 그리는 꿈대로 적극적이고 긍정적으로 생각하면 당신은 당신이 생각하는 사람으로 될 수 있다"라는 도전을 주었습니다. 수많은 사람이 단순한 이 이야기에 환호했습니다.

이 긍정의 사고방식은 1950년대부터 1980년도에 이르기까지 수많은 기업과 교회, 미국 사회뿐 아니라 전 세계에 '긍정의 힘'이라는 영향을 미쳤습니다. 사실 필 박사는 50년을 한 교회에서 사역한 목회자였습니다.

필 박사에게 이런 영향을 받아 목회에 가장 적극적으로 적용한 사람이 바로 로버트 슐러(Robert Schuller)라는 목회자입니다. 슐러 목사는 미국

LA 한복판에 바닥만 빼고 전면이 유리로 된 수정교회를 세우고 예배 시간마다 전 세계 최고의 강사를 세워 성도들에게 간증과 찬양, 세미나를 듣게 했습니다. 그뿐만 아니라 처음으로 '드라이브 인 워십 서비스'(drive-in worship service)를 시작했습니다. 차를 타고 차 안에서 드리는 예배를 1960년대에 시작한 것입니다. 수정교회는 이처럼 여러 가지 이슈로 한국 기독교에도 잘 알려져 있습니다.

그러나 전 세계적으로 한 시대를 풍미했던 이 교회는 2010년에 파산했으며, 같은 지역에 있는 천주교가 건물을 매각했고, 교인들은 뿔뿔이 흩어졌습니다. 2009년에 이 교회를 방문했을 때는 일부 관광객들을 인도하는 나이 든 교인들만 보였는데, 한 관계자가 한국의 이단인 신천지가 그곳을 빌려 집회를 열 뻔했다는 이야기를 들려주었습니다.

저도 어렸을 때 이 두 사람의 책을 선물로 받고 읽은 적이 있습니다. 많은 사람이 당시 필 박사의 『긍정적 사고방식』에 영향을 받고 삶에 적용했으며, 한국교회에도 적지 않은 영향을 미친 것으로 평가됩니다.

지치고 힘들고 두렵고 자신감이 없는 사람들에게 '자신감을 가지면 잘 될 수 있다'라는 소망을 주는 이야기 자체가 나쁘다고 할 수는 없습니다. 그러나 시간이 지남에 따라 무엇인가 잘못되었다는 생각을 지울 수가 없었습니다.

복음은 원어적으로 '기쁜 소식', '좋은 소식'이라는 의미를 갖습니다. 복음을 전하는 우리에게는 '긍정적인 사고'가 문제 되지 않습니다. "긍정적으로 생각하라"라는 말 자체에는 아무런 문제가 없기 때문입니다. 그러나 성경은 우리가 그리는 꿈대로 긍정적으로 생각하고 적극적으로 살아가면 성공할 것이라고 이야기하지 않습니다.

아침에 일어나 긍정적인 생각을 하고 행복을 추구하는 것 자체를 하나님도 반대하지 않으십니다. 성경에서도 건강한 자아상을 만들어 가라고 이야기합니다. 문제는 긍정적인 생각이 성공의 견인차가 되었는가 하는 것입니다. 인간 스스로 마음에 긍정의 생각을 불어넣고 행복하다고 마음먹는다고 해서 그것을 이룩할 수 없습니다.

1. 변질된 복음 앞에 선 교회

기독교는 인간의 가장 근본적인 문제를 '죄'로 봅니다. 반면, 긍정의 신학에서는 죄의 문제를 전혀 다루지 않습니다. 죄는 '긍정의 힘'보다 훨씬 인기 없는 이야기입니다. 누가 죄에 관한 이야기를 좋아하겠습니까? 죄에 관한 책, 깊은 부패를 나누는 책과 긍정적 사고와 소망을 주는 책이 동시에 출간된다면, 아마 긍정을 주제로 한 책과 그와 관련된 설교가 훨씬 더 인기가 많을 것입니다.

그런데 성경은 인간의 근본 운명에 대한 슬픈 전망을 이야기합니다. '모든 인간이 죄를 범하여 하나님의 영광에 이르지 못한다'(롬 3:23)라고 말입니다. 태어나고 늙고 병들고 죽는 생로병사의 문제는 어느 누구도 피할 수 없는 인간의 본질에 관한 문제입니다. 그러므로 긍정적인 생각을 가지고 성공하는 것이 문제가 아니라, 인간 본질의 문제를 해결하는 것이 더 중요합니다.

인간의 생로병사 문제는 철저히 죄의 문제와 관계가 있습니다. 이 문제를 온전히 해결할 때 온전한 기쁨과 감사가 우리 안에 생깁니다. 이 기쁨과 감사에는 모든 고난과 역경, 심지어 죽음의 문제조차 초월하게 하는 신비한 능력이 있습니다. 긍정의 힘을 초월하는 이와 같은 것을 우리는 '신앙' 혹은 '믿음'이라고 합니다.

그런데 이 신앙이나 믿음은 스스로 내 안에서 생성되는 것이 아닙니다. 내가 바라보는 대상에 그것이 있습니다. 곧 죽음의 공포 및 삶에 누적된 문제들을 초월하고 이겨 낼 수 있는 능력은 내 안에 스스로 존재하거나 긍정적인 생각이 가져다주는 것이 아닙니다. 내가 믿고 있는 대상이 무엇이냐에 있습니다.

기쁜 소식, 좋은 소식인 복음의 핵심은 바로 하나님의 아들이신 예수 그리스도입니다. 그래서 기독교 공동체는 죄를 포함한 모든 문제의 해결을 복음이신 예수 그리스도 안에서 찾습니다. 그러나 성경은 시대마다 이것을 희석시키는 거짓 선지자들이 나타난다고 경고합니다.

특별히 성경은 말세에 일어날 일을 예언했습니다. 겉으로는 기독교를 표방하고 예수님을 주인으로 믿는다고 하지만, 그 속에는 복음에서 벗어난 거짓되고 달콤한 사상들이 우리를 유혹할 것이라고 말입니다. 이는 2000년 전 기독교가 탄생할 때도 마찬가지였습니다. 우리는 이것을 경우에 따라 '이단'이라고 하거나 '사이비'라고 합니다.

복음의 역사가 왕성했던 초대 교회에도 복음을 희석시키는 도전이 많았습니다. 어떻게 보면 교회가 탄생하고 성령의 역사로 왕성하게 모든 일이 일어났지만, 그 안에 더 많은 영적 싸움이 있었다는 것을 성경을 통해 확인하게 됩니다. 바울은 율법주의의 유혹을 받는 갈라디아교회 성도들에게 다음과 같이 경고했습니다.

"그리스도의 은혜로 너희를 부르신 이를 이같이 속히 떠나 다른 복음을 따르는 것을 내가 이상하게 여기노라 다른 복음은 없나니 다만 어떤 사람들이 너희를 교란하여 그리스도의 복음을 변하게 하려 함이라 그러나 우리나 혹은 하늘로부터 온 천사라도 우리가 너희에게 전한 복음 외에 다른 복음을 전하면 저주를 받을지어다 우리가 전에 말하였거니와 내가 지금 다시 말하노니 만일 누구든지 너희가 받은 것 외에 다른 복음을 전하면 저주를 받을지어다 이제 내가 사람들에게 좋게 하랴 하나님께 좋게 하랴 사람들에게 기쁨을 구하랴 내가 지금까지 사람들의 기쁨을 구하였다면 그리스도의 종이 아니니라"(갈 1:6-10).

바울은 복음, 즉 복된 소식이라고 다 같은 복음이 아니라, 오직 그리스도의 복음만이 하나님이 주신 것이라고 고백합니다. 6절에서 말한 '다른 복음'이란 복음을 표방하지만, 그 내용이 다른 유사 복음을 뜻합니다. 다른 복음은 그리스도의 복음을 변하게 합니다(갈 1:7). 즉, 성령으로 시작했어도 육신의 일로 마무리하게 되거나 사람을 변화시키지 못하고 오히려 변질시킵니다. 이런 비슷한 일이 바울이 목회하는 모든 교회에 있었습니다.

고린도교회의 경우, 조금 특별한 문제를 가지고 있었습니다. 하나님의 지혜가 아니라, 세상의 지혜를 가진 사람들이 교회에 들어와서 파를 만들고 분열을 조장한 것입니다. 사람들이 만들어 낸 지혜를 기준 삼아서 다른 사람들을 판단했습니다.

고린도교회는 하나님이 많은 은혜를 부어 주신 교회였습니다. 성령의 은사들이 넘쳤고, 바울과 아볼로를 비롯한 훌륭한 목회자들이 더러 있었습니다. 그런데 복음이 아닌 세상의 지혜로 교회를 분열시키고 혼란을 가중시키는 자가 들어온 것입니다. 그런 가운데 사도 바울은 자신이 어떻게 목회했는지를 말하며 스스로 변호했습니다.

이 변호 안에는 바울이 붙든 복음의 핵심이 농축되어 있습니다. 이 농축된 복음의 핵심은 우리의 신앙을 점검하고 복음의 본질이 무엇인지를 다시 한번 되짚어 볼 수 있도록 안내합니다. 영적으로 혼탁하고 복음이 희석된 시대를 살아가고 있는 우리에게 사도 바울이 이 장 본문을 통해 전하는 권면은 무엇일까요?

2. 물 타지 않은 복음을 견지하기 위한 지침

예수 그리스도의 유일성을 훼손하지 말라

바울은 교회 안에 있으면서도 여전히 헬라 철학과 세상의 지혜를 신앙으로 착각하고 있는 사람들에게 이렇게 고백합니다.

> "형제들아 내가 너희에게 나아가 하나님의 증거를 전할 때에 말과 지혜의 아름다운 것으로 아니하였나니"(고전 2:1).

바울은 절대 말을 못 하거나 더듬거리는 사람이 아니었습니다. 헬라 철학자들에게도 밀리지 않는 학식이 있었습니다. 헬라 철학자들에게 '말쟁이'(행 17:18)라는 소리를 들을 정도로 그는 언어를 잘 사용했습니다. 바울은 얼마든지 세상에서 배운 것, 유대교에서 배운 것을 활용해 상대방을 제압할 수 있는 세상적인 능력과 대담함을 가진 사람이었습니다.

그러나 바울은 헬라의 어떤 지혜나 철학도, 어떤 인간의 웅변도 사람을 절대로 변화시킬 수 없다는 사실을 몸소 깨달았습니다. 그렇다면 바울이 붙든 핵심은 무엇이었을까요? 1절에 번역된 '하나님의 증거'(혹은 하나님의 비밀)는 무엇을 가리키는 것일까요? 이어지는 2절 말씀에 그 단서가 있습니다.

> "내가 너희 중에서 예수 그리스도와 그가 십자가에 못 박히신 것 외에는 아무것도 알지 아니하기로 작정하였음이라"(고전 2:2).

바울은 이것이 복음의 가장 중요한 핵심이기 때문에 강조법을 써서 선포했습니다. '아무것도 알지 아니하기로 작정하였다'라는 말은 정말 다른 것은 다 알지 않기로 작정했다는 뜻이 아닙니다. 복음의 핵심인 '하나님의 아들이신 예수님이 이 땅에 오신 것과 우리를 구원하기 위해 십자가에 돌아가신 사실'을 절대로 놓쳐서는 안 된다는 사실을 강조한 것입니다.

만약 우리에게 죽기 전에 마지막 이야기를 할 수 있는 기회가 주어진다면 '예수 그리스도'와 '예수님이 십자가에 못 박히신 사실'을 말할 수 있어야 합니다.

반복해서 서술하고 있는 '복된 소식'이라는 의미를 지닌 '복음'은 헬라어로 '유앙겔리온'(Ευαγγέλιον)입니다. 고대 로마의 지중해 문화에서는 전쟁터에서 승리했거나 황제의 생일이거나 정치적 승리를 했을 때 '유앙겔리온'이라는 단어를 사용했습니다. 승전보나 왕의 축제일이면 "유앙겔리온!"이라고 외치며 장군이나 왕에게 영광을 돌렸습니다. "복된 소식!"이라고 외친 것입니다. 성경의 기자들이 그 당시 로마의 황제에게 썼던 이 단어를 이 땅에 오신 예수님의 탄생에 차용한 것입니다.

그러나 세상에서 가장 높은 위치에 있던 황제나 전쟁에서의 승리한 장군을 축하하는 의미로 사용했던 유앙겔리온과 예수님께 쓰인 유앙겔리온에는 확연한 차이가 있습니다. 성경에서 예수님을 가리키는 유앙겔리온은 기쁜 소식만을 의미하지 않습니다. 그것이 기쁜 소식이 되기 위해서 하나님의 아들이 십자가에 달려 돌아가셔야 했기 때문입니다.

인류는 그 어떤 지혜와 철학, 과학과 문명의 발달에도 죄 문제를 해결할 수 없습니다. 오히려 그런 문명이 있는 곳에서 죄는 더욱 깊고 강해집니다. 인간의 지독한 죄의 문제를 해결하는 유일한 방법은 '예수님의 고난'입니다.

> "그가 찔림은 우리의 허물 때문이요 그가 상함은 우리의 죄악 때문이라 그가 징계를 받음으로 우리는 평화를 누리고 그가 채찍에 맞음으로 우리는 나음을 받았도다"(사 53:5).

복음은 하나님의 아들이 우리가 해결할 수 없는 죄를 대신 짊어지고 고통당하신 사건입니다. 그 대가로 우리가 평안을 누리게 되었습니다. 유앙겔리온은 단순히 긍정적인 생각, 자기 최면이 아닙니다. 예수 그리스도의 희생을 대가로 평안을 누리는 것입니다. 이것이 사도 바울이 깨달은 복음입니다.

그래서 바울은 예수님과 그분이 당하신 십자가 사건이 복음의 핵심이라고 이야기했습니다. 아무리 힘들어도 감사하고 여전히 다시 일어나 웃을 수 있는 이유가 여기에 있습니다. 하나님이 나를 위해서 십자가에서 고난 당하셨기 때문입니다.

미국 텍사스주의 휴스턴에서 목회하는 조엘 오스틴(Joel Osteen)이란 사람이 있습니다. 노만 빈센트 필과 로버트 슐러의 대를 잇는다는 평가를 받는 오스틴은 『긍정의 힘』을 바탕으로 번영신학을 발전시켜서 레이크우드교회를 미국에서 가장 큰 교회로 성장시켰습니다.

그의 저서가 우리나라에도 소개가 되었고 꽤 인기를 끌었습니다. 성경 이야기에 긍정 심리학, 자기 최면술을 가미한 그의 설교는 지금도 수백만의 사람들이 동시에 듣고 있습니다.

2007년 미국 대선이 한창일 때 「폭스 뉴스」(Fox News)에서 조엘 오스틴에게 공화당의 유력한 후보로 나온 미트 롬니(Willard Mitt Romney) 주지사에 대하여 질문을 했습니다. 질문의 요지는 "롬니 주지사는 몰몬교 신도인데 몰몬교도 기독교입니까?"였습니다. 오스틴은 주저 없이 "롬니도 기독교인이고, 몰몬교는 당연히 기독교입니다"라고 답했습니다.

그러자 앵커는 "몰몬교는 조셉 스미스(Joseph Smith)라는 사람이 기독교의 본질에서 벗어나 창시한 것입니다"라고 반박했습니다. 이때 오스틴은 자신은 그런 것은 상관하지 않는다고 대답했습니다.

또한 조엘 오스틴이 유명한 "래리 킹 쇼"(Larry King Show)에 출연한 적이 있습니다. 앵커인 래리 킹(Larry King)이 대화 중에 "당신이 믿는 예수님만이 유일한 구세주입니까? 예수님을 믿어야만 천국에 갑니까?"라는 질문을 했습니다.

이 질문은 아주 단순하면서도 우리의 신앙을 고백할 수 있는 질문입니다. 그러나 어처구니없게도 조엘 오스틴은 이 질문에 대하여 말을 얼버무리며 "잘 모릅니다"(I don't know)라는 답변만 반복했습니다. 그날 그 교회 웹사이트에는 항의가 폭주하여 시스템이 중단되고 말았습니다.

조엘 오스틴은 스스로 예수님을 사랑한다고 했습니다. 그러나 그는 다른 종교에도 구원의 문을 활짝 열어 놓고, 예수님만이 유일한 구세주이심을 부인했습니다. 그런데도 사람들은 여전히 그의 설교에 환호하고, 그의 교회는 성장하고 있습니다. 복음에 물을 탄 정도가 아니라, 하나님은 사랑이시라는 미명 아래 종교 다원주의나 종교 혼합주의의 길을 사람들에게 교묘하게 가르치고 있는 것입니다.

그러나 예수님은 분명히 "내가 곧 길이요 진리요 생명이니 나로 말미암지 않고는 아버지께로 올 자가 없느니라"(요 14:6)라고 자신에 대해 고백하셨습니다. 우리가 긍정적인 소리가 아닌 예수님을 붙드는 이유, 예수님을 믿고 우리의 삶을 그분께 전부 바치는 이유가 여기에 있습니다. '내가 곧 길이고 진리이며 생명이고 나로 말미암지 않고는 하나님께로 갈 수 없다'는 예수님의 말씀을 믿기 때문입니다.

복음의 핵심은 하나님의 아들이신 예수님이십니다. 그분이 십자가에서 고난을 받으셨기 때문에 우리의 죄가 사함을 받았고, 그분이 죽음에서 부활하셨기 때문에 우리가 구원을 받았습니다. 이것이 우리가 긍정적으로 감사해야 할 근본적인 이유입니다. 이 사실로 인해 우리는 삶에서 닥치는 고난과 어려움을 능히 감당할 수 있습니다. 로마서 8장 16-18절은 우리에게 이렇게 도전하며 위로합니다.

"성령이 친히 우리의 영과 더불어 우리가 하나님의 자녀인 것을 증언하시나니 자녀이면 또한 상속자 곧 하나님의 상속자요 그리스도와 함께 한 상속자니 우리가 그와 함께 영광을 받기 위하여 고난도 함께 받아야 할 것이니라 생각하건대 현재의 고난은 장차 우리에게 나타날 영광과 비교할 수 없도다"(롬 8:16-18).

얼마나 놀라운 이야기입니까. 단순히 긍정적인 힘을 이야기하는 것이 아닙니다. '하나님의 아들이신 예수 그리스도와 함께 한 상속자'라는 말은 어려움 가운데서도 일어날 수 있는 이유가 됩니다. 그래서 우리는 그리스도와 함께 능히 고난도 받을 수 있는 것입니다. 우리가 예수 그리스도가 아닌 다른 어떤 곳에서 물을 마시겠습니까!

'긍정의 힘'이 아닌 '성령의 능력'을 의지하라

사람들은 누구나 다 두려움을 가지고 있습니다. 지금 인류는 어느 때보다 더 두려움으로 가득 차 있습니다. 이렇게 전 세계적으로 바이러스의 공포가 확산된 적이 없습니다. 경제와 실업, 건강과 내일에 대한 염려가 마음을 무너뜨리고 있습니다.

이럴 때 긍정적으로 자신을 다독이며 '다 잘될 거야. 곧 사람들을 대면할 수 있을 거야'라고 최면을 걸며 마인드 컨트롤을 하는 게 도움이 될까요? 우리는 변하지 않는 현실적 문제들 앞에서 어떻게 해야 할까요?

이런 상황 속에서 복음에 물 탄 또 한 부류의 사람들이 있습니다. 바로 극단적인 종말론을 주장하며 사람들을 현혹시키는 부류입니다. 그들은 성경의 예언서들을 자의적으로 해석하고 사람들에게 잘못된 공포심을 조장하여 가족과 현실을 등지게 합니다. 십자가 없는 긍정의 힘이 무서운 것처럼, 현실도피의 그릇된 공포심을 조장하는 종말론 또한 복음에 물을 타는 것입니다.

바울 역시 두려움이 있었습니다.

"내가 너희 가운데 거할 때에 약하고 두려워하고 심히 떨었노라"(고전 2:3).

바울은 예수님을 만나고 사역을 하면서 수많은 고난과 고통의 문제와 씨름했습니다. 이 모든 것은 현실적인 문제들이었습니다. 사람들의 모함과 살인 계획, 협박과 자연재해에 대한 두려움, 무엇보다도 복음 때문에 기뻐해야 함에도 불구하고 복음을 전한다는 이유로 죽음의 문제들에 부딪혔습니다.

그러나 바울은 이 모든 것이 사람의 힘으로 되지 않는다는 사실을 절실히 깨달았습니다. 특별히 강퍅한 사람들, 어두움의 영에 사로잡혀 자신을 대적하는 사람들을 변화시키는 문제는 인간의 영역이 아님을 다음과 같이 고백합니다.

"내 말과 내 전도함이 설득력 있는 지혜의 말로 하지 아니하고 다만 성령의 나타나심과 능력으로 하여"(고전 2:4).

바울은 예수님을 만난 후 예수님과 그분이 자신을 위해서 하신 십자가의 일을 인생에 있어 가장 중요한 일로 여겼습니다. 그리고 그 중요한 일을 사람들에게 나누고 사역을 하는 데 있어서는 하나님의 영이신 성령의 능력이 절대적임을 깨달았습니다.

우리는 바울의 이와 같은 말과 깨달음, 즉 "내 말과 내 지혜의 말로 하지 않았다"라는 바울의 말을 기억해야 합니다. 서로 만날 수 없고, 기독교가 몰매를 맞고 있는 이 시대를 살아가는 우리는 어쩌면 내가 그리스도인이라는 사실을 밝히기 어려울 수 있습니다. 그러므로 "내 말과 내 지혜의 말로 하지 않았다"라는 바울의 말은 우리에게 또 하나의 도전으로 다가옵니다.

바울은 과거에 하나님의 일을 하는 사람을 핍박했으니, 자신을 변화시킨 것은 사람의 말이나 헬라인의 철학이 아님을 누구보다 잘 알고 있었습니다. 다메섹 도상에서 만난 성령 하나님이 변화의 주체이심을 누구보다 뼈저리게 경험했습니다.

우리 자신과 교회 공동체를 변화시키시는 분은 누구십니까? 오늘날 전 세계 모든 사람을 변화시키시는 주체는 누구실까요? 하나님의 거룩한 영의 역사 없이 사람은 절대 변하지 않습니다. 사람들을 끌어들이고 많이 모이게 할 수는 있을지는 몰라도, 사람을 변화시키는 것은 인간의 말이나 프로그램이 아닌 성령의 역사입니다. 로마서 8장 9절은 이에 대해 증거합니다.

"만일 너희 속에 하나님의 영이 거하시면 너희가 육신에 있지 아니하고 영에 있나니 누구든지 그리스도의 영이 없으면 그리스도의 사람이 아니라"(롬 8:9).

복음에 물 타는 사람들은 성령님을 자신의 도구로 삼거나 긍정의 힘을 이용해 사람들을 현혹합니다. 거짓 선지자들은 때로 어두움의 권세의 힘에 영혼을 팔아 작은 기적을 일으켜 사람들을 미혹하기도 합니다.

그러나 사람이 어두움에 있었던 죄를 하나님 앞에 회개하고, 도저히 용서하기 힘든 사람을 용서하며, 자신이 잘못을 저지른 사람에게 용서를 구하는 일은 성령의 역사로만 가능합니다. 그리스도인의 힘, 기독교 공동체의 능력이 무엇이겠습니까?

거룩하고 선하신 하나님의 영입니다. 성령님은 우리를 살리시는 영입니다. 인생이 곤고하고 힘들어서 포기하고 싶을 때 긍정의 힘, 어두움의 힘이 아니라, 오직 성령의 힘을 의지해야 합니다. 성령의 힘은 한 사람의 인생을 변화시킵니다.

청년 사울은 다메섹 도상에서 자신이 핍박하던 그분이 바로 하나님의 아들 예수 그리스도시라는 사실을 깨닫고 충격을 받았습니다. 하나님의 일을 열심히 한다고 했던 그가 하나님이 보내신 유일한 구원자이신 예수님을 핍박하고 있었던 것입니다. 다메섹 도상에서 나타나 말씀해 주신 성령님의 음성으로 청년 사울은 이제까지 쌓아 올렸던 모든 화려한 이력과 지식, 능력이 하루아침에 무너져 내리는 경험을 했습니다. 청년 사울을 변화시켰던 것은 다름 아닌 성령의 역사였습니다.

나의 영광을 뒤로하고, 하나님께 영광을 올려 드려라

고린도전서 1장은 하나님 나라의 역설에 대해서 다음과 같이 이야기합니다. '첫째로, 하나님은 세상에서 미련하게 보이며 인간적으로 거리끼는 십자가를 택하셨다. 둘째로 하나님은 약하고 미련하게 보이는 자들을 택하셔서 그 십자가를 전하는, 즉 전도의 미련한 것을 통하여 하나님 나라를 이루어 가신다'라고 말입니다.

저는 미련하고 연약한 저를 목회자로 부르신 하나님을 생각하곤 합니다. 바울은 그것이 하나님의 지혜, 하나님의 방법이라고 말합니다. 그 목적은 약하고 연약한 것을 통하여서 세상의 강하고 힘센 것들을 부끄럽게 하시고, 오직 하나님만 영광 받게 하시기 위함입니다. 바울은 이 장 본문인 고린도전서 2장 5절에서도 이렇게 고백합니다.

"너희 믿음이 사람의 지혜에 있지 아니하고 다만 하나님의 능력에 있게 하려 하였노라"(고전 2:5).

우리의 사역, 그리고 우리의 신앙생활은 결국 하나님의 은혜가 아니면 가능하지 않습니다. 성령의 능력을 받고 섬기지 않으면 결국 나 중심으로 갈 수밖에 없습니다. 성령의 능력으로 섬기는 사람들은 대화나 삶의 향기를 통해 그 정체성을 드러냅니다.

우리가 하나님이 나 같은 죄인을 들어 쓰셨다는 사실을 잊지 않는다면, 우리의 사명을 마친 후에 "영광을 받을 대상은 내가 아니라 하나님이십니다"라는 고백을 할 수밖에 없습니다. 복음에 물을 타는 행위 중 하나는 하나님이 받으셔야 할 영광을 교묘히 가로채는 것입니다.

그리스도인들이 멀리해야 하는 의식 중 하나는 '공로 의식'입니다. 무슨 섬김이나 선한 일을 행한 후에 그것이 계속해서 나의 공로로 남는 것입니다. 그러다 보면 비교 의식이 생기고, 나의 공로가 인정받지 못한다고 느껴질 때는 마음이 상하거나 분노가 일어납니다. 하나님을 믿는다고 하면서 사실은 나의 욕망을 실현하는 도구로 하나님을 이용한 것은 아닌지 점검해야 합니다.

이런 공로 의식, 내가 일한 것에 대한 보상 의식이 더 나아가면 율법주의로 발전할 가망이 높습니다. '율법'은 하나님의 말씀입니다. 나쁜 말이 아닙니다. '율법주의'가 나쁜 것입니다. 하나님의 말씀, 하나님의 약속을 이용하는 율법주의에는 아주 고약한 면이 있습니다. 초대 교회 성도들을 가장 많이 괴롭힌 것도 율법주의였습니다.

율법주의는 '내가 무엇을 해야 구원받고 인정받는다'라고 생각하게 합니다. 여기에 그치지 않고 나의 행위를 기준 삼아 다른 사람을 정죄하고 판단합니다. 또 여기서 그치면 좋겠지만 그 율법들을 지키지 못하는 나를 거룩으로 포장하는 이중성을 갖게 합니다. 이것은 모두 예수님의 십자가를 부정하는 것이며, 교회 안에 들어온 또 하나의 '복음에 물을 타는 것'입니다.

예수님의 십자가 사건은 나를 구원하기에 충분하고도 남음이 있는 능력입니다. 결국 예수님의 십자가 사건을 경험한 사람은 은혜를 아는 사람입니다. 은혜를 아는 사람은 나 같은 죄인을 구원하신 하나님께 감사하며 영광을 돌려 드리게 되어 있습니다. 그리고 구원받고 회개한 죄인으로서 다른 사람에게 자신이 받은 은혜를 베풀려고 노력하는 삶을 살아갑니다. 바울은 갈라디아서 2장에서 이렇게 고백합니다.

"사람이 의롭게 되는 것은 율법의 행위로 말미암음이 아니요 오직 예수 그리스도를 믿음으로 말미암는 줄 알므로 우리도 그리스도 예수를 믿나니 이는 우리가 율법의 행위로써가 아니고 그리스도를 믿음으로써 의롭다함을 얻으려 함이라 율법의 행위로써는 의롭다함을 얻을 육체가 없느니라"(갈 2:16).

"내가 그리스도와 함께 십자가에 못 박혔나니 그런즉 이제는 내가 사는 것이 아니요 오직 내 안에 그리스도께서 사시는 것이라 이제 내가 육체 가운데 사는 것은 나를 사랑하사 나를 위하여 자기 자신을 버리신 하나님의 아들을 믿는 믿음 안에서 사는 것이라 내가 하나님의 은혜를 폐하지 아니하노니 만일 의롭게 되는 것이 율법으로 말미암으면 그리스도께서 헛되이 죽으셨느니라"(갈 2:20-21).

복음의 핵심은 오직 성령 안에서 예수님의 십자가 사건을 믿는 것과 그 은혜를 체험하는 것입니다. 구원은 율법이나 행위로 경험하는 것이 아닙니다. 이것을 깨닫는다면 우리의 신앙 가운데서 몰아내야 할 '복음에 물 타는 것'을 분별할 수 있습니다.

긍정신학과 번영신학은 황금만능주의, 혼합주의, 다원주의, 율법주의 및 인본주의 사상이 중심입니다. 한국교회 안에 유난히 이단이 많은 이유를 신비주의와 기복주의, 율법주의에서 찾기도 합니다.

우리는 악하고 속도가 빠른 시대를 살아가고 있습니다. 많은 다른 복음들이 우리를 혼란스럽게 합니다. 그러나 하나님은 코로나 상황을 통해서 신앙의 본질을 회복하게 하시고 원론적으로 재편하게 하십니다.

우리는 오직 하나님의 사랑 가운데 예수님의 십자가의 은혜로 성령의 능력에 의하여 구원받습니다. 이것을 내 삶에 전 인격적으로 받아들이는 것이 바로 믿음입니다. 가시 면류관 없이 영광은 없습니다(No Crown, No Glory). 십자가 없이는 부활도 없습니다(No cross, No Resurrection). 그러므로 우리는 모든 영광을 하나님께만 돌려 드려야 합니다.

성경의 관점,
기독교 세계관을 붙들라

인생이 당하는 일을 짐승도 당하나니 그들이 당하는 일이 일반이라
다 동일한 호흡이 있어서 짐승이 죽음 같이 사람도 죽으니
사람이 짐승보다 뛰어남이 없음은 모든 것이 헛됨이로다
다 흙으로 말미암았으므로 다 흙으로 돌아가나니
다 한 곳으로 가거니와 인생들의 혼은 위로 올라가고
짐승의 혼은 아래 곧 땅으로 내려가는 줄을 누가 알랴(전 3:19-21).

우리는 물질적으로 가장 풍요하고 과학적으로 가장 발달한 시대에 살고 있지만, 영적으로는 가장 혼탁한 시대에 살고 있습니다. 그리스도인이라면 어느 나라, 어느 환경에서 살고 있든지 이 사실을 분명히 알아야 합니다.

그리고 그리스도인이라면 어떤 시대에서도 그리스도인답게 세상을 바라보아야 합니다. 이것을 '기독교적 세계관'이라고 합니다. 왜냐하면 세계관이 '우주의 궁극적인 실체를 무엇으로 보느냐?'는 것이기 때문입니다. 좀 더 쉽게 말해, 내가 세상을 보는 눈입니다. 내가 어떤 색의 안경을 끼고 보느냐에 따라 세상의 색깔은 다르게 보이게 되어 있습니다.

사람들은 누구나 이 세상을 바라보는 세계관을 가지고 있습니다. 그리스도인으로서 기독교 세계관을 갖는다는 것은 기독교 가치관, 물질관, 시간관, 결혼관, 윤리관 등을 가지고 살아가는 것을 말합니다. 믿는 것과 살아가는 것이 하나가 되는 것이 기독교 세계관입니다. 그런 면에서 어떻게 보면 이 시대는 그리스도인으로서 살아가는 것이 그리스도인으로서 순교하는 것보다 더 어려운 시대일지도 모릅니다.

이런 혼탁한 시대에 우리는 무엇을 붙들고 시대를 분별하며 살아야 할까요? 특히 청소년들은 어떻게 인생을 계획해야 하고, 부모들은 자녀들을 어떻게 키워야 할까요?

저는 **청소년들에게는 기독교 세계관을 붙들라고 말하고 싶고, 부모들에게는 자녀들에게 기독교 세계관을 가르치라고 강력하게 권하고 싶습니다.** 왜냐하면 세계관에 따라서 인생을 보는 눈이 달라지고, 인생을 계획하는 범위가 달라지고, 특별히 고난과 역경을 만났을 때 이를 대하는 자세도 달라지기 때문입니다.

1. 다음 세대에게 반드시 가르쳐야 할 창조 세계관

지금은 학교에서 진화론을 가르치는 시대입니다. 원숭이가 진화되어 사람이 되었다는 것, 우주가 대폭발로 인하여 점차적으로 질서 있게 형성되었다는 것, 아메바와 같은 세포가 모이고 진화되어서 동물과 사람으로 만들어졌다는 것. 이런 것들은 다 완벽하게 입증되지 않은 과학의 유력한 가설이지만, 마치 그것을 진리인 양 가르칩니다.

이런 가설을 진리인 것처럼 받아들이게 되면 아이들은 자연히 창조론과 혼돈될 수밖에 없습니다. 진화론 외에도 사람들은 다음과 같이 여러 생각들을 발전시켰습니다.

- 범신론(Pantheism): 피조세계 그 자체를 신으로 보거나 피조세계 속에 신이 들어 있다고 생각한다. 자연 숭배 사상도 연결되어 있다.

- 이원론(Dualism): 초월적인 영역과 자연적인 영역으로 구분한다. 자연적인 영역은 신과 무관하다. 신은 오직 초월적 영역에만 관계한다.
- 이신론(Deism): 신은 세상을 시계가 돌아가듯이 창조한 다음 주관하지는 않는다. 하나님이 창조주이신 것은 인정하지만, 오늘 내 삶과는 무관하다.
- 유물사관: 세상과 역사는 물질세계에 의해서 움직이며, 공산주의는 인간 해방의 기초를 마련한다.
- 과학 지상주의 혹은 만능주의: 과학이 모든 것을 해낼 수 있고, 모든 것을 설명할 수 있다. 심지어 과학이 경배의 대상이 되기도 한다.

여기 열거된 사조들은 사실 교회 생활을 하는 우리의 생각 속에서도 심심치 않게 발견됩니다. 그러면 성경은 어떤 세계관을 말하고 있을까요? 성경은 온 우주의 의미를 하나님 없이는 설명할 수 없다고 이야기합니다.

창조자 하나님

성경이 이야기하는 세계관은 우주가 우연의 산물이 아닌, 누군가의 '지적 설계'에 의한 창조라고 가르칩니다. 누군가가 목적과 계획을 가지고 자동차를 설계하고 건물을 디자인하듯이, 인간을 창조하고 우주를 창조한 신의 존재가 있다고 믿는 세계관입니다. 성경은 앞서 설명한 범신론을 비롯한 인간의 모든 가설을 분명하게 부정합니다.

"믿음으로 모든 세계가 하나님의 말씀으로 지어진 줄을 우리가 아나니 보이는 것은 나타난 것으로 말미암아 된 것이 아니니라"(히 11:3).

사람들은 눈에 보이는 것에만 초점을 맞춥니다. 그래서 보이는 현상과 상황에 끌려다니는 삶을 삽니다. 성경은 보이는 모든 세계는 하나님의 말씀으로 창조되었다고 선포합니다.

성경의 시작은 이렇습니다. "태초에 하나님이 천지를 창조하시니라"(창 1:1)라는 말씀에서, '태초'는 시간을 말하고, '천'(天)은 '하늘', 즉 공간을 말하며 '지'(地)는 물질의 세계, 즉 땅을 가리킵니다. 그러니까 성경은 시작부터 시간, 공간, 물질세계를 창조하신 분은 하나님이시라고 선포합니다.

하나님은 온 세상을 창조하신 후에 하나님의 형상을 닮은 인간을 창조하시고, 그들에게 땅을 다스리고 관리할 권한을 주셨습니다. 그리스도인 부모가 자녀들에게 이 세상을 창조하신 하나님을 말씀대로 설명해 주고 가르치고 경험하게 해주는 것이 중요한 이유가 여기에 있습니다.

이 일이 이토록 중요한 이유에 대해 조금 더 이야기해 보겠습니다. 삶의 근원이 어디로부터 왔는가를 설명해 주는 것은 아이들의 삶의 정체성을 건강하게 해줍니다. 어른 중에도 이 문제를 해결하지 못한 사람들이 많습니다.

인생은 나에 관한 것이 아니라 정체성에 관한 것입니다. 어디로부터 왔는지를 깨닫지 못한다면 어디로 가야 할지도 깨닫지 못합니다. 그러면 인생은 그냥 목적 없이 표류할 뿐입니다.

구원자 하나님

하나님은 분명히 이 세상을 완벽하게 창조하셨습니다. 그러나 인간의 불순종으로 인하여 죄가 들어왔고 세상은 타락했습니다. 이 타락한 세상의 진정한 회복을 위해 필요한 것이 바로 '구원 역사'입니다.

성경이 인류의 타락을 가르쳐 주는 이유는 이것이 인간의 삶을 이해시켜 줄 수 있는 중요한 핵심이기 때문입니다. 성경은 분명하게 인간으로부터 야기된 죄의 문제를 설명해 줍니다. 그리고 각자의 삶 속에 깃든 죄의 문제도 깨닫게 해줍니다.

그러나 성경은 죄의 문제만 이야기하고 끝내는 것이 아니라 대안도 제시합니다. 하나님은 창조 후에 방관만 하고 계시는 분이 아니라, 창조주이신 동시에 구원자이시기 때문입니다. 인간이 자신의 죄 때문에 고통당하고 울부짖을 때 하나님은 자신의 아들을 우리 대신 십자가에 못 박으심으로 우리의 죗값을 대신 갚아 주셨습니다. 그래서 하나님은 '내 인생의 창조주'이실 뿐만 아니라 '내 인생의 구원자'이십니다.

청소년들이 구원자 하나님을 만나는 일은 그들의 삶에 풀 수 없는 수많은 고민을 해결해 주는 가장 중요한 단서입니다. 요한복음 3장 16절은 이러한 인생의 문제를 해결해 주는 묘약입니다.

"하나님이 세상을 이처럼 사랑하사 독생자를 주셨으니 이는 그를 믿는 자마다 멸망하지 않고 영생을 얻게 하려 하심이라"(요 3:16).

하나님은 이처럼 창조만 하신 분이 아니라 죄의 문제도 해결해 주시는 구원자이십니다.

주관자 하나님_ 동행하시는 하나님

창조 세계관에서 마지막으로 중요한 것은 하나님은 인생을 창조하신 분이고 인간을 구원하시는 하나님인 동시에, 오늘 지금 이 순간에도 나와 함께하시는 인생의 주관자라는 사실입니다.

때로 자녀들은 부모에게 야단맞을 때 부모가 자신을 사랑하지 않는다고 생각합니다. 그러나 이것은 사실을 떠난 상황적인 느낌일 뿐입니다. 신앙생활을 할 때도 마찬가지입니다. 때로 우리는 하나님이 창조주이신 것도 알겠고, 구원자이신 것도 알겠는데, 지금 이 시간에 내 삶이 너무 힘들기 때문에 정말 하나님이 나의 삶에 관여하시는지를 의심할 때가 있습니다. 우리는 존재론적으로 이 질문을 많이 할 수밖에 없습니다.

그러나 기억하십시오. **하나님이 침묵하실 때는 있어도 단 한 번도 자녀들을 떠나지 않으십니다.** 그런 기분이 들 때는 가슴을 한 번 쫙 펴고 하늘과 땅을 바라보시기 바랍니다. 하나님이 만드신 자연 만물을 바라보면서 시편 121편 1-2절 말씀을 기억하면 좋겠습니다.

> "내가 산을 향하여 눈을 들리라 나의 도움이 어디서 올까 나의 도움은 천지를 지으신 여호와에게서로다"(시 121:1-2).

하나님은 마태복음 28장 20절에서도 "내가 세상 끝날까지 너희와 항상 함께 있으리라"(마 28:20)고 말씀하셨습니다. 이처럼 하나님은 내 인생의 창조주이시고 구원자이시며, 동시에 항상 동행하시는 주관자이십니다. 그것이 창조적 세계관입니다. 이 점을 부모가 붙들고, 자녀들에게 가르쳐야합니다.

2. 인생의 목적

내 인생의 창조주가 누구이신지를 알면 인생의 목적이 분명해집니다. "돈 벌어라. 공부해라. 성공해라" 하고 강요하는 부모는 많은데, 아이들이 정말로 궁금해하는 것에 답을 해주는 부모는 많지 않습니다.

자녀들의 궁금증은 대략 다음과 같습니다. "왜 부모님은 공부도 못하고 돈도 못 벌었으면서 나에게는 '공부 열심히 해라. 돈 많이 벌어라. 성공해라'라고 말하는 걸까?" 혹은 반대로 "우리 부모님은 좋은 대학을 나오고 돈도 많이 벌면서도 왜 행복하지 않을까?"입니다. 우리 자녀들이 가장 알고 싶은 것은 공부를 하고 돈을 벌어야 하는 목적입니다.

우리는 자녀들에게 인생의 수단과 목적을 분별해서 가르쳐야 합니다. 좋은 대학에 가는 것, 좋은 직업을 갖는 것 자체가 결코 인생의 목적이 될 수 없습니다. 이것은 기성세대가 경험한 분명한 사실입니다. 그런 것들은 인생의 목적을 이루기 위한 수단일 뿐입니다.

성경은 이에 대해 뭐라고 대답할까요? 성경은 하나님이 우리를 지으신 목적에 대해서 분명하게 말합니다.

> "만물이 그에게서 창조되되 하늘과 땅에서 보이는 것들과 보이지 않는 것들과 혹은 왕권들이나 주권들이나 통치자들이나 권세들이나 만물이 다 그로 말미암고 그를 위하여 창조되었고"(골 1:16).

분명히 우리는 하나님에 의하여 창조되었고, 하나님을 위하여 창조되었습니다. 이사야 선지자도 이와 같이 선포합니다.

"이 백성은 내가 나를 위하여 지었나니 나를 찬송하게 하려 함이니라"(사 43:21).

우리는 나를 만드신 하나님을 예배하고 찬양하며 하나님께 영광을 돌리기 위해 태어났습니다. 이것이 우리가 이 세상에 태어난 가장 첫째 되는 목적입니다. 즉 하나님은 부족해 보이는 인생을 통해서도 영광 받기를 원하십니다. 다시 한번 설명하면 이렇습니다. 우리가 하나님을 예배하기 위해서 태어난 것이라면 사회적으로 볼 때 아무리 형편없이 보이는 인생이더라도 하나님의 기쁨이 될 수 있다는 것입니다.

그러나 이것이 단순히 하나님께 예배만 잘 드리면 된다는 의미는 아닙니다. 하나님은 우리가 자신의 인생을 통해서 하나님께 기쁨을 드리길 원하십니다. 세상에서 부족한 인생이더라도 우리의 인생이 하나님을 찬송하는 존재가 되어 하나님을 기쁘시게 해드리기를 원하십니다.

이것이 확실하면 우리 아이들은 우울증에서 벗어날 수 있습니다. 더 이상 방황하지 않을 수 있습니다. 다른 사람과 비교하지 않아도 됩니다. 어떤 직업과 직장에 있어도 어깨가 늘어지지 않습니다. 그런 것들은 하나님을 섬기기 위한 수단에 불과합니다.

하나님은 우리에게 예수 마을 공동체인 교회를 주셨고, 우리는 그 안에서 서로를 섬기며 그리스도를 닮아 가는 훈련을 합니다. 그리고 그 훈련을 바탕으로 세상에 나가 그리스도의 사랑으로 복음을 전하며 사람들을 섬기라는 사명을 부여받았습니다. 공부와 직업은 이 일에 도구로 쓰일 뿐입니다. 사람이 인생에 있어서 이 같은 목적이 또렷하면 결코 시간을 낭비하지 않습니다.

청소년들은 이 말을 꼭 기억하면 좋겠습니다. 목적이 분명한 사람은 삶의 동기가 생기고, 삶의 동기는 집중력을 만들어 주고, 집중력은 열정을 만들어 냅니다. '왜 살고 있는가?'를 생각하며 인생을 허비하지 않습니다. '나는 누구일까?'를 고민하며 평생을 방황하지 않습니다. 세상적으로 성공한 사람들도 이 문제가 해결되지 않아 평생 괴롭게 사는 모습을 보곤 합니다.

인생은 짧고 다시는 돌아오지 않는 귀중한 것입니다. 이 짧고 귀중한 인생에 대한 가르침은 성경 곳곳에서 발견됩니다. 그중 남성과 여성이 평생 붙들고 살아야 할 말씀을 소개합니다. 먼저 여성에게 가르쳐야 할 말씀입니다.

> "고운 것도 거짓되고 아름다운 것도 헛되나 오직 여호와를 경외하는 여자는 칭찬을 받을 것이라"(잠 31:30).

남성들에게는 다음 말씀을 붙들고 가르치시길 바랍니다.

> "너는 청년의 때 곧 곤고한 날이 이르기 전, 나는 아무 낙이 없다고 할 해가 가깝기 전에 너의 창조자를 기억하라"(전 12:1, 개역한글).

사도 바울은 자기 인생의 좌우명을 이렇게 고백합니다.

> "형제들아 나는 아직 내가 잡은 줄로 여기지 아니하고 오직 한 일 즉 뒤에 있는 것은 잊어버리고 앞에 있는 것을 잡으려고 푯대를 향하여 그리

스도 예수 안에서 하나님이 위에서 부르신 부름의 상을 위하여 달려가노라"(빌 3:13-14).

이 말씀은 저의 좌우명이기도 하고 많은 그리스도인의 좌우명이기도 할 것입니다. 기독교 신앙은 앞을 바라보는 것입니다. 과거를 돌아보지 않습니다. 한 가지 뒤를 돌아봐야 하는 것이 있다면, 여기까지 인도하신 하나님의 은혜를 기억하는 것입니다. 그리스도인은 앞으로 달려 나가는 존재입니다.

하나님이 각자의 인생을 그 목적에 따라 부르셨음을 기억하십시오. 지혜로운 사람은 1등을 거머쥐는 사람이 아니라, 자기 인생의 목적을 온전히 깨닫고 그것을 향하여 열정을 다해 사는 사람입니다. 그런 사람이 진정으로 행복한, 참다운 성공을 이룬 사람입니다.

3. 영원성

요즘 사람들은 용감하게도 죽음 후의 인생에 대해 그다지 걱정하지 않는 것 같습니다. 사후의 세계에 대해 아예 믿지 않는 사람들도 적지 않습니다. 눈에 보이는 것에만 투자하고, '오늘 하루 잘 먹고 잘 쓰자'가 포스트모더니즘 문화 가운데 팽배한 이유도 사후 세계를 전혀 생각하지 않기 때문입니다.

인생이 끝난 다음에 우리에게 아무것도 있지 않다면 80-90년 동안 사는 인생의 목적이 왜 필요하겠습니까. 선하게 살 필요도 없고, 굳이 아등바등 살 필요도 없고, 목적 따위도 필요 없습니다. 인생에 다시 사는 것이 없고, 여기서 사는 것이 전부라면 지금의 인생이 도대체 어떤 값어치가 있겠습니까. 한 번 쓰다가 수명이 다하면 버리는 배터리와 같은 것이 우리의 인생이라면 그냥 지금 나의 육신의 즐거움에 만족하며 사는 것이 답입니다.

그러나 분명히 기억하십시오. 성경은 인간의 죽음 후에 인생에 대한 심판이 있고, 인간의 영혼이 영원하다고 말합니다.

> "인생이 당하는 일을 짐승도 당하나니 그들이 당하는 일이 일반이라 다 동일한 호흡이 있어서 짐승이 죽음 같이 사람도 죽으니 사람이 짐승보다 뛰어남이 없음은 모든 것이 헛됨이로다 다 흙으로 말미암았으므로 다 흙으로 돌아가나니 다 한곳으로 가거니와 인생들의 혼은 위로 올라가고 짐승의 혼은 아래 곧 땅으로 내려가는 줄을 누가 알랴"(전 3:19-21).

인간들의 혼은 죽으면 다 위로 올라갑니다. 이 말씀은 인간의 혼은 영원하다는 이야기입니다. 왜 그럴까요? 창세기는 하나님이 인간을 창조하실 때 온 힘과 온 사랑을 다하여서 그분의 생기를 우리에게 불어 넣으셨다고 증언합니다. 이런 존재인 우리가 죽으면 어떻게 될까요?

> "나팔 소리가 나매 죽은 자들이 썩지 아니할 것으로 다시 살아나고 우리도 변화되리라"(고전 15:52).

사람은 절대 죽지 않습니다. 영원한 세계가 있습니다. 하늘을 향해서 살았던 하나님의 백성은 천국에서, 썩어질 흙에 속한 것처럼 살아온 인생은 지옥에서 각각 부활합니다. 지옥이 있다는 것을 가르쳐 주는 것도 사랑입니다.

포스트모더니즘 문화는 사랑만 이야기하지, 지옥을 이야기하지 않습니다. 인생의 결말을 이야기해 주는 것이 사랑입니다. 모든 인간이 부활은 하는데 부활하는 장소가 다른 것입니다. 이 사실을 깨닫는 것은 삶을 대하는 자세를 달라지게 합니다.

죽음이 끝이 아니라는 것, 죽음 후에는 살아온 인생대로 심판을 받는다는 것, 그리고 그 심판대로 천국과 영원한 형벌이 있는 지옥으로 갈 곳이 나누어진다는 사실은 인생의 세계관에 엄청난 변화를 줍니다. 한시적인 인생만 사는 사람과 영원을 향해서 가고 있다는 사실을 아는 인생은 차원이 다릅니다. 영원성에 대해 가르치는 것이 중요한 까닭이 여기에 있습니다. 삶을 대하는 모든 태도를 다르게 하기 때문입니다.

인생에 있어 죽음의 문턱을 드나드는 사람들에게 가장 필요한 것이 무엇일까요? 사랑하는 가족들을 다시는 볼 수 없고 영원히 헤어져야 한다는 것은 죽음 자체보다도 더 큰 고통입니다. 그렇기 때문에 죽음을 앞둔 사람들에게 가장 큰 소망은 살아서 누군가를 다시 만날 수 있다는 데 있습니다. 우리가 믿는 하나님 안에는 그 소망이 있지 않습니까.

우리는 코로나 상황의 한가운데서 이제까지 우리가 겪었던 어려움이 가중되는 것을 깊숙이 경험하고 있습니다. 실직의 문제, 경제의 문제, 내일 일에 대한 염려, 건강의 문제, 청소년들은 대학 입시의 문제, 부모들은 자녀 뒷바라지에 대한 걱정….

그러나 그것들이 인생의 마지막이 아니라는 사실을 기억하십시오. 그 역시 중요한 순간들이지만 인생의 한 부분일 뿐입니다. 죽음조차도 인생의 마지막이 아닙니다. 하나님이 창조하시고 주관하시며 모든 것을 판단하시는 날이 반드시 올 것입니다.

우리는 하나님과 함께 영원 속에 지음을 받은 존재입니다. 그렇다면 이제 세상을 보는 시각이 바뀌어야 합니다. 비록 그리스도인이 가는 길이 죄와 싸우고 절제하며 선하게 살아가려고 노력해야 하는 좁은 길이지만, 우리의 영적인 꿈과 비전은 하나님 나라입니다.

하나님 나라는 눈에 보이는 세상 나라의 모든 것을 통치하는 나라입니다. 그리고 우리 모두는 그 나라의 일꾼입니다. 죄짓는 일을 제외한 공부나 운동, 여러 가지 활동 등 즐겁게 할 수 있는 모든 일을 열심히 해야 합니다. 단, 그것이 인생의 목적이 아니라는 사실만 기억하시기 바랍니다.

대학수학능력시험을 코앞에 둔 고3 수험생들이나 학부모님들의 가장 큰 어려움은 두려움입니다. 그런데 이 두려움이 신앙을 넘어서면 하나님은 신뢰하지 않고 상황에 따라서만 반응하게 됩니다. 상황이 내 신앙을 움직이게 하겠습니까, 아니면 신앙으로 상황을 극복하겠습니까?

제가 목회를 했던 미국에서는 주변에 실패한 분이 많은 환경이었습니다. 그분들과 함께 신앙생활을 하면서 깨달은 것은, 세상의 성공이 인생의 행복을 보장해 주지 않는다는 것이었습니다.

또한 몇 번의 실패가 인생을 송두리째 망가뜨리지도 않았습니다. 오히려 실패한 인생이 창조주이신 하나님을 더 잘 만나고, 진정한 행복이 무엇인지, 감사가 무엇인지, 베풀고 산다는 것이 무엇인지 알게 되는 모습을 보았습니다. 그래서 하나님이 하나님의 사람들을 고난이라는 용광로에서 달구시는 것입니다.

우리는 자녀들이 좋은 대학에만 들어가면 인생에 더 좋은 문이 열리리라 생각합니다. 그러나 그것은 기독교 세계관이 아니라 세상의 세계관입니다. 우리가 성경에서 보는 수많은 인물은 고난 가운데서 하나님의 광야 학교를 졸업했습니다.

살아 계신 하나님을 온전히 신뢰한다는 것은 인생의 주관자이신 하나님께 인생의 운전대를 맡겨 드리는 것입니다. 나를 만드시고 이만큼 나를 잘 이끄시는 분이 어디 있겠습니까. 좋은 대학이나 직장에 들어가는 것이 성공이 아닙니다.

최근에 오래전 은퇴하신 한 목사님과 대화를 나누었습니다. 그분은 사람은 변하지 않는다고 말씀하셨습니다. 유학도 다녀오고, 명문 대학을 졸업하고, 내로라하는 직장에, 연봉도 어마어마하며, 사는 집도 으리으리한데, 사람들의 속은 다 썩어 있답니다. 세상에서는 성공했는데 가정이 다 무너져 있답니다. 자신의 어려움은 자신만 아는 것입니다.

교회에서는 거룩한 척하는데 집에 오면 다른 사람이 됩니다. 아이들에게 가장 좋은 롤모델이 부모님인데, 그렇게 이중적인 부모님을 보면서 아이들이 어떻게 하나님을 믿겠습니까. 부모는 하나님의 대리인입니다. 이 말은 자녀가 부모를 그만큼 공경하라는 의미도 있지만, 뒤집어 보면 부모는 희생과 사랑을 다해서 하나님이 하시듯 자녀를 사랑해야 한다는 말이 됩니다.

아이들은 부모가 시간을 사용하는 모습, 물질을 사용하는 모습, 언어를 사용하고 행동하는 모습, 하나님의 나라를 위해 헌신하는 모습, 가난한 사람들을 돕고 그들을 위해 기도하는 모습, 어려운 문제를 만났을 때 성경적으로 결정하는 모습을 통해 배웁니다. 그러므로 부모의 평소 행실이 아이들에게 기독교 세계관을 가르쳐 주고 물려주는 가장 좋은 방법입니다.

언젠가 인생이 마지막일지도 모른다고 하는 성도님들을 위해 줌(ZOOM)을 통해 화상 모임을 하면서 기도를 해드렸습니다. 부활에 대한 소망이 없으면 이런 어려움을 어떻게 이길 수 있을까요?

창조주이시고 구원자이시며 오늘 나와 함께하시는 하나님이 인생의 목적을 알려 주셨습니다. 그 하나님을 바라본다면 우리 삶의 각 장마다 일어나는 문제들 앞에서 푯대를 향해 달려 나갈 수 있습니다. 하나님이 그 인생을 다시 일으켜 주십니다. 그러므로 더 늦기 전에 자녀들에게 기독교 세계관을 가르치십시오.

하나님의 거룩과
사랑을 붙들라

_ 하나님의 방법으로 승리하기 위한 지침

불의한 자가 하나님의 나라를 유업으로 받지 못할 줄을 알지 못하느냐
미혹을 받지 말라 음행하는 자나 우상 숭배하는 자나
간음하는 자나 탐색하는 자나 남색하는 자나 도적이나
탐욕을 부리는 자나 술 취하는 자나 모욕하는 자나 속여 빼앗는 자들은
하나님의 나라를 유업으로 받지 못하리라
너희 중에 이와 같은 자들이 있더니
주 예수 그리스도의 이름과 우리 하나님의 성령 안에서
씻음과 거룩함과 의롭다 하심을 받았느니라(고전 6:9-11).

간혹 그리스도인들에게 잘못된 메시지가 선포되고 있습니다. 그리스도인에게 '어떻게 하면 죄를 회개하지 않고 용서받을 수 있는지', '어떻게 하면 예수님이 아니더라도 천국에 갈 수 있는지', '어떻게 하면 하나님을 이용하여 돈을 많이 벌 수 있는지'를 가르칩니다.

이처럼 교회 밖의 세상은 어느 시대보다도 진리가 왜곡되고 있습니다. 우리는 지금 도덕성이 무너진 시대, 종교 통합이 일어나는 시대, 이슬람 극단주의가 세력을 떨치고 있는 시대를 살아가고 있습니다. 나아가 기독교 내에서도 인본주의가 신본주의를 대체하고 있습니다. 우리는 이런 시대에서 어떻게 승리하며 살아갈 수 있을까요?

1. 하나님의 거룩과 공의로 세상과 맞서라

진리를 진리라고 말하고, 그 진리에 의해 죄를 죄라고 말하는 사람이 죄인인 시대가 되어 버렸습니다. 그래서 기독교가 인기 없는 종교가 되었는지도 모르겠습니다. 유독 인간의 죄를 많이 언급하는 종교이기 때문입니다. 그리스도인이 미움을 받는 이유도 여기에 있습니다. '정죄하는 자세' 때문입니다. 죄를 죄라고 말하는 사람이 스스로 하나님 앞에서 대단한 의인이라고 여기는 자세를 취한다면 그것 또한 죄입니다.

정죄하는 자세는 예수님 시대에도 존재했습니다. 심지어 예수님의 별명은 '죄인들의 친구'였습니다. 이 별명은 예수님과 가장 많은 논쟁을 벌인 유대교 지도자들이 붙인 것으로, 일종의 빈정거림이었습니다.

특히 그 그룹 중에 바리새인들은 귀족이며, 중산층인 평신도 대표 그룹이었고, 서기관들과 제사장들은 지금의 목회자 그룹이었습니다. 이 두 그룹은 예수님을 공격하는 일에 결탁하여 자신들이 해석하고 만들어 낸 율법에 예수님을 얽어맸고 사람들을 정죄하고 비판했습니다.

유대 종교 지도자들의 죄는 사실 이 세상이나 혹은 요즘 교회 안에서 잘 다루지 않는 죄였습니다. 어떻게 보면 지구상에 존재하는 책들 속에서도 사라진 죄입니다. 동성애, 도둑질도 아니었고, 간음도 살인도 아니었습니다. 사실 그들은 겉으로 보기에는 십계명에 있는 어떤 것도 어기지 않았습니다. 그들의 죄는 드러나지 않은 죄였습니다. 바로 '자기 스스로의 정의가 가득한 교만'이라는 죄였습니다.

세상 법에서는 교만이 죄가 되지 않습니다. 그러나 예수님은 이 죄를 가장 큰 죄로 보셨습니다. 신약성경 곳곳에서 유대 종교 지도자들의 죄를 언급하셨습니다. 특별히 마태복음 23장에서 예수님은 몇 가지 예를 들어 말씀하셨습니다.

"그러므로 무엇이든지 그들이 말하는 바는 행하고 지키되 그들이 하는 행위는 본받지 말라 그들은 말만 하고 행하지 아니하며"(마 23:3).

예수님은 바리새인들과 서기관들이 하는 말은 옳지만, 그들은 행함이 없는 사람들이라고 지적하셨습니다. 바리새인들과 서기관들은 율법을 잘 지키는 정도를 넘어 눈에 보이는 대로 철저히 행하는 사람들이었습니다. 적어도 십일조와 각종 헌금, 하루에 세 번 하는 기도, 예배 참여, 의식, 종교적인 모습은 다 행하는 것처럼 보였습니다.

그런데 예수님은 그들이 실제로는 행동하지 않았다고 하셨습니다. 왜 이런 말씀을 하셨을까요?

하나님이 원하시는 거룩과 공의

그들은 정작 본인들은 손가락 하나도 움직이려 하지 않고 윗자리에 앉아 대접받는 것을 좋아했습니다. 그뿐만 아니라 거룩하게 보이려고 기도할 때 차는 작은 성구인 경문 띠마저 넓게 했습니다

> "또 무거운 짐을 묶어 사람의 어깨에 지우되 자기는 이것을 한 손가락으로도 움직이려 하지 아니하며 그들의 모든 행위를 사람에게 보이고자 하나니 곧 그 경문 띠를 넓게 하며 옷술을 길게 하고 잔치의 윗자리와 회당의 높은 자리와 시장에서 문안 받는 것과 사람에게 랍비라 칭함을 받는 것을 좋아하느니라"(마 23:4-7).

예수님은 그들의 이러한 행위를 지적하셨습니다. 하나님을 속이는 교만한 죄를 지적하신 것입니다. 그들이 지은 죄는 하나님의 영광을 가로

채는 죄였습니다.

그들은 율법을 공부하고 암송하며 외치기까지 하며 사람들에게 법을 만들어 강요했지만, 정작 자신들은 겉으로만 그럴싸하게 행동할 뿐 그 법을 존중하지 않았습니다. 높은 자리에 앉아 문안받고 칭찬받으며 자신을 높이며 살고 있었습니다. 그들에게 예수님은 호통을 치셨습니다.

"화 있을진저 외식하는 서기관들과 바리새인들이여 너희가 박하와 회향과 근채의 십일조는 드리되 율법의 더 중한 바 정의와 긍휼과 믿음은 버렸도다 그러나 이것도 행하고 저것도 버리지 말아야 할지니라"(마 23:23).

이 말씀을 읽고 '아, 헌금하는 사람은 바리새인이 되는구나'라고 생각하면 오산입니다. '이것도 행하고 저것도 버리지 말라', 즉 행동과 속 모습이 같아야 한다는 말씀입니다. 겉과 속이 다른 그들을 향한 예수님의 서늘한 말씀은 계속되었습니다.

"화 있을진저 외식하는 서기관들과 바리새인들이여 잔과 대접의 겉은 깨끗이 하되 그 안에는 탐욕과 방탕으로 가득하게 하는도다"(마 23:25).

그들의 실제 삶을 맹렬하게 지적하셨습니다. 겉은 깨끗하지만, 그 속에는 탐욕과 방탕이 있다고 하셨습니다. 너무나 의외의 삶입니다. 그래서 예수님은 바리새인들과 서기관들을 향해 속은 시체로 썩어 있으나 겉은 빛나고 화려해 보이는 하얀 '회칠한 무덤'이라고 강력하게 말씀하셨습니다.

바리새인들과 서기관들의 죄는 한마디로 교만이었습니다. 그 교만은 하나님을 안다고 하면서 하나님을 속이는 죄로 발현되었지만, 정작 그들은 스스로 의롭다고 생각했습니다. 그러면서 율법을 가지고 다른 사람을 정죄한 것입니다. 이것은 하나님이 거룩과 공의의 하나님이신 것을 모르는 무지에서 비롯된 것입니다.

세상을 보면 사회법에 걸려 죄가 드러나는 사람도 있지만, 대부분의 사람들의 죄는 사회적인 법망에 걸리지 않습니다. 그러나 우리의 모든 죄가 명백히 드러나는 날이 올 것입니다.

하나님의 거룩하심과 대면했을 때

성경은 사람들의 모든 죄가 명백히 드러나는 날이 올 것을 다음과 같이 증언합니다.

"하나님의 말씀은 살아 있고 활동력이 있어서 양쪽에 날이 선 그 어떤 칼보다도 더 날카롭습니다. 그래서 혼과 영과 관절과 골수를 쪼개고 사람의 마음속에 품은 생각과 뜻을 알아냅니다. 하나님 앞에서는 아무것도 숨길 수가 없습니다. 우리가 모든 것을 고백해야 할 그분의 눈 앞에는 모든 것이 벌거숭이로 드러나기 마련입니다"(히 4:12-13, 현대인의성경).

인간의 교만은 하나님이 세상을 심판하실 것을 모르는 무지에서 비롯됩니다. 자신의 종말을 모르는 무지입니다. 여기서 한 가지, 신앙생활을 할 때 필요한 도움을 주고자 합니다. 우리가 죄를 피하려면 어떻게 해야 할까요?

'하나님이 어떤 분이신가?'를 먼저 생각하면 됩니다. 그렇다면 하나님은 어떤 분이신가요?

첫째로 하나님은 거룩하신 분입니다. 하나님은 죄가 없으시고, 실수도 없으십니다. 둘째로 하나님은 완전하신 분입니다. 그 완전함은 하나님의 거룩과 하나님의 공의를 설명합니다. 다시 말해, 하나님은 거룩하시기 때문에 근본적으로는 죄를 용납하지 않으십니다. 이 부분을 놓치게 되면 인간은 하나님 앞에서 언제든지 다시 교만해질 수 있습니다.

하나님은 거룩하신 하나님의 성품에 의해서 공의를 가지고 모든 것을 선악 간에 판단하십니다. 따라서 근본적으로 그러한 하나님께 다가갈 수 있는 인간은 아무도 없습니다. 그런 하나님이 거하시는 하나님 나라에 인간의 교만한 의를 가지고 들어갈 수 있는 사람은 이 지구상에 한 사람도 존재하지 않습니다.

그런데 왜 우리는 이 사실을 자꾸 잊어버리는 것일까요? 다음 말씀이 이에 대한 답을 제공합니다.

"불의한 자가 하나님의 나라를 유업으로 받지 못할 줄을 알지 못하느냐 미혹을 받지 말라 음행하는 자나 우상 숭배하는 자나 간음하는 자나 탐색하는 자나 남색하는 자나 도적이나 탐욕을 부리는 자나 술 취하는 자나 모욕하는 자나 속여 빼앗는 자들은 하나님의 나라를 유업으로 받지 못하리라"(고전 6:9-10).

NIV 성경은 고린도전서 6장 9절에서 불의한 것들을 언급하며 동성애를 두 번이나 지적합니다.

"Do not be deceived: Neither the sexually immoral[음행] nor idolaters[우상 숭배] nor adulterers[간음, 간통] nor male prostitutes[남자 매춘] nor homosexual offenders[동성애자]."

그만큼 동성애가 심각했습니다. 그런데 이 말씀에 비추어볼 때 여기에 언급되는 죄에서 자유로운 사람은 아무도 없습니다. 동성애만큼이나 간음과 음행도 나쁜 죄이고, 도적질이나 탐욕도 나쁜 죄입니다. 술 취하는 방탕함이나 남을 모욕하는 행동도 그러하고, 남을 속이고 거짓말하여 남의 것을 갈취하는 자도 동일하게 죄인입니다. 동성애만 특별하게 나쁜 죄가 아니라고 말하는 것입니다.

지금 동성애가 정치적으로 이용되고 사회적 이슈가 되어서 그렇지 하나님 앞에 모든 인간은 다 죄인입니다. 그렇기 때문에 성경은 "우리 스스로는 한 사람도 하나님 나라를 유업으로 물려받을 자가 없다"고 선포합니다.

우리는 자녀들에게 이 사실을 첫 번째로 가르쳐야 합니다. 이와 같은 말은 듣기 좋은 말도 아니고, 가르치기에 편한 내용도 아닙니다. 그러나 이것이 인간의 교만을 깨뜨릴 수 있는 유일한 방법입니다. 우리를 만드신 하나님이 거룩하신 분이라는 사실, 여기에만 희망이 있습니다. 하나님의 거룩하심을 대면하면 그 어떤 상황에서도 겸손해질 수밖에 없습니다. 여기 그렇게 겸손함을 배우신 한 선교사님을 소개합니다.

제가 존경하는 어떤 선교사님은 안정된 교회에서 목회를 하다가 단기 선교 때 하나님의 부르심을 받고 가족과 함께 남아메리카 니카라과 선교사가 되었습니다. 우리나라 1960년대 정도의 수준에도 못 미치는 니카

라과의 경제 상황으로 발생한 수많은 노숙자를 위해 클리닉을 운영하며 사역했습니다. 그러다가 하나님의 은혜로 병원을 설립하게 되었습니다.

그러나 꿈같은 일이 현실이 되는 순간, 그 일을 시기한 정부의 방해로 재판도 없이 누명을 뒤집어쓰고 감옥에 억류되었습니다. 선교사님의 편지 일부를 편집하여 소개합니다.

"…그날 오후 4시 30분경에 상상도 못 했던 일로 경찰에 연행되었습니다. 신실하신 하나님이 준비하신 연단의 시작이었습니다. 그리고 128일 동안 꼼짝 못 하게 묶어 놓으시고 신앙생활을 아래와 같이 다시 배우게 하셨습니다.
'실수 없으시고 신실하신 사랑의 하나님, 그분의 절대적인 주권. 구원의 놀라운 은혜, 회개의 중요성, 믿음의 실체, 경건함이 없는 믿음의 거짓됨, 하나님 나라.'
석방되어서 돌이켜 보니 무슨 영성훈련학교를 다녀온 듯합니다. … 아마도 영성학교 졸업 점수는 좋지 않은 것 같습니다. 아직도 믿음 없는 나의 모습을 발견하곤 합니다."

그 무더운 여름에 에어컨도 없는 감옥에서 선교사님의 체중은 54kg까지 떨어졌습니다. 그런데 그 가운데서 하나님이 선교사님을 회개하게 하셨다고 합니다. 선교사님은 경건함이 없는 믿음의 거짓됨, 믿음의 실체 등을 깨닫고 회개하며 감사와 찬양이 넘쳤다고 간증했습니다. 감옥 생활을 하며 거룩하신 하나님 앞에 교만함이 깨어졌다는 겸손한 고백입니다.

누명을 쓰고 들어간 감옥에서 회개할 것들이 발견된 이유가 무엇입니까? 거룩하신 하나님을 만났기 때문입니다. 반면, 하나님이 거룩하시다는 사실을 잊을 때, 그 어떤 위대한 사람도 한순간에 교만해져서 영적으로 바보가 됩니다. 그것이 인간입니다.

그러므로 자녀들에게 가르쳐야 하는 것은 성공을 위한 걸음이 아닙니다. 하나님이 거룩하시고 공의로 심판하신다는 사실을 절실히 가르치십시오. 인생에서 결코 넘어지지 않을 것입니다. 인생에서 실패는 있기 마련이지만, 신앙에서는 절대 실패하지 않을 것입니다.

2. 하나님의 사랑과 은혜로 승부하라

TV 프로그램 안에는 두 가지 극단이 존재합니다. 극도의 리얼리즘과 현실 회피입니다. 뉴스를 보면 온갖 나쁜 소식들뿐입니다. 전쟁, 경제 위기, 신종 바이러스 창궐, 온갖 살인과 사건이 주를 이룹니다. 반면, 현실을 떠난 리얼리티 쇼나 드라마, 예능 프로그램들이 높은 인기를 구가합니다.

이런 프로그램들은 '최대한 즐기고 마시고 먹으며 쾌락을 즐기는 것'이 인생이라고 이야기합니다. 욜로족(YOLO, 현재 자신의 행복을 가장 중시하고 소비하는 사람들)이나 파이어족(FIRE, 경제적 자립을 통해 빠른 시기에 은퇴하려는 사람들) 등이 생겨나는 이유가 일정 부분은 미디어 때문일 수 있습니다. 이 두 가지 극단을 뚫고 현대인의 삶을 정확하게 정의하는 소리가 있습니다.

"여러분의 삶에 문제가 있습니다. 죄가 있습니다. 죽음과 사망이 있습니다. 그것이 인생의 실체입니다. 그러나 그 모든 것을 근본적으로 해결하는 완전한 소망이 있습니다"라고 외치는 기독교의 진리입니다. 기독교를 '종교'라고 말하고 싶지는 않지만, 기독교는 세상을 향해 이런 정의를 던지는 종교입니다.

고린도전서 6장 9절은 "불의한 자가 하나님의 나라를 유업으로 받지 못할 줄을 알지 못하느냐 미혹을 받지 말라"라고 말합니다. 이 말씀은 하나님의 거룩하심과 거기에 도달할 수 없는 인간의 죄를 지적합니다. 그러나 성경은 결코 여기서 끝나지 않습니다.

> "너희 중에 이와 같은 자들이 있더니 주 예수 그리스도의 이름과 우리 하나님의 성령 안에서 씻음과 거룩함과 의롭다 하심을 받았느니라"(고전 6:11).

바울은 쇼나 오락 프로그램이 아니라 현실을 이야기했습니다. 실제로 고린도교회 안에 죄 가운데서 불의한 자로 살았던 사람들이 교회에 나와 죄의 문제를 해결 받았다고 말했습니다. NIV 성경은 이 점을 좀 더 극명하게 보여 줍니다.

> "And that is what some of you were. But you were washed, you were sanctified, you were justified in the name of the Lord Jesus Christ and by the Spirit of our God."

'죄가 씻음을 받고'(you were washed), '거룩하게 되었으며'(you were sanctified), '의롭다함을 받았다'(you were justified)라고 말입니다. 성경

은 분명하고 담대하게 이야기하고 있습니다.

입에 담기도 힘든 죄 가운데 있었던 사람들이 고린도교회 안에 있었으나 그 죄를 씻음 받고 거룩하게 되었다고 말입니다. 여기서 끝이 아닙니다. 예수 그리스도의 보혈을 통해 의롭다함을 받았다고 말합니다. 하나님께만 사용되는 단어인 '의롭다', '거룩하다'라는 말을 적용받게 된 것입니다.

어떻게 그렇게 되었습니까? 바울은 이 일을 가능하게 하는 것은 오직 하나이며, 하나님의 아들 예수 그리스도의 이름으로만 가능하다고 말합니다. 그리고 바울은 그것을 믿게 하시는 성령 하나님의 씻음 안에서 그 일이 이루어졌다고 간증했습니다. 십자가에는 하나님의 거룩하심이 나타나서 우리의 죄를 정죄합니다. 그러나 동시에 믿고 회개하는 자들은 예수님의 피가 죄를 다 덮는 은혜를 입습니다. 이로 인해 하나님은 우리를 의롭게 보십니다.

그렇다면 이런 일들이 실제로 가능할까요? 때로 신앙생활을 오래 하며 새 생명이 태어나는 모습을 직접 보지 못하고, 사람들이 정말 복음과 말씀으로 변화되는 것을 보지 않으면 이런 생각을 하게 됩니다. '이것은 그냥 내가 믿는 종교이고, 실제로 이런 일은 가능하지 않다.' 자신이 변화되거나 성장하지 않으면 이런 생각을 하게 되어 있습니다.

그러나 사람이 죄를 사함 받고 변화되는 일은 가능합니다. 신약 시대, 고린도교회에서만 일어난 일이 아닙니다. 우리가 바로 그 증인, 간증자가 되어야 합니다. 앞선 질문에 대한 대답을 바로 우리가 해야 합니다.

성경은 도둑과 강도가 변하여 새사람이 되고, 간음죄와 탐욕 죄를 회개하고, 중독이 치유함을 받고, 동성애를 한 자나 남창도 회개하고 돌아왔다고 기록하고 있습니다. 더불어 지금도 적지 않은 사람들이 이 일을 간증합니다.

만약 예수님의 보혈로도 용서할 수 없는 죄가 있고, 치유하지 못하는 중독이나 문제가 있다면 십자가의 능력을 의심하기 전에 하나님의 능력을 먼저 의심해야 할 것입니다. 그러나 성경은 "너희 중에 이와 같은 자들이 있더니 주 예수 그리스도의 이름과 우리 하나님의 성령 안에서 씻음과 거룩함과 의롭다하심을 받았느니라"(고전 6:11)라고 선포합니다.

하나님은 거룩함과 의로움을 판단하고 수여할 수 있는 유일한 분이십니다. 반면 **사탄은 죽이고 속이고 파괴합니다. 그렇지만 하나님은 드러내시고 치유하시고 살리십니다.**

3. 그리스도인, 그 거룩의 승부사들

세상은 성공하는 방법에 대해서는 많이 가르쳐 주지만, 용서하는 법은 가르쳐 주지 않습니다. 어떻게 하면 어려움을 만났을 때 극복할 수 있는지, 어떻게 죄에서 승리할 수 있는지를 제대로 알려 주지 않습니다. 이로써 우리는 수많은 이기적인 자녀를 양성했습니다.

이제라도 아이들에게 영적인 세계를 충분히 가르쳐 주어야 합니다. 보이지 않는 세계와 보이는 세계의 영적 전쟁이 얼마나 심각한지를 경험할 수 있도록 가르쳐 주어야 합니다. 이를 통하여 이 세상의 싸움은 혈과 육에 대한 사람들끼리의 싸움이 아니라, 배후에서 악을 조정하는 사탄과의 싸움이라는 사실을 알려 주어야 합니다.

하나님이 거룩하심과 공의로 이 세상을 다스리고 계신다는 사실을 가르쳐야 합니다. 또한 죄는 철저하게 미워하되, 죄인은 용서하고 품어 주는 예수 그리스도의 사랑을 가르쳐야 합니다.

이런 것들이 바로 기독교적 세계관의 핵심입니다. 기독교 세계관을 갖고 자라는 자녀는 어려운 일을 만나거나 힘든 사람을 만났을 때 하나님의 거룩과 공의, 그리고 그리스도의 사랑과 은혜로 승부합니다. 유혹을 만나면 하나님의 거룩으로 승부합니다.

매트 무어(Matt Moore)라는 사람은 동성애자였습니다. 그런데 그가 예수님을 만났습니다. 그리고 변화되어 과거의 삶을 버리기로 작정했습니다. 비록 넘어질 때도 있었지만, 그는 자신은 그리스도의 것이라고 고백했습니다.

그는 「크리스천포스트」지에 동성애와 크리스천에 대한 글을 기고하면서, "예수님께서는 우리에게 동성애 죄에 대해 침묵하라고 하지 않으실 것이다, 절대로 그렇게 말하지 않으실 것"이라며, "오히려 우리가 지금보다 더 동성애에 대한 성경적 진리를 목소리 높여 외치도록 요구하실 것"이라고 말했습니다.

그러면서 무어는 한 가지를 덧붙였습니다. 동성애자들의 죄와 그들이 회개할 필요가 있다고 말할 때 하나님의 자비가 필요한 자들이라는 사실을 기억하면서 겸손하게 지적해야 함을 강조했습니다.

하나님의 거룩하심과 사랑이 함께 나타난 또 하나의 사건을 소개합니다. 2015년, 미국 사우스캐롤라이나주 찰스턴의 유서 깊은 흑인 교회에서 성도들이 담임목사와 함께 기도 모임과 성경 공부를 하던 중에 갑자기 범인이 난입해 총기를 난사하는 사건이 벌어져 9명이 사망했습니다.

범인은 딜런 루프라는 21세 백인 청년으로 인종 증오 범죄였습니다.

그런데 이 끔찍한 사건에도 불구하고 교회를 다니는 유가족들은 믿을 수 없는 놀라운 고백을 했습니다. 희생자 에델 랜스(70세)의 딸은 범인을 향해 이렇게 말했습니다.

"당신은 내게서 가장 소중한 한 사람을 빼앗았고, 나는 더 이상 어머니와 대화할 수 없지만, 당신을 용서합니다."

희생자 미라 톰슨(59세)의 가족인 앤소니 톰슨도 범인에게 이렇게 말했습니다.

"나와 우리 가족들은 당신을 용서합니다. 그러나 이번 일을 회개의 기회로 삼아서, 죄를 고백하고 당신의 삶을 가장 귀한 분이신 예수님께 드리십시오. 그렇게 해서 더 나은 삶을 살기를 바랍니다. 당신의 과거가 어떠했든, 그분이 당신을 변화시키실 것입니다."

죄는 죄라고 담대히 이야기하고, 당신은 죄인이니까 회개하라고 이야기하지만, 동시에 나의 가족을 죽인 당신을 예수 그리스도의 이름으로 용서한다고 말한 것입니다.

사고가 발생한 교회는 1816년 당시, 흑인 노예들에 의해 설립된 교회였습니다. 이날 교회 앞에는 조문객들 수천 명이 모여 밝고 흰 장미를 희생자들의 영전에 바치며 애도하고 밤을 새웠습니다. 흑인 교인들과 백인 그리스도인들이 함께 손을 잡고 기도하며 "나 같은 죄인 살리신"(Amazing Grace) 찬양을 불렀습니다.

이 모습을 지켜보던 조지프 라일리 찰스턴 시장은 "증오로 가득 찬 사람이 잘못된 생각을 품고 왔으나, 이 공동체는 분리되지 않고 오히려 더 단단히 결속하고 사랑하고 있다"라고 전했습니다. 이 모든 장면이 전 세계에 방영되었습니다. 한 사람의 인종에 대한 미움이 하나님의 거룩하심과 예수님의 사랑으로 무장한 교회에 대해 승리하지 못했습니다.

사탄은 늘 우리를 당 짓게 만들고 찢어지게 합니다. 증오심과 복수심을 품게 하고 그것을 통하여 우리의 삶을 포기하게 만들고 잃어버리게 합니다. 그러나 하나님은 하나님의 거룩하심과 공의로 죄를 보게 하시고, 동시에 어떻게 죄에 맞서 이 세상에서 승리할 수 있는지를 예수 그리스도의 사랑으로 십자가에서 보여 주셨습니다. 그러므로 이 세대에서도 분명히 승리할 수 있습니다.

그럼에도 사탄은 여전히 교묘하게 우리를 정죄합니다. "너희도 모두 죄인이니까 조용히 하라"고 말합니다. 그러나 그리스도인은 침묵하지 말아야 합니다. 하나님 앞에서 죄인임을 철저히 깨닫고 다시 한번 회개하며 하나님의 거룩과 공의가 무엇인지 말해야 합니다. 지금도 여전히 나는 죄인이지만, 예수님의 보혈이 나의 죄를 가려 줍니다. 그래서 죄는 죄라고 담대하게 말할 수 있어야 합니다

마지막 때에 그리스도인과 교회는 세상에 미움을 받아야 합니다. 스스로 의롭다고 외치며 세상을 정죄하는 방자함 때문에 미움을 받는 것이 아니라, 예수님이 보혈로 덧입혀 주신 거룩의 옷을 입고 은혜 가운데 거룩해지려고 발버둥 치는 모습 때문에 미움을 받아야 합니다.

이스라엘은 거대한 힘을 가진 블레셋의 골리앗 앞에서 백전백패했습니다. 감히 용기를 가지고 싸울 힘이 없었습니다. 우리가 맞서는 사탄의 세력은 골리앗처럼 거대해 보일 수 있습니다. 현실은 그처럼 크고 강해 보입니다. 그런데 그때 아무 힘도 없는 소년 다윗이 그 앞에 나가 싸우기로 결심하며 이렇게 말했습니다.

"다윗이 블레셋 사람에게 이르되 너는 칼과 창과 단창으로 내게 나아 오거니와 나는 만군의 여호와의 이름 곧 네가 모욕하는 이스라엘 군대의 하나님의 이름으로 네게 나아가노라"(삼상 17:45).

다윗은 사울을 용서할 줄 아는 사랑을 가졌고, 동시에 골리앗에 맞서는 담대함을 가졌습니다. 또한 그는 끊임없이 하나님 앞에 기도하는 거룩한 사람이었습니다. 범죄했을 때는 즉시 눈물로 회개하고 하나님께로 돌아올 줄 아는 사람이었습니다.

우리는 마지막 시대에 다윗과 같은 자녀들을 키워 내야 합니다. 오직 하나님이 이 땅에 베푸시는 그분의 사랑과 공의, 정의만 자랑하는 자녀들로 키워 낼 때 하나님이 기뻐하십니다.

NEW NORMAL
뉴노멀 시대의
그리스도인

말씀에 근거한
기도를 붙들라

여호와께서 이르시되 내가 만일 소돔 성읍 가운데에서
의인 오십 명을 찾으면 그들을 위하여 온 지역을 용서하리라
아브라함이 대답하여 이르되 나는 티끌이나 재와 같사오나
감히 주께 아뢰나이다 오십 의인 중에
오 명이 부족하다면 그 오 명이 부족함으로 말미암아
온 성읍을 멸하시리이까
이르시되 내가 거기서 사십오 명을 찾으면
멸하지 아니하리라(창 18:26-28).

우리는 하나님의 심판을 심판이라고 용기 있게 말하기 힘든 시대에 살고 있습니다. 세상이 종교 혼합주의와 다원주의 사회로 가고 있기 때문이기도 합니다. 또한 절대 진리를 거부하고 위장된 평화를 말하는 포스트모던의 사조 때문이기도 합니다. 그러나 또 한 가지의 분명한 이유는 과거 일부 그리스도인들의 교만과 독선 때문이기도 합니다.

일부 근본주의자들은 무슨 자연재해나 사건이 있을 때마다 하나님이 진노하셔서 재앙이 임했다는 심판론을 빙자해 자신들이 내세운 가짜 정의를 정당화시키고, 자신들의 권위에 사람들을 옭아매는 데 남용하기도 했습니다. 그런 행위는 하나님께 영광을 돌리는 것도 아니고, 정말로 하나님의 공의와 심판을 가르치는 일도 아닙니다. 회개해야 할 부끄러운 기독교의 한 부분일 뿐입니다.

그러나 지금 열거한 모든 사실에도 불구하고 분명한 점이 있습니다. 우리가 믿는 하나님은 이 세상을 창조하시고 다스리시며 구원하시고 심판하시는 분이라는 사실입니다. 심판론이 중요한 까닭은 심판이 있어야 구원도 있고, 완전한 다스리심도 있기 때문입니다. 심판론은 성경에 있어서 굉장히 중요한 주제입니다. 심판이 있어야 하나님을 전능하신 하나님이라고 부를 수 있습니다. 따라서 성경에서 '하나님의 구원'만큼 많이 등장하는 주제가 바로 '심판'입니다. 대부분의 선지서들의 주제는 '구원'과 '심판' 사이에서 균형을 이룹니다.

1. 지금은 기도에 집중해야 할 때

요즘 "전염병"이라는 주제를 가지고 기독교 내에서 갑론을박이 한창입니다. 성경에서 전염병은 종종 하나님의 심판 징조나 결과로 표현됩니다. 그러나 우리가 잊지 말아야 할 것은, 전염병이 하나님의 심판인 동시에 그 안에 구원의 메시지가 담겨 있다는 사실입니다. 이에 건강하고 균형 있게 생각해야 합니다.

하나님은 시대가 악할 때, 때로는 전염병과 같은 재앙을 통하여서 악을 제거하십니다. 또한 하나님의 백성을 회개하게 하시며 기도의 불을 당기게 하십니다. 그래서 하나님을 다시 바라보게 하십니다. 이것은 하나님의 은혜입니다.

우리가 어떤 사람이 정말 하나님의 사람인지, 아닌지를 점검할 수 있는 방법이 있습니다. 심판을 외칠 때 정말 균형 있게 하나님에 관하여 이야기하고 있는가를 파악하면 됩니다. 이것이 성경이 강조하는 균형입니다. 선지자들은 이 부분을 분명하게 다뤘습니다.

심판 자체가 하나님의 목적이 아닙니다. 하나님은 심판을 통해 세대를 깨우시고, 그리스도인들을 깨우시며, 회복하게 하십니다. 따라서 심판에는 우리를 하나님 앞으로 인도하는 하나님의 은혜가 있습니다. 그리스도인들은 이 사실을 잊지 말아야 하고, 이 사실로 인해 용기를 얻을 수 있습니다.

그러므로 **시대를 분별하는 그리스도인들은 하나님이 그 시대를 어떻게 보시는가에 민감해야 합니다.** 하나님의 마음에 초점을 맞추어 기도하고 이야기할 때와 그렇지 않을 때는 완전히 다른 결과를 가지고 오기 때문입니다. 그리고 특별히 자신이 살고 있는 세대가 타락하고 하나님이 보시기에 악하면, 어느 때보다 더 하나님 앞에 무릎을 꿇고 울부짖으며 기도해야 합니다.

오늘을 살아가는 그리스도인들은 기도하지 않을 수 없는 환경을 맞이했습니다. 우리의 모든 삶이 이제까지 우리가 살아온 길과는 아주 다른 모습으로 전개되고 있습니다. 우리는 한 번도 걸어가 보지 못했던 시기를 걸어가고 있습니다. 내일이 어떻게 펼쳐질지 아무도 장담할 수 없는 상황입니다.

특별히 사람들은 경제적으로 아주 힘든 시대를 맞이했습니다. 대한민국, 한반도만의 상황이 아니라, 전 세계가 경제공황이 올지도 모른다는 불안감 가운데 있습니다. 정신적으로도 우울증과 분노가 심해졌고 두려움과 불안이 팽배해 있습니다.

그러니 지금이야말로 더욱 기도에 집중해야 합니다. 코로나19로 인해 전 세계가 고통받는 상황 속에서 과연 하나님의 뜻은 어디에 있는지 부단히 묻고, 하나님의 마음으로 기도해야 합니다. 그리고 우리의 죄악을 발견하고 이웃의 고통을 돌아보아야 합니다.

2. 다가온 심판 앞에서 드리는 기도의 자세

이 장 본문인 창세기 18장에는 시대의 아픔을 바라보며 기도했던 인물이 등장합니다. 모든 사람이 잘 아는 지명인 소돔과 고모라도 나옵니다. 그러나 이 흥미로운 등장 안에는 '위기 속에서 어떻게 기도해야 하는가?'라는 무게감 있는 지혜가 담겨 있습니다.

아브라함은 '믿음의 조상'이라 불립니다. 믿음의 사람은 곧 기도의 사람을 뜻합니다. 그러므로 믿음과 기도는 떼려야 뗄 수 없는 관계입니다. 하나님은 아브라함과 때마다 교제하시고 약속을 기억하게 하셨습니다.

창세기 18장을 보면, 천사들이 아브라함을 방문했습니다. 이때 아브라함은 기도의 사람이었기 때문에 그들이 하나님이 보내신 사자임을 직감하고 극진히 대접했습니다. 대접을 받은 천사들은 나이가 많은 아브라함에게 곧 아들이 생길 것이라는 약속을 전하고 떠나려고 했습니다. 그때 하나님이 천사들에게 이런 말씀을 하셨습니다.

"여호와께서 이르시되 내가 하려는 것을 아브라함에게 숨기겠느냐"(창 18:17).

이 말씀은 아들이 생길 것이라는 아브라함 개인에 관한 약속만 전하고 떠나려는 천사들에게 하신 하나님의 말씀입니다. 곧 "아브라함에게 그것 말고 내가 하려는 일을 숨기려 하느냐"라는 말씀입니다. 이 말씀을 하신 후에 하나님은 말씀을 이어 가셨습니다.

"아브라함은 강대한 나라가 되고 천하 만민은 그로 말미암아 복을 받게 될 것이 아니냐 내가 그로 그 자식과 권속에게 명하여 여호와의 도를 지켜 의와 공도를 행하게 하려고 그를 택하였나니 이는 나 여호와가 아브라함에게 대하여 말한 일을 이루려 함이니라"(창 18:18-19).

하나님은 아브라함을 택하신 이유를 먼저 말씀하셨습니다. 곧 아브라함으로 하여금 천하 만민이 복을 받게 하려고 그를 택했다고 하셨습니다. 하나님이 아브라함을 부르셨을 때 그는 고향 아버지 집인 하란을 떠나라는 명령에 순종하여 믿음의 순례길에 올랐습니다.

하나님은 이때 아브라함의 순종을 귀하게 보셨습니다. 여기서 하나님은 아브라함을 세우신 이유를 다시 한번 말씀하셨고, 그러고 나서 소돔과 고모라의 일을 말씀하셨습니다.

"여호와께서 또 이르시되 소돔과 고모라에 대한 부르짖음이 크고 그 죄악이 심히 무거우니 내가 이제 내려가서 그 모든 행한 것이 과연 내게 들린 부르짖음과 같은지 그렇지 않은지 내가 보고 알려 하노라"(창 18:20-21).

이 말씀을 비추어 보면 심판에 대한 하나님의 방법을 알 수 있습니다. 하나님은 쉽게, 흥분하여, 기분 내키는 대로 심판하지 않으십니다. 성경에서 심판론은 굉장히 중요하지만, 그 심판을 내리시기까지 하나님도 얼마나 깊이 고민하시고 고통 속에 계셨는지 알아야 합니다.

소돔과 고모라에는 죄악이 만연했습니다. 그리고 그 죄악 때문에 고통당하는 사람들이 부르짖었습니다. 그래서 하나님은 천사들을 그 땅에 보내셔서 죄악의 경중을 알아보게 하셨습니다. 이처럼 하나님은 심판을 내리시기 전 심사숙고하고 인내하시며, 다시 한번 기회를 주십니다.

그러면 하나님이 복의 근원이 될 아브라함에게 소돔과 고모라의 심각한 타락에 관해 이야기하신 이유는 무엇일까요? 아브라함에게서 무언가를 보기 원하셨기 때문입니다. 하나님의 사자들은 이야기만 던져 놓고 떠나 버렸습니다. 그런데 소돔과 고모라에 관한 이야기를 들은 아브라함의 마음은 도대체 편하지 않았습니다.

이처럼 중보 기도자에게는 항상 상황의 긴급함이 영적인 거룩한 부담감으로 다가옵니다. 그리고 그 거룩한 부담감은 중보 기도의 불을 당깁니다. 평상시에 하는 기도가 있고, 시대와 상황이 급해서 하나님의 뜻을 알려올 때 우리 마음에 기도의 불이 임하게 되는 것입니다.

하나님의 말씀을 전한 천사들은 소돔과 고모라로 떠났지만, 아브라함은 그 자리를 떠나지 않았습니다. 이 부분을 성경은 문학적 상황으로 전해 줍니다. 하나님도 그 자리를 떠나지 않으셨습니다. 이때 아브라함은 하나님과의 독대를 신청했습니다.

> "그 사람들이 거기서 떠나 소돔으로 향하여 가고 아브라함은 여호와 앞에 그대로 섰더니"(창 18:22).

하나님 앞에 그대로 서 있었다는 것은 무엇인가 아브라함에게 할 이야기가 있다는 의미입니다. 이 상황을 심각하게 받아들인다는 뜻입니다. 그리고 아브라함은 하나님의 면전에서 난데없이 하나님을 향하여 따지듯이 물었습니다.

"아브라함이 가까이 나아가 이르되 주께서 의인을 악인과 함께 멸하려 하시나이까"(창 18:23).

하나님은 멸하겠다고 이야기하신 적이 없습니다. 그러나 기도하는 사람은 하나님 심중의 계획, 의중을 정확하게 알 수 있습니다.

여기서 중보 기도를 하는 아브라함을 통해 배울 수 있는 몇 가지 사실이 있습니다. 현재 많은 그리스도인, 특별히 영적인 사람들은 우리가 심판 앞에 서 있다는 느낌을 지울 수 없습니다. 심판이 다가온 때 우리는 어떻게 기도해야 할까요? 어떻게 하나님 앞에 나아가야 할까요?

하나님의 성품과 그분의 말씀에 근거하여 기도하라

아브라함이 살던 당시에는 성경이 없었습니다. 그러나 아브라함은 평상시에 하나님과 교제했기에 하나님의 성품을 알고 있었습니다. 하나님은 공의의 하나님이심을 알았습니다. 곧 악인을 심판하시고 의인을 구원하시는 하나님이심을 알았습니다. 그리고 소돔과 고모라에 그래도 의인들이 존재할 것이라고 확신하며 기도했습니다(창 18:23-25).

하나님도 아브라함과 대화하시는 중에 "의인 몇 명을 찾으면 그 성읍을 멸하지 않겠다"고 거듭 말씀하셨습니다.

성경을 묵상할 때 말씀에 의지하는 요소가 기도에 있어서 얼마나 중요한가를 깨달아야 합니다. 우리의 중보 기도는 철저하게 말씀에 근거해야 합니다. 기도하다가 방향을 잃고 헤맬 때나 영적인 침체에 빠질 때 우리는 반드시 말씀으로 돌아가야 합니다. 기도는 허공을 향해 내 의지대로 하는 것이 아닙니다.

중보 기도는 엄청난 영적 전쟁입니다. 그래서 기도는 노동이라고 합니다. 창자가 끊어지는 것 같고, 마치 그 도시의 죄악이 바로 나의 죄악처럼 느껴지기도 합니다.

그래서 기도라는 영적 전쟁에서는 전신갑주를 입어야 합니다. 이때 유일한 공격 무기가 말씀의 검임을 기억해야 합니다. 예수님도 말씀으로 사탄의 유혹을 물리치셨습니다. 중보 기도에 있어서 말씀에 근거하는 것만큼 큰 능력을 발휘하는 것은 없습니다.

또한 말씀 묵상과 기도가 균형을 이루어야 합니다. 묵상과 기도는 하나의 짝과 같습니다. 기도만 많이 하고 말씀을 덜 묵상하면 안 됩니다. 기도 시간을 늘리는 것보다 그 시간에 얼마나 하나님의 말씀에 입각한 기도를 하느냐가 중요합니다. 철저히 말씀에 근거한 기도를 해야 합니다. 말씀은 하나님의 의중이며 심중이기 때문입니다.

말씀을 잘 아는 사람은 하나님의 성품을 깊이 배우게 됩니다. 아브라함은 하나님이 정의로우신 동시에 공평하신 분임을 알고 있었습니다. 그래서 이렇게까지 기도할 수 있었습니다.

"주께서 이같이 하사 의인을 악인과 함께 죽이심은 부당하오며 의인과 악인을 같이 하심도 부당하니이다 세상을 심판하시는 이가 정의를 행하실 것이 아니니이까"(창 18:25).

어떻게 인간이 감히 하나님께 부당하다고 이야기할 수 있겠습니까. 하지만 이 말은 하나님의 성품에 호소하는 것이기 때문에 유효합니다. 이것이 우리가 하나님의 성품과 말씀에 의지하여 기도해야 하는 이유입니다.

하나님을 의지하며 담대하게 기도하라

아브라함은 하나님의 성품과 그분의 약속을 믿기 때문에 담대하게 기도했습니다. 이때 아브라함은 하나님 앞에 담대한 것이 아니라, 소돔과 고모라 앞에 담대했던 것입니다.

> "그 성 중에 의인 오십 명이 있을지라도 주께서 그 곳을 멸하시고 그 오십 의인을 위하여 용서하지 아니하시리이까"(창 18:24).

지금 아브라함은 하나님과 숫자를 가지고 거래를 하고 있습니다. '기도하는 데 얼마나 걸렸을까?'라는 생각을 해봤습니다. 30초만 기도하지 않았을 것입니다. 50명을 놓고 기도할 때 오장육부가 뒤집어질 것 같은 한두 시간을 보냈을지 모릅니다.

그렇게 기도하다가 50명의 의인이 없을 것 같자 45명, 40명, 30명, 20명에서 10명까지 의인의 수를 내렸습니다. 기도해 보니, 더 깊숙이 기도해 보니 소돔과 고모라의 영적 수준이 어떠한지 알게 된 것입니다.

이처럼 아브라함은 무려 다섯 번이나 자신의 기도를 번복하면서 하나님께 기도를 했습니다. 30명까지 인원수가 내려가자 아브라함은 두려웠던지 "내 주여 노하지 마시옵고 말씀하게 하옵소서"(창 18:30)라며 하나님의 심중을 살피며 계속 기도했습니다. 의인을 높이시며 공의를 행하시는 하나님의 성품을 신뢰한 것입니다. 이와 같이 중보 기도는 하나님을 의지하며 담대하게 해야 합니다.

환경만 보면 아브라함이 하나님보다 앞서 소돔과 고모라를 심판하고 싶었을지도 모릅니다. 그러나 우리가 중보 기도를 하면서 깨달아야 하는 것은 하나님보다 먼저 앞서가면 안 된다는 것입니다. 우리의 담대함은 하나님의 성품으로부터 나오는 것이어야 합니다.

겸손한 자세로 기도하라
아브라함은 계속해서 하나님께 간구했습니다.

"아브라함이 대답하여 이르되 나는 티끌이나 재와 같사오나 감히 주께 아뢰나이다"(창 18:27).

제 평생의 기도 제목 가운데 하나는 겸손과 담대함이 하나님 앞에 균형을 이루게 해달라는 것입니다. 이것이 얼마나 어려운 일인지, 마지막 날 하나님 앞에 설 때까지 끊임없이 노력해야 할 것입니다.

담대함은 오만방자한 것이 아닙니다. **담대한 기도는 자신은 낮추고 하나님을 높이며 사탄을 대적하는 기도입니다.** 이때 우리에게 필요한 것은 겸손입니다. 하나님만이 이 문제의 열쇠를 갖고 계신다고 고백하는 기도를 드려야 합니다.

그런데 반대로, 하나님께 담대하고 사탄에게 겸손한 사람들이 있습니다. 하나님께는 무례하고, 사탄의 유혹에는 겸손하게 "아멘" 하는 사람들 말입니다. 그러나 아브라함은 소돔과 고모라를 향해 살려 달라고 담대하게 기도하면서도 결코 하나님 앞에서 겸손을 잃지 않았습니다.

아브라함에게는 자신의 존재를 낮추고 하나님을 높일 줄 아는 지혜가 있었습니다. 세상 나라의 왕을 섬겼던 바벨론, 페르시아 시대의 인물들을 기억합니다. 요셉, 다니엘, 느헤미야 등은 이방신을 섬기는 세상 나라의 왕 앞에 나아갈 때도 겸손한 태도로 행했습니다. 하물며 온 열방을 다스리시는 하나님 앞에 우리는 어떻게 나아가야 할까요?

겸손한 것은 온유하다는 것입니다. 아브라함은 하나님이 가라고 하시면 가고, 서라고 하시면 설 줄 아는 사람이었습니다. 온유한 사람은 하나님께 순종하는 사람입니다. 즉 겸손한 사람은 하나님께 온유한 마음으로 순종하는 사람입니다. 온유함이란 자신의 힘을 절제하고, 하나님 앞에 순종하며, 내 뜻과 의지를 점점 굽혀 가는 것입니다.

교회에는 순종하는 사람, 순전한 사람, 기도의 사람, 성령의 사람이 많아야 합니다. 이런 하나님의 뜻을 이루는 사람들이 교회에 함께하면 교회는 든든하게 서 나갑니다. 교회를 견고하게 세우는 것은 어떠한 제도나 방법, 프로그램이 아닙니다. 물론 이런 것들도 중요하지만, 그 모든 것을 움직이게 하는 하나님의 뜻에 순종하는 기도의 사람에게 열쇠가 있음을 기억하십시오.

영혼을 긍휼히 여기며 기도하라

이야기 속에 우리에게 궁금한 사항이 있습니다. 아브라함이 소돔과 고모라를 위해 이렇게까지 생명을 내놓고 중보 기도를 한 이유가 무엇일까요? 아브라함이 소돔과 고모라에 있는 영혼들을 불쌍히 여기는 마음을 갖게 된 구체적인 동기는 무엇이었을까요? 바로 자신의 조카 롯과 그의 가족들이 거기에 있었기 때문입니다.

사실 조카 롯은 성경에서 그렇게 좋게 평가되는 인물이 아닙니다. 롯은 소돔과 고모라를 방문한 천사들을 남색하겠다는 불량배들에게서 보호한다는 미명 아래 자신의 딸들을 기꺼이 내어 주려고까지 하는 비굴

함을 보여 주었습니다. 또한 롯의 아내는 세상에 대한 미련을 버리지 못하고 불타는 소돔과 고모라를 그리워하다가 소금 기둥이 되었습니다.

그런 부모의 행동을 배운 딸들은 소돔과 고모라가 멸망한 후 종족 번성을 위해 아버지에게 술을 먹이고 천륜을 어기는 근친상간을 했습니다. 롯의 온 가족이 소돔과 고모라의 타락한 문화에 깊이 영향을 받고 있었던 것입니다. 그런데도 아브라함은 롯을 긍휼히 여겼습니다.

창세기 12장에서 하나님의 "떠나라"는 부르심이 있었을 때 아브라함은 조카 롯과 그의 가족들을 데리고 함께 떠났습니다. 창세기 13장에서 롯과 아브라함의 하속들이 싸울 때도 아브라함은 롯에게 먼저 땅을 차지하는 권한을 주었습니다.

"아브람이 롯에게 이르되 우리는 한 친족이라 나나 너나 내 목자나 네 목자나 서로 다투게 하지 말자 네 앞에 온 땅이 있지 아니하냐 나를 떠나가라 네가 좌하면 나는 우하고 네가 우하면 나는 좌하리라"(창 13:8-9).

그때 롯이 택한 땅이 바로 소돔과 고모라입니다. 성경은 "소돔 사람은 여호와 앞에 악하며 큰 죄인이었더라"(창 13:13)고 기록하고 있습니다. 그런데도 롯은 눈으로만 풍족해 보이는 그 땅을 선택했습니다. 무엇을 선택하는지를 보면 그 사람을 알 수 있습니다. 당시 롯의 선택은 세상의 영광이었습니다. 그뿐만이 아닙니다. 이 사건 이후, 롯이 택한 땅인 소돔과 고모라에 다섯 왕이 침공했을 때도 아브라함은 목숨을 내걸고 조카를 구하기 위해 특공대를 인솔해 구출 작전을 벌였습니다(창 14장).

이처럼 조카 롯은 사실 영적인 수준이 어리고, 삼촌을 상대로 자신의 욕심을 챙기고, 세상의 문화도 타협하며 즐기는 사람으로 묘사됩니다. 그런데도 아브라함은 조카 롯을 위해서 생명을 내어놓고 하나님과 씨름하며 중보 기도를 했습니다. 조카 롯이 부족함에도 불구하고 사랑하기로 작정한 것입니다.

롯은 아브라함의 막냇동생 하란의 아들인데, 하란은 일찍 죽었습니다. 이런 롯에게도 의가 있다면, 그것은 바로 아브라함을 따라서 고향을 떠난 것입니다. 아브라함은 그런 롯을 긍휼히 여긴 것입니다.

중보 기도할 때, 긍휼히 여기는 마음이 없으면 힘들고 지루합니다. 나의 행복과 별 상관이 없는 사람을 위해 눈물과 콧물을 쏟으며 기도하는 것은 인간의 힘으로 불가능합니다. 내가 속한 도시에 수많은 사람이 있는데, 왜 그들을 위하여 기도할 때 내가 마치 죽을 것같이 눈물을 흘리며 기도합니까? 성령님이 긍휼의 마음을 주셨기 때문입니다. 이것이 하나님 아버지의 마음입니다.

심판을 함부로 이야기해서는 안 됩니다. 심판을 말하기 전에, 하나님이 얼마나 마음 아파하시는지 안다면 긍휼히 여기며 중보 기도를 해야 합니다. 긍휼히 여기는 마음으로 기도할 때 하나님은 그분의 마음을 나타내십니다.

어느 토요일 저녁부터 아내에게 복통이 있었습니다. 월요일 아침이 되자 극심한 통증이 임했습니다. 저는 주일에 에너지를 많이 쏟았기에 아내가 아픈데도 피곤해서 일어나지 못했습니다. 그러다가 시간이 지나도 아내의 통증이 멈추지 않는 것을 보고 긴박성을 느꼈습니다. 예전에 좋지 않았던 담낭에 문제가 생겼나 싶어 병원을 찾아갔습니다.

의사가 맹장염일 수 있다고 하여 큰 병원으로 옮겼는데, CT 촬영을 하기 전 마음이 철렁 내려앉는 이야기를 들었습니다. 맹장염인 것 같은데 전공의가 파업 중이라서 수술을 할 수 없다는 것입니다. 그때 그 몇 시간 동안 얼마나 두려웠는지 모릅니다. 다행히 수술을 할 수 없다는 말과 달리 몇 시간 후 의사가 나타나 수술을 수 있었습니다.

응급실에서 수술을 기다리면서 수많은 사람을 보았습니다. 사람이 너무 많아 환자임에도 불구하고 의자에 쪼그려 앉아 있었고, 심지어 복도에 서서 링거를 맞으며, 두려움에 빠져 있었습니다.

그 짧은 시간에 하나님 앞에 깊이 깨달은 점이 있습니다. 코로나 한복판에서 전공의 파업이라는 초유의 사태를 통해 병원을 드나드는 성도님들의 힘겨움을 깨달았습니다. 그리고 제가 그 자리를 경험하며 기도해 보니 그분들을 크게 공감할 수 있게 되었습니다. 경험을 통해 비로소 입술에서 나오는 기도가 아니라 마음에서 나오는 중보 기도를 할 수 있게 된 것입니다.

하나님은 고난당하는 것을 통해서도 중보 기도를 하게 하십니다. 긍휼히 여기는 마음, 중보 기도자의 마음 가운데 함께하시는 것입니다. 다시 말해, 중보 기도는 영혼에 대한 거룩한 부담감이며 공감 능력입니다. 영혼에 대한 사랑의 책임감이 표출되는 거룩한 모습이 중보 기도인 셈입니다.

당신이 하나님의 심판을 유보시킬 유일한 이유가 되라

아브라함의 간절한 중보 기도에도 소돔과 고모라는 하나님의 무서운 심판으로 하늘에서 유황불이 떨어져 멸망했습니다. 성경에 이렇게 도시가 멸한 예는 소돔과 고모라가 유일합니다. 이를 통해 소돔과 고모라의 죄악이 얼마나 깊었는가를 알 수 있습니다.

예수님도 소돔과 고모라의 죄악과 멸망에 대해 두 번 이상 말씀하셨습니다. 우리는 때로 아브라함의 중보 기도가 실패했다고 생각할 수 있습니다. 그러나 진실한 중보 기도에는 실패가 없습니다. 기도하는 자는 늘 하나님의 계획 안에 거하기 때문입니다.

우리는 롯을 바라보며 아브라함이 의인 한 사람을 위해 살려 달라고 기도했으면 소돔과 고모라를 구했을지 모른다고 생각하기도 합니다. 비록 베드로가 롯을 의인으로 묘사했지만(벧후 2:7-9), 롯은 소돔과 고모라의 멸망을 유보시킬 수 있는 의인은 아니었습니다. 소돔과 고모라에는 사실 의인이 한 명도 없었습니다. 그의 온 가족 중에도 의인이 없었던 것입니다. 너무나 슬픈 일입니다. 그런데도 하나님은 아브라함의 기도를 끝까지 듣고 계셨습니다.

의인이 아무도 없는 타락한 도시, 서로를 향해 울부짖고 서로 물어뜯는 죄악의 소리가 하나님께 상달된 것입니다. 소돔과 고모라는 결국 심판받을 수밖에 없었습니다. 그렇다면 아브라함의 중보 기도는 실패한 것일까요? 절대 그렇지 않습니다. 우리는 소돔과 고모라의 심판 한복판에서 하나님이 우리에게 하고자 하시는 말씀을 볼 수 있습니다.

"아브라함이 그 아침에 일찍이 일어나 여호와 앞에 서 있던 곳에 이르러 소돔과 고모라와 그 온 지역을 향하여 눈을 들어 연기가 옹기 가마의 연기같이 치솟음을 보았더라 하나님이 그 지역의 성을 멸하실 때 곧 롯이 거주하는 성을 엎으실 때에 하나님이 아브라함을 생각하사 롯을 그 엎으시는 중에서 내보내셨더라"(창 19:27-29).

하나님은 아브라함을 생각하사 그 엎으시는 중에 롯을 내보내셨습니다. 이 한 말씀이 우리의 귓가에 평생 울리기를 원합니다. 다른 영혼을 축복하기 위한 우리의 중보 기도에는 결코 실패가 없습니다!

우리의 중보 기도로 인해 오늘 누군가가 멸망의 문턱에서 소망의 문턱을 넘는 복을 누릴 수 있습니다. 나의 진실한 중보 기도가 삶의 소망을 잃고 자살을 생각하는 사람이 사랑의 하나님을 만나게 합니다. 나의 중보 기도로 교통사고로 생사를 오가는 친구가 생명을 얻는 복을 누리게 합니다.

롯의 인간됨이 부족한 가운데서도, 소돔과 고모라의 타락이 하늘을 찌르는 듯한 가운데서도 결국 하나님은 아브라함의 기도를 들어주셨습니다. 이것이 바로 중보 기도의 위력이며 능력입니다.

우리에게 이런 질문이 있을 수 있습니다.

"어떻게 아브라함은 이 형편없는 조카 롯을 위해 이처럼 담대한 기도를 하나님께 드릴 수 있었을까?"

아브라함은 하나님이 약속하신 말씀을 믿었기 때문입니다. 처음에 자신에게 주신 말씀을 분명히 기억하고 있있습니다. 창세기 12장에서 하나님이 아브라함을 부르실 때 "너는 복의 근원이 될찌라"(창 12:2, 개역한글)고 말씀하셨습니다. 소돔과 고모라의 이야기를 시작하시기 전에도 그 말씀을 언급하셨습니다(창 18:18).

그리고 아브라함은 이 형편없는 사람 롯을 위해, 그리고 의인 10명이 없어 멸망해 가는 소돔과 고모라를 위해 중보 기도를 함으로써 복의 근원이 되는 법을 배운 것입니다. 이처럼 우리는 기도하고, 하나님은 역사를 이끌어 가십니다.

하나님이 소돔과 고모라의 멸망을 유보하실 단 한 가지 이유가 있다면, 그것은 아브라함의 중보 기도였습니다. 하나님이 우리 도시를, 한반도를 심판하고자 하실 때 그 심판을 유보하실 단 한 가지 이유가 있다면, 그 이유는 내가 되어야 합니다. 지금은 기도해야 할 때입니다.

PART / 3
뉴노멀 시대, 어떻게 살아야 할까?

- 감사_ 코로나 한복판에서도 감사
- 공동체_ 뉴노멀 시대에 빌레몬 가정처럼
- 전도_ 뉴노멀 시대, 복음 전도와 선교의 4가지 핵심
- 경건_ 예수님을 닮아 가는 삶
- 기적_ 이 시대에 필요한 오병이어
- 섬김_ 대한민국 피로회복의 비결

NEW NORMAL

행해야 할 것

감사

_ 코로나 한복판에서도 감사

애굽 사람이 우리를 학대하며
우리를 괴롭히며 우리에게 중노동을 시키므로
우리가 우리 조상의 하나님 여호와께 부르짖었더니
여호와께서 우리 음성을 들으시고
우리의 고통과 신고와 압제를 보시고
여호와께서 강한 손과 편 팔과 큰 위엄과 이적과 기사로
우리를 애굽에서 인도하여 내시고 이곳으로 인도하사
이 땅 곧 젖과 꿀이 흐르는 땅을 주셨나이다(신 26:6-9).

영국의 리처드 트렌치(Richard Trench) 감독이 「은혜와 사랑과 감사」라는 시에서 이런 이야기를 했습니다.

"어떤 사람은 자기가 가는 평탄한 길에 조그마한 구덩이만 있어도 벌써 하나님을 원망하고 사람을 원망한다. 또 어떤 사람은 자기가 가는 험하고 캄캄한 길에 조그마한 빛만 비추어도 하나님이 주시는 자비로우신 빛이라 하여 감사의 기도를 올린다."

같은 상황을 겪어도 이렇게 반응이 다를 수 있습니다. 관점의 차이입니다. 전광 목사님의 『평생감사』에 실린 "노래는 부를 때까지 노래가 아니며, 종은 울릴 때까지 종이 아니고, 사랑은 표현할 때까지 사랑이 아니며, 복은 감사할 때까지 복이 아니다"라는 글도 생각납니다. 감사를 표현해야 복이 완성된다는 말입니다.

우리는 하나님께 "감사합니다"라고 표현해야 합니다. 그러나 우리의 상황이 그리 만만치 않습니다. 코로나 팬데믹 상황에서 전 인류가 힘겨워하고 있습니다. 하나님께 감사의 마음을 표현하기가 쉽지 않은 상황입니다. 우리는 최악의 상황에서도 감사할 수 있을까요? 신명기 26장 말씀을 통해 그 가능성을 타진해 보도록 하겠습니다.

1. 다시 가나안 땅 앞에서

신명기 26장의 배경을 먼저 살펴보겠습니다. 이스라엘 백성은 40년의 광야 생활을 마치고 가나안 땅을 바라보며 모압 땅에 모여 있었습니다. 이때 모세는 죽음을 앞두고 여호수아에게 리더십을 승계했습니다.

이스라엘 백성은 39년 전쯤 바란 광야 가데스바네아에서 가나안 땅에 12명의 정탐꾼을 파견했습니다. 이제 출애굽한 지 1년, 가나안 정복이 눈에 보이는 시점이었습니다. 이때 정탐을 마치고 돌아온 12명의 정탐꾼의 보고가 두 가지로 나뉘었습니다. 여호수아와 갈렙을 제외한 10명의 정탐꾼 전원의 의견이 같았습니다. 그들은 하나같이 '가나안은 이스라엘의 힘으로 정복할 수 없을 정도로 막강한 군사력을 가지고 있다'고 보고하며, '우리는 오합지졸에 불과하다'라며 악평을 늘어놓았습니다.

그러자 삽시간에 불평과 불만이 수백만의 이스라엘 백성 사이로 퍼져나갔습니다. 그리고 모세와 아론 및 일부 지도자들과 다른 의견을 내놓은 여호수아와 갈렙을 제외한 모든 이스라엘 백성이 하나님 앞에 원망을 쏟아 놓기 시작했습니다.

그들은 이때 많은 것을 잊어버렸습니다. 하나님이 애굽에서 노예로 살던 그들을 탈출하게 해주신 것, 1년 동안 광야에서 먹이고 입히시며 하나님의 백성으로 훈련시켜 주신 것, 10가지 재앙을 보여 주신 것, 홍해를 가른 놀라운 역사 속에 다 함께 감격하며 바다를 마른 땅으로 걸었던 것 등 그간의 모든 기적과 은혜, 감사를 잊었습니다. 그날 이스라엘 백성의 원망은 밤새도록 하늘을 찌를 듯했습니다.

하나님은 이때 백성들에게 진노하여 심판을 내리셨습니다. 가나안 입성을 눈앞에 두고 가나안 정탐 일수 40일 중 하루를 1년으로 계산해서 40년 동안 광야 생활을 하게 하셨습니다. 그뿐만이 아닙니다. 불평했던 세대들은 가나안에 입성하지 못하고 오직 여호수아와 갈렙, 그리고 2세대들만 가나안에 들어가게 하셨습니다.

신명기 말씀은 그렇게 얻게 된 광야 생활 40년을 지나 가나안 땅을 목전에 둔 이스라엘 백성에게 전하는 모세의 마지막 설교입니다. 모세는 이 설교를 통해 출애굽의 역사와 홍해의 기적을 경험하지 못한 2세대들에게 신앙 교육을 했습니다.

이 말씀은 언약식을 하기 전, 마지막으로 모세가 진힌 교훈의 말씀입니다. 모세는 마지막 교훈의 핵심을 '감사'로 삼았습니다. 모세가 광야에선 이들에게 가르치려고 한 감사는 무엇이었을까요?

2. 이스라엘, 광야 한복판에 서서 감사를 배우다

'미래'에 대한 감사

신명기 26장을 묵상하다 보면 특이점을 발견할 수 있습니다. 아직 이루어지지 않은 것에 대한 감사를 명하고 있다는 것입니다.

"네 하나님 여호와께서 네게 기업으로 주어 차지하게 하실 땅에 네가 들어가서 거기에 거주할 때에 네 하나님 여호와께서 네게 주신 땅에서 그 토지의 모든 소산의 맏물을 거둔 후에 그것을 가져다가 광주리에 담고 네 하나님 여호와께서 그의 이름을 두시려고 택하신 곳으로 그것을 가지고 가서 그 때의 제사장에게 나아가 그에게 이르기를 내가 오늘 당신의 하나님 여호와께 아뢰나이다 내가 여호와께서 우리에게 주시겠다고 우리 조상들에게 맹세하신 땅에 이르렀나이다 할 것이요 제사장은 네 손에서 그 광주리를 받아서 네 하나님 여호와의 제단 앞에 놓을 것이며"(신 26:1-4).

이제 곧 가나안 땅에 들어가서 그 땅을 정복할 때 하나님 앞에 모든 소산물의 첫 열매를 광주리에 담아서 하나님이 하나님의 이름을 두시려고 택하신 곳, 즉 하나님의 성전이 있는 곳에 가서 제사장에게 나아가 그 광주리를 바치라는 것입니다.

이 메시지의 시점은 가나안 땅에 들어간 미래입니다. 그리고 이 메시지의 핵심은 그 미래에 어떻게 하나님께 감사를 드려야 하는가입니다. 미래는 아직 만들어지지 않았습니다. 그러나 미래에 대한 감사까지 믿음의 눈으로 드릴 수 있습니다. 약속의 말씀을 붙들고 그것이 이루어질 것을 믿는 마음으로 나아가기 때문입니다.

히브리서 11장 1절은 믿음에 대하여 "바라는 것들의 실상이요 보이지 않는 것들의 증거"라고 이야기합니다. 지금은 보이지 않지만, 그 믿음을 통하여 증거를 받는다는 뜻입니다. 마치 현재에 일어날 것처럼 바라본다는 것입니다.

40년 전 이스라엘 백성이 가나안 입성을 눈앞에 두고 실패한 까닭은 가나안 땅을 주겠다고 하시는 하나님의 '보이지 않는 미래의 약속'을 붙들지 않았기 때문입니다. 하나님은 다시 가나안의 목전에 선 2세대들이 1세대들의 실패를 답습하지 않도록 미래에 대한 감사를 명령하셨습니다. 이 감사는 근거 없는 감사가 아닙니다. 40년 전의 약속, 아니 더 오래전에 아브라함에게 하셨던 약속을 바라보며 감사하라는 것입니다.

이 같은 미래에 대한 감사에는 '나의 전 생애가 하나님의 것입니다'라는 의미가 담겨 있습니다. 우리는 과거나 현재에 대한 감사는 비교적 잘하지만, 미래에 대한 감사는 하지 않습니다. 그러나 미래에 대한 감사가 중요한 이유는 과거와 현재를 인도하신 하나님이 나의 미래도 책임져 주실 것을 믿는 믿음을 전제로 하기 때문입니다.

이 말씀에서 이스라엘 백성에게도 마찬가지였습니다. 아직 정복되지 않은 가나안 땅이지만, 여기까지 인도하신 과거와 현재의 하나님이 미래도 책임져 주실 것을 믿으며 전진할 일만 남은 것입니다. 그리고 그 땅에 들어가는 것을 기정사실로 알고 소산물의 첫 열매를 하나님 앞에 드리라는 것입니다. 소산물의 첫 열매를 하나님 앞에 드리는 것도 '나의 모든 것은 하나님의 것입니다'라는 고백의 상징입니다.

여기서 우리는 십일조의 의미를 되새겨 볼 수 있습니다. 매달 자신의 수입에서 10분의 1을 하나님께 봉헌하는 것, 이것은 아벨이 첫 소산물을 하나님께 드렸던 것처럼 '나의 소유가 하나님의 것'임을 고백하는 것입니다. 상징적인 의미에서 수입의 첫 열매로서 10분의 1을 하나님 앞에 드리는 것입니다.

그러면 왜 수입의 10분의 1만 드리는 것일까요? 10분의 9도 내 것은 아니지만, 하나님의 다스림 안에서 하나님이 주신 물질에 대한 책임을 지기 위해서입니다. 이것이 바로 청지기 의식입니다. 가정, 교회, 사회, 선교에 대한 책임을 다할 수 있도록 하나님이 우리에게 물질을 주셨습니다.

안타깝게도 이스라엘 백성은 첫 소산물을 드리겠다는 약속을 잘 지키지 못했습니다. 주전 400년경에 말라기 선지자는 이스라엘이 멸망한 이유 중 하나를 십일조에서 찾았습니다. 주전 1400년경에 가나안 땅에 입성했으니 무려 1000년 동안 이 약속을 지키지 않았던 것입니다. 이스라엘 백성이 말라기 선지자에게 멸망당한 이유를 묻자 그는 다음과 같이 대답했습니다.

"만군의 여호와가 이르노라 너희 조상들의 날로부터 너희가 나의 규례를 떠나 지키지 아니하였도다 그런즉 내게로 돌아오라 그리하면 나도 너희에게로 돌아가리라 하였더니 너희가 이르기를 우리가 어떻게 하여야 돌아가리이까 하는도다 사람이 어찌 하나님의 것을 도둑질하겠느냐 그러나 너희는 나의 것을 도둑질하고도 말하기를 우리가 어떻게 주의 것을 도둑질하였나이까 하는도다 이는 곧 십일조와 봉헌물이라 너희 곧 온 나라가 나의 것을 도둑질하였으므로 너희가 저주를 받았느니라"(말 3:7-9).

멸망의 이유는 이처럼 명징했습니다. 그러나 선지서에 공통되게 나타나는 하나님의 특징이 있는데, 심판과 함께 회복도 명하시는 하나님이시라는 사실입니다. 말라기에서도 예외 없이 하나님은 회복에 대한 소망을 말씀하셨습니다.

"만군의 여호와가 이르노라 너희의 온전한 십일조를 창고에 들여 나의 집에 양식이 있게 하고 그것으로 나를 시험하여 내가 하늘 문을 열고 너희에게 복을 쌓을 곳이 없도록 붓지 아니하나 보라"(말 3:10).

이 말씀은 '성공하고 복 받으려면 헌금을 많이 해야 한다'는 뜻이 아닙니다. 십일조를 드림으로 '나의 삶 전체가 하나님의 것'이라는 사실을 고백할 때 하나님이 복을 주신다는 소망의 메시지입니다. 마지막 때를 살아가는 우리는 데니 벨레시(Denny Bellesi) 목사의 말을 새겨들어야 합니다.

"주님은 사람들이 삶 속에서 보물을 투자하는 것을 보면 그 마음 상태를 알 수 있다고 말씀하셨습니다. 하늘나라에 간 뒤에는 참다운 보물을 쌓을 수 없다는 사실을 기억하십시오. 아직 이 땅에 있을 때 하늘 곳간에 저장할 보물을 쌓아 두어야 합니다."

아직 이루어지지 않았지만, 약속의 말씀을 붙들고 나의 미래를 바라보며 아직 이 땅에 있을 때 하늘 곳간에 보물을 쌓아 두는 것, 이것이 진정한 감사입니다. 나의 미래, 나의 소유, 즉 나의 모든 것이 하나님의 것임을 고백하는 것이기 때문입니다.

'과거'에 대한 감사

신명기 26장 5-10절에서 모세는 과거를 회상하면서 감사의 이유를 하나하나 되짚었습니다. 그러면서 백성들에게 이 모든 어려움에서 건져내어 이제까지 인도하신 하나님을 경배하라고 했습니다.

모세의 설교를 통해, 하나님은 이스라엘 백성에게 과거를 회상하라고 하셨습니다. 애굽에서의 노예 생활에서 해방시켜 주신 사건들을 기억하라고 하셨습니다. 고난 가운데 부르짖었던 것과 그때에 하나님이 어떻게 그들을 건져 내셨는지를 하나하나 기억하게 하셨습니다.

"애굽 사람이 우리를 학대하며 우리를 괴롭히며 우리에게 중노동을 시키므로 우리가 우리 조상의 하나님 여호와께 부르짖었더니 여호와께서 우리 음성을 들으시고 우리의 고통과 신고와 압제를 보시고 여호와께서 강한 손과 편 팔과 큰 위엄과 이적과 기사로 우리를 애굽에서 인도하여 내시고 이곳으로 인도하사 이 땅 곧 젖과 꿀이 흐르는 땅을 주셨나이다"(신 26:6-9).

이제 미래의 이야기를 그치고 과거를 회상하며 '나를 여기까지 인도하신 하나님'에 대한 감사를 이야기합니다. 과거의 은혜를 잊은 사람은 현재를 감사할 수 없습니다. 더불어 현재에 감사가 없으면 내일의 복을 만나지 못합니다.

인간이 동물과 다른 점은 과거를 기억하고 회상하며 묵상하고 뉘우칠 수 있는 능력이 있다는 점입니다. 그런데 때로는 동물 중에서도 은혜를 베풀어 준 인간에게 끝까지 보은하는 모습을 보이는 경우가 있습니다. 하물며 구원을 베푸시고 이제까지 인도하신 하나님에 대한 인간의 감사는 어떠해야 할까요?

습관처럼 감사해야 합니다. 성경은 "항상 기뻐하라 쉬지 말고 기도하라 범사에 감사하라"(살전 5:16-18)라고 명령합니다. 그리고 이렇게 명령하신 이유가 "그리스도 예수 안에서 너희를 향하신 하나님의 뜻"(살전 5:18)이기 때문이라고 설명합니다. 이처럼 성경이 감사가 하나님의 뜻이라고 하면서까지 감사를 명하는 까닭은 우리에게 유익함이 있기 때문입니다.

언젠가 자녀들과 감사에 관해 이야기를 나누었습니다. 저는 아이들에게 "왜 하나님이 우리에게 감사를 명령하셨는지 아니? 우리는 삶 가운데서 감사를 찾아내야 한단다. 그렇지 않으면 그냥 잊어버린단다."라고 말했습니다. 감사를 찾아내지 않으면 불평이 그 자리를 대신합니다. 이스라엘 백성이 불평했던 이유도 감사를 잊었기 때문입니다.

감사는 습관입니다. 매일매일 하루의 삶을 뒤돌아보면서 하나님의 은혜를 곱씹으며 하나님 앞에 감사할 것들을 찾아보는 것은 어떨까요? 이 훈련은 우리의 영적 생활에 엄청난 능력을 선사할 것입니다.

평화와 기쁨을 원하는 우리가 그 평화와 기쁨을 획득할 수 있는 방법은 하나님 앞에 감사를 드리는 것임을 기억해야 합니다. 죄의 노예 생활을 하던 나를 해방시켜 주셔서 여기까지 인도하신 하나님은 계속해서 찬양할 때 하나님은 영광을 받으시고 나의 미래를 열어 가십니다.

과거를 넘어 현재까지 우리의 삶을 인도하신 하나님께 인간이 마땅히 드려야 하는 것이 또 하나 있습니다.

"여호와여 이제 내가 주께서 내게 주신 토지 소산의 맏물을 가져왔나이다 하고 너는 그것을 네 하나님 여호와 앞에 두고 네 하나님 여호와 앞에 경배할 것이며"(신 26:10).

첫 소산물을 드리며 하나님 앞에 나아가야 합니다. 이때 우리는 한 가지 의문을 가질 수 있습니다. '가인 역시 첫 소산물을 하나님께 드렸는데 하나님은 왜 그의 제사는 받지 않으셨을까?' 하는 것입니다. 하나님은 왜 아벨의 제사만 받으셨을까요? 가인에게는 삶의 내용이 있는 감사가 없었기 때문입니다. 이사야 선지자는 감사와 마음이 없는 예물은 하나님이 받지 않으신다고 통곡했습니다(사 66장).

사실 하나님은 우리가 드리는 헌물의 가치에는 관심이 없으십니다. 하나님의 관심은 우리의 정성과 감사하는 마음에 있습니다. 예수님도 과부의 두 렙돈에 주목하셨습니다. 그 여인이 최선을 다해, 더 드리지 못하는 마음을 담아 진실되게 드렸기 때문입니다. 그러나 꼬박꼬박 십일조를 드리지만, 마음이 없는 바리새인들은 꾸짖으셨습니다.

우리가 예물을 드리며, 그 예물과 함께 감사한 마음으로 우리의 삶을 하나님께 드릴 때 하나님은 하늘 문을 여시고 복을 쌓을 곳이 없을 정도로 풍성하게 부어 주실 것입니다.

하나님은 우리에게 수없이 많은 감사할 수 있는 조건들을 선물로 주셨습니다. 그러나 우리의 감사는 그 조건들조차 뛰어넘습니다. 왜냐하면 하나님이 모든 상황을 다스리시기 때문입니다. 그러므로 우리가 하나님께 드리는 감사는 우리의 환경을 뛰어넘습니다. '하나님이 오늘 나를 여기까지 인도해 주셨다'는 사실이 이것을 증명합니다.

'현재'에 대한 감사

지금까지 미래와 과거에 대한 감사를 알아보았습니다. 그렇다면 현재에 대한 감사는 어떻게 하는 것일까요?

감사는 첫 소산물, 즉 헌금을 드리고 하나님을 예배하는 것에서 그치지 않습니다. 하나님이 우리에게 주신 복을 이웃과 나누는 데까지 나아갑니다. 또한 하나님은 헌금과 예배라는 감사의 표현이 기계적인 율법이 되어 우리 삶에 올무가 되기를 원하지 않으십니다.

"네 하나님 여호와께서 너와 네 집에 주신 모든 복으로 말미암아 너는 레위인과 너희 가운데에 거류하는 객과 함께 즐거워할지니라 셋째 해 곧 십일조를 드리는 해에 네 모든 소산의 십일조 내기를 마친 후에 그것을 레위인과 객과 고아와 과부에게 주어 네 성읍 안에서 먹고 배부르게 하라"(신 26:11-12).

구약에서 십일조는 예배를 드리거나 성막 제사를 운영하고 사역을 하는 데 쓰였습니다. 그리고 3년째 십일조는 레위인과 나그네, 고아와 과부에게 나누어 주고 그들을 축복하는 데 사용했습니다.

이 말씀의 해석에는 약간의 이견이 있습니다. '3년째의 십일조는 구제에 쓰라'는 해석과 '3년째에는 두 번의 십일조를 드리는데 그중 한 번을 구제에 쓰라'는 해석이 존재합니다. 그러나 어느 쪽의 해석이 되었든 분명한 것은 함께 나누고 베풀며 이웃을 축복하라는 의미라는 것입니다.

바리새인들, 사두개인들, 유대의 전통 지도자들이나 전통적인 유대 사람들은 하나님 앞에 드릴 것을 다 드리고 율법을 칼같이 지켰지만, 이웃은 무시하고 살았습니다. 이방인과 나그네를 괄시하고 고아와 과부를 돌보지 않았습니다. 하나님의 정의와 거룩을 실천하지 않았습니다. 그러나 하나님은 끊임없이 이웃과 함께 복을 나누라고 말씀하셨습니다.

이 말씀이 개개인의 그리스도인들 삶에 적용되듯 그리스도인이 모인 교회에도 적용됩니다. 그 어느 해보다 어려움을 겪고 있는 코로나 시기를 지나면서, 교회는 그 어떤 때보다 더 구제와 선교에 힘썼습니다. 어떤 상황 가운데서도 서로가 서로의 아픔과 짐을 나누어 지라는 하나님의 원칙이 오늘도 동일하게 적용되기 때문입니다.

코로나 상황에서 맞이한 2020년 지구촌교회의 추수감사절 특별 예배에는 은혜의 간증들이 많았습니다. 그중 기억에 남는 간증을 나눕니다.

사업을 막 시작했으나 코로나로 인해 바로 문을 닫아야만 했던 한 청년이 있었습니다. 그는 몇 개월 동안 자신이 속해 있는 공동체로부터 기도와 물질의 도움을 받았습니다. 이때 그는 힘을 얻고 그리스도인의 사랑을 충만하게 느꼈다고 합니다. 이것이 교회 공동체의 힘입니다.

우리는 누구나 나그네가 될 수 있고, 고아와 과부가 될 수 있습니다. 하나님이 가나안 땅을 점령하고 공동체를 이룬 이스라엘 백성에게 나눔을 강조하신 이유는 외롭거나 소외받는 사람이 없기를 바라시는 하나님 마음의 또 다른 표현입니다.

아무도 소외받지 않고, 서로가 영적인 복, 물질의 복, 시간의 복 등을 나누는 공동체라면 이 세상을 변화시킬 수 있지 않겠습니까? 하나님이 세우신 공동체의 힘은 하나님께 감사하고, 그분을 경배하며, 거기에서 얻은 힘으로 이웃을 돌아보아 하나님의 사랑을 실천하는 데 있습니다.

코로나 한복판에서 다시 한번 깨닫습니다. 우리가 두려워해야 하는 것은 코로나19 바이러스가 아닌 불평 바이러스라는 사실을 말입니다. 불평 바이러스는 가나안 땅을 목전에 둔 이스라엘 백성 안에도 있었고, 지금 이 시간에도 사람들을 갈라놓고 증오하게 하여 비전과 사명을 상실한 채 광야에서 스스로 파멸하게 만듭니다.

도저히 감사할 수 없는 환경에 처해 불평만 가득합니까? 여기 2020년 10월 아들의 천국환송예배에서 아들과 작별하며 드린 지구촌교회 원로목사 이동원 목사님의 10가지 감사를 소개합니다.

첫째, 아들이 지독한 암의 통증에서 해방되어 감사합니다.
둘째, 영광의 나라 천국에 입성하여 감사합니다.
셋째, 그동안 유머가 많았던 아들로 인해 누린 기쁨으로 인해 감사합니다.
넷째, 단 한 번의 불평 없이 자랑만 하던 아내와 애교 덩어리 손자를 안겨 주셔서 감사합니다.
다섯째, 어려서 게임을 좋아하더니 게임 변호사가 된 것에 감사합니다.
여섯째, 아들의 고통을 통해 예수님을 내어주신 하늘 아버지의 고통을 알게 하심에 감사합니다.
일곱째, 아들의 암 투병을 통해서 수많은 암 환자의 고통과 연대하게 된 것에 감사합니다.
여덟째, 자식을 먼저 떠나보낸 수많은 부모의 고통과 연대하게 되어 감사합니다.
아홉째, 아들의 치유를 위해 기도한 수많은 중보자와 한 지체가 되어 감사합니다.
열째, 아들이 간 천국을 더 가까이 소망하게 되어 감사, 감사합니다.

우리는 어떤 상황에서도 감사할 수 있습니다.

공동체

_ 뉴노멀 시대에 빌레몬 가정처럼

내가 항상 내 하나님께 감사하고 기도할 때에 너를 말함은
주 예수와 및 모든 성도에 대한 네 사랑과 믿음이 있음을 들음이니
이로써 네 믿음의 교제가 우리 가운데 있는 선을 알게 하고
그리스도께 이르도록 역사하느니라
형제여 성도들의 마음이 너로 말미암아 평안함을 얻었으니
내가 너의 사랑으로 많은 기쁨과 위로를 받았노라(몬 1:4-7).

제가 섬기는 지구촌교회의 가장 중요한 사역은 목장 사역입니다. 지구촌교회에 속한 성도라면 누구나 다 목장교회에 속해야 합니다. 목장은 6-12명으로 이루어진 소그룹입니다. 이 모임을 통하여 서로 교제하고 돌보며 말씀을 나눕니다. 여름에는 국내외 선교를 위해 두 달간 방학을 하고, 방학이 끝나면 새로운 학기를 맞이해서 모든 목장교회가 다시 기지개를 켜고 모임을 시작합니다.

비록 비대면으로 인터넷 공간에서 만나지만, 성도들은 이 모임을 사모합니다. 또한 이 모임을 통하여 교회가 어떤 곳인지 알게 되고, 성숙한 신앙인으로 자라납니다. 지구촌교회를 성숙으로 이끄는 목장에 대해 간략하게 설명하면 다음과 같습니다.

목장교회, 혹은 셀그룹(Cell group)의 원형은 예수님이 12제자들을 택하셔서 3년간 교제하시고 훈련하신 모습에서 찾을 수 있습니다. 그리고 이것은 예수님이 십자가에서 부활하시고 제자들이 성령을 받은 후에 생겨난 초대 교회의 모습에서 구체화됩니다. 초대 교회는 가정을 개방하고 집에서 모임을 가졌습니다.

로마가 기독교를 받아들이기 전, 즉 주후 3-4세기 전까지 대부분의 초대 기독교 공동체는 예배당이라는 큰 건물에서 모임을 가질 수가 없었습니다. 그러니까 목장 모임은 예수님이 가지신 12제자 모임과 초대 교회의 가정 교회 모형을 따르는 성경적인 소그룹 모임입니다.

그렇다면 목장 모임이 성경적 소그룹이라는 것을 어떻게 증명할 수 있을까요? 성경 가운데 가장 짧은 분량이지만, 보석과 같은 빌레몬서를 통해 목장 공동체의 정체성을 살펴보고자 합니다. 시간적으로 2000년 전에 골로새 지역에 있던 어느 작은 가정 교회의 이야기이지만, 타임머신을 타고 성령의 조명을 받아 우리의 이야기가 되길 기도합니다.

1. 빌레몬에게 배우는 목장교회의 정체성

바울은 로마 감옥에 수감되어 있었습니다. 빌레몬서는 바울이 옥중에서 자신이 사랑하는 동역자 빌레몬과 그가 이끄는 작은 공동체에게 썼던 편지입니다. 바울은 빌레몬의 교회에게 먼저 이렇게 문안했습니다.

"그리스도 예수를 위하여 갇힌 자 된 바울과 및 형제 디모데는 우리의 사랑을 받는 자요 동역자인 빌레몬과 자매 압비아와 우리와 함께 병사된 아킵보와 네 집에 있는 교회에 편지하노니"(몬 1:1-2).

말씀은 '빌레몬의 집에서 모이는 교회'라고 서술합니다. 즉, 빌레몬의 교회는 가정을 개방하고 가정에서 모이는 가정 교회였습니다. 여기에 쓰인 '교회'란 단어는 헬라어로 '에클레시아'입니다. 에클레시아는 우리가 흔히 생각하는 교회 건물을 뜻하지 않습니다. '사람이 모였다'라는 의미입니다. 즉 목장 모임처럼 가정들이 빌레몬의 집에 모인 것입니다. 바울은 그것을 '집에서 모이는 교회'라고 불렀습니다.

이 빌레몬의 교회에 도대체 무슨 일이 있었기에 하나님은 2000년이 지난 오늘 우리에게 이 가정 교회 이야기를 성경에 담아 전해 주시는 것일까요? 또한 우리가 빌레몬 가정처럼 살아가야 하는 이유는 무엇일까요? 특별히 대면 소그룹 모임에 크게 제한을 받는 코로나 팬데믹 상황에서 우리는 어떤 본질을 회복해야 할까요?

말씀의 은혜를 나누라

편지에 등장하는 압비아는 빌레몬의 아내로, 아킵보는 그의 아들로 알려져 있습니다. 초대 교회 전승에 의하면, 빌레몬은 골로새 출신으로 바울이 에베소의 두란노에서 사역할 때 회심한 이방인입니다. 빌레몬은 노예를 둔 부유한 신분이었고, 집도 넓었을 것으로 추정됩니다.

빌레몬은 이방인이었지만, 바울이 전한 예수님을 믿었습니다. 그런데 그는 교인이 되는 것에 그치지 않고 바울의 제자가 되었습니다. 바울의 제자가 되었다는 것은 바울이 전하는 복음을 열심히 배웠다는 이야기이고, 본격적으로 복음을 전하는 동역자가 되었다는 것입니다. 그런 빌레몬에게 바울은 이렇게 인사했습니다.

"하나님 우리 아버지와 주 예수 그리스도로부터 은혜와 평강이 너희에게 있을지어다"(몬 1:3).

빌레몬에게 건넨 바울의 인사는 바울의 서신에 자주 등장하는 인사말입니다. 바울은 이 짧은 인사말로 하나님을 몰랐던 이방인인 빌레몬에게 예수님을 통해 깨달은 은혜와 평강이 그가 섬기는 가정 교회에 넘쳐나기를 원하는 마음을 전했습니다. 이러한 바울과 빌레몬은 서로 중보 기도하는 사이였습니다.

"내가 항상 내 하나님께 감사하고 기도할 때에 너를 말함은"(몬 1:4).

즉, 바울이 하나님께 기도할 때에 빌레몬에 대해 이렇게 말한다는 것입니다. 또한 빌레몬은 그가 받은 말씀의 은혜를 좀 더 효과적으로 나누고자 가정 교회를 세웠습니다. 목자가 되었다는 의미입니다.

"주 예수와 및 모든 성도에 대한 네 사랑과 믿음이 있음을 들음이니"(몬 1:5).

바울은 가정 교회에 대한 빌레몬의 사랑과 믿음을 들었습니다. 빌레몬의 교회 성도들, 즉 신실한 사역자들은 다름 아닌 빌레몬의 아내인 압비아와 예수님의 군사처럼 충성스럽게 일하는 그의 아들 아킵보였습니다.
그렇게 자기 가정의 모든 것을 개방하고 자기 삶을 드리며 헌신한 빌레몬의 목장교회에는 말씀의 은혜를 나누는 기쁨이 충만했습니다. 바울이 기도할 때마다 빌레몬의 모든 성도에 대한 사랑과 빌레몬의 믿음에 대하여 하나님 앞에 감사하며 기도했을 정도로 말입니다.

"이로써 네 믿음의 교제가 우리 가운데 있는 선을 알게 하고 그리스도께 이르도록 역사하느니라"(몬 1:6).

이 말씀을 원어적 표현으로 보면 '모든 좋은 선을 알게 한다'입니다.

"I pray that you may be active in sharing your faith, so that you will have a full understanding of every good thing we have in Christ."

'믿음의 교제'는 곧 말씀의 은혜를 나누는 교제를 말합니다. 이 '믿음의 교제'는 '모든 좋은 선을 알게' 합니다. 어떤 모임도 말씀의 바탕 없이는 일정 시간이 지나면 허공을 치는 메아리에 불과해집니다. 인간의 언어는 영혼을 구원할 수 없기 때문입니다. 인간의 위로 역시 결국 한계를 가질 수밖에 없습니다.

그러나 하나님 말씀을 듣고 은혜받은 것을 나누는 믿음의 교제는 결국 예수님 안에 있는 좋은 것을 온전히 깨닫게 합니다. 주일 예배를 드리며 그 예배에서 선포되는 말씀을 나누는 일을 습관화하기를 바랍니다. 받은 은혜를 잊지 말고, 말씀의 은혜를 목장 모임에서 나누어야 합니다. 그래야 그것이 사람의 정으로 맺은 인연이 아니라, 그리스도 안에서 맺어진 믿음의 교제가 될 수 있습니다.

코로나 팬데믹 상황에서 두려움에 빠진 사람들에게는 삶의 중심이 필요합니다. 모두 무엇을 붙들어야 할지 고민하고 있습니다. 하나님의 말씀을 붙들고 삶의 중심으로 삼아야 합니다. 시대가 힘들수록 목장교회와 같은 소그룹 모임을 통해 말씀으로 은혜를 나누어야 합니다. 이 우선순위는 바뀌지 말아야 합니다.

삶의 은혜를 나누라

말씀으로 받은 은혜를 나누다 보면 다음 단계로 나아가게 됩니다. 즉 삶이 묻어 나오는 공동체가 됩니다. 초대 교회 공동체는 가정에서 모이는 가족 같은 교회였습니다. 그곳에서는 군중 속에서 느끼는 외로움이 있을 수 없었습니다. 그 가정 교회에는 자신의 삶을 숨길 만한 곳이 없었기 때문입니다.

상처가 많은 사람은 외롭습니다. 또한 외로운 사람은 상처가 많습니다. 이 두 가지가 반복적으로 나타나기 때문에 다른 사람들에게 마음을 열기가 어려운 것입니다. 그러나 작은 소그룹 공동체에서는 마음을 여는 일이 가능합니다. 혹시 "전원일기"라는 드라마를 기억하십니까? 그 드라마를 보면서 마을 사람들의 서로를 향한 관심과 친밀하게 교제하는 모습을 통해 많은 감동을 받았던 기억이 납니다.

말씀을 나누다 보면 그 말씀의 능력에 압도되어 나의 삶을 고백하게 됩니다. 그런 의미에서 지구촌교회가 추구하는 목장 공동체는 고백 공동체입니다. "아, 성도님 안녕하세요?"라는 인사로부터 모임을 시작해 "아! 성도님, 그렇게 아프셨군요"라고까지 삶이 나누어져야 합니다.

빌레몬의 가족은 이방인들이지만, 바울이 전한 복음으로 예수님을 믿고 삶이 바뀌는 경험을 한 사람들이었습니다. 삶의 목적과 가치관이 바뀌다 보니, 자신들의 주인이신 하나님이 부어 주시는 삶의 은혜들을 자연스럽게 나누게 되었습니다. 6절 말씀을 다시 보겠습니다.

"이로써 네 믿음의 교제가 우리 가운데 있는 선을 알게 하고 그리스도께 이르도록 역사하느니라"(몬 1:6).

말씀 초반에 등장하는 '믿음의 교제'에서 '교제'에 해당하는 헬라어 원어는 '코이노니아'입니다. 이 말은 교제 이상의 '나눔'이라는 뜻을 갖고 있습니다. 즉, 그들은 배운 말씀을 나누고, 삶을 나누고, 음식도 함께 나누는 친밀한 교제를 가졌다는 것입니다.

성도들은 빌레몬 목자의 섬김을 통해 믿음의 교제를 나누고 삶에 평안함을 발견하게 되었습니다. 말씀에 바탕을 둔 삶의 이야기들을 나누고, 그 아픔을 놓고 서로가 기도하고 격려해 주니 삶에 소망이 생겨났습니다. 그리고 그것이 멀리 감옥에 있는 바울에게도 기쁨과 위로를 얻게 했음을 보게 됩니다.

> "형제여 성도들의 마음이 너로 말미암아 평안함을 얻었으니 내가 너의 사랑으로 많은 기쁨과 위로를 받았노라"(몬 1:7).

이 말씀에서 사도 바울이 느낀 '많은 기쁨과 위로'는 제자훈련을 했던 사람이 누릴 수 있는 기쁨입니다. 목장교회는 이처럼 자신의 삶에 말씀으로 임하신 하나님의 은혜를 나누어야 합니다. 예수님은 우리 죄의 고통을 짊어지고자 이 땅에 오셔서 그 고통을 대신 지셨습니다.

우리는 그 예수님을 중심으로 모이는 '예수 마을 공동체'입니다. 내가 용기를 내어 예수님이 삶에 부어 주신 은혜를 나눌 때 다른 누군가가 그와 같은 기쁨과 위로를 얻게 됩니다. 코로나 팬데믹으로 힘들지만, 그 아픔과 고통을 말씀 안에서 나눌 때 삶의 깊은 곳까지 치유하시는 하나님의 역사가 있기를 소망합니다.

복음 증거의 은혜를 나누라

목장교회는 '말씀의 은혜'와 '삶의 은혜'를 나누는 데 그쳐서는 안 됩니다. 이 두 가지를 가지고 우리가 최종적으로 해야 하는 일이 있습니다. 바로 그리스도를 증거하며 영혼을 변화시키는 것입니다.

우리의 최종적인 목적은 예수님이 말씀하신 '땅끝까지 이르러 복음을 증거하는 것'입니다. 목장교회 최고의 목적 역시 복음 증거와 선교입니다. 예수님이 말씀하시는 진정한 사랑은 내가 깨달은 말씀과 삶에서 얻은 은혜를 사람들에게 나누는 것입니다.

우리가 한 영혼을 돌보고 잘해 주어도 결국 그 영혼이 지옥에 가도록 방치한다면 그 영혼을 최선을 다해 사랑한 것이 아닐 수 있습니다. 교회가 세상 공동체와 다른 점이 바로 여기에 있습니다.

물론 우리는 씨를 뿌리고, 그것을 열매 맺게 하시는 분은 하나님이십니다. 그러나 하나님은 그 영혼에 대한 우리의 열정과 사랑에 주목하십니다. 우리를 세상 밖에서 에클레시아 공동체로 불러 주신 이유가 여기에 있습니다.

이제 바울은 빌레몬에서 편지를 보낸 이유를 8절에서부터 본격적으로 설명합니다.

"이러므로 내가 그리스도 안에서 아주 담대하게 네게 마땅한 일로 명할 수도 있으나 도리어 사랑으로써 간구하노라 나이가 많은 나 바울은 지금 또 예수 그리스도를 위하여 갇힌 자 되어 갇힌 중에서 낳은 아들 오네시모를 위하여 네게 간구하노라"(몬 1:8-10).

바울에게 빌레몬은 제자이자 영적으로 낳은 아들입니다. 그래서 지금 바울은 굉장히 비장한 이야기를 빌레몬에게 하고 있는 것입니다. 그 내용을 살펴보겠습니다.

바울이 로마의 감옥에 가택 연금되어 있을 때 노예인 오네시모를 만났습니다. 그러나 오네시모는 예수님을 믿게 되었습니다. 단순히 그리스도인이 된 것이 아니라, 그는 사도 바울의 아들과 같이 되었습니다.

전통적인 해석은 이렇습니다. 오네시모는 빌레몬의 집에서 도망친 노예인데, 우연히 사도 바울이 거하는 감옥에서 만났거나 오네시모가 바울과 주인인 빌레몬의 관계를 알고 찾아갔을 수도 있다는 해석입니다.

그렇다면 빌레몬 공동체가 해결해야 하는 문제가 한 가지 있습니다. 그것은 바로 사도 바울이 이야기하듯이, 오네시모가 그리스도인이 되었으니 도망친 빌레몬의 노예인 오네시모를 용서하고 형제로 받아들여야 한다는 것입니다.

예수님을 믿으면 죄인에서 의인으로 신분이 바뀝니다. 그러나 계속해서 삶의 가치관과 주님을 주인으로 인정하는 것이 동시에 산재합니다. 이것이 성화의 과정인데, 지금 빌레몬에게 이 문제가 닥친 것입니다.

당시에 노예를 용서하고 형제로 받아들이는 것은 굉장히 어려운 일이었습니다. 주후 1세기 지중해 연안에 있는 나라들은 노예 제도를 근간으로 경제가 돌아가고, 권력이 형성되며, 사회 계층이 만들어졌습니다. 이런 사회문화적 상황에서 바울은 빌레몬에게 오네시모를 받아들이라고 이야기하고 있습니다.

오네시모에 대한 또 하나의 해석은 전통적인 해석과 달리 도망친 노예가 아니라는 해석입니다. 빌레몬이 바울을 위해 감옥에서 수종 드는 역할을 하라고 자기 노예인 오네시모를 보냈는데 돌아오지 않았다는 해석입니다.

이 두 가지 해석을 통해 분명하게 알 수 있는 사실은, 오네시모는 노예였고, 빌레몬의 집에 왔을 때는 예수님을 믿지 않았다는 것입니다. 그리고 오네시모는 로마 감옥에 수감되어 있었던 바울에 의해서 예수님을 영접했습니다. 그것도 단순히 예수님만 영접한 것이 아니었습니다. 바울은 노예인 오네시모를 자신의 '심복', 즉 자신의 심장과 같은 존재라고 칭찬했습니다.

"그가 전에는 네게 무익하였으나 이제는 나와 네게 유익하므로 네게 그를 돌려보내노니 그는 내 심복이라"(몬 1:11-12).

그리고 바울은 전술한 바와 같이, 오네시모를 노예의 신분에서 해방시켜 주고 그의 빚을 탕감해 줄 것을 빌레몬에게 간곡하게 부탁했습니다. 여기에 엄청난 복음의 역사가 묻어 있는 한 구절이 등장합니다.

"이후로는 종과 같이 대하지 아니하고 종 이상으로 곧 사랑 받는 형제로 둘 자라 내게 특별히 그러하거든 하물며 육신과 주 안에서 상관된 네게랴"(몬 1:16).

이것은 사실 엄청난 혁명과도 같은 이야기입니다. 당시 상황에서는 있을 수 없는 일입니다. 바울은 빌레몬에게 점점 더 파격적인 제안을 했습니다. 종이 아니라 사랑받는 형제로 대하라고 권면했습니다. 바울은 더 나아가 빌레몬 목자에게 이제 오네시모를 볼 때마다 바울을 대하듯 하라고 했습니다. 바울이 빌레몬 목자에게 영적 선생님이었음을 기억할 때 이것은 정말 파격적인 권면입니다.

"그러므로 네가 나를 동역자로 알진대 그를 영접하기를 내게 하듯 하고"(몬 1:17).

바울은 여기에서 그치지 않습니다. 바울은 빌레몬을 설득하기 위해 영적 결정타를 한 방 날렸습니다.

"그가 만일 네게 불의를 하였거나 네게 빚진 것이 있으면 그것을 내 앞으로 계산하라"(몬 1:18).

바울이 이렇게까지 이야기한 것을 보면, 오네시모가 빌레몬의 돈을 상당 액수 훔친 것으로 보입니다. 그런데 바울은 그 돈을 자신이 갚겠다고 선언했습니다.

오네시모를 향한 바울의 결단을 보면서 그리스도인이 어디까지 가야 하는지, 예수님이 우리를 어디까지 가게 하시는지, 5리를 가자고 하면 10리를 가야 하는 이유가 무엇인지, 더 나아가 예수 그리스도의 십자가 보혈의 의미가 무엇인지에 관해 생각해 보게 됩니다.

성경은 바울을 통해 신앙의 원리 한 가지를 이야기합니다. 바울이 날린 영적 결정타는 '십자가 은혜의 원리'입니다. 예수님이 우리의 죗값을 대신 갚아 주신 것처럼, 우리도 다른 사람의 죄를 용서하는 원리, 용서를 받았듯이 용서하라는 가르침입니다(마 6:12). 이 원리는 예수님의 주기도문에도 나와 있습니다. 곧 성경 전체에 흐르는 원리입니다.

바울은 계속해서 빌레몬에게 비장한 각오로 이야기했습니다.

> "나 바울이 친필로 쓰노니 내가 갚으려니와 네가 이 외에 네 자신이 내게 빚진 것은 내가 말하지 아니하노라"(몬 1:19).

빌레몬도 바울에게 빚을 졌습니다. 물질의 빚이 아니라, 예수님을 소개받은 사랑의 빚이었습니다. 이 구절이 뜻하는바 바울의 말은 이런 역설이 아닐까요? "내가 오네시모의 빚을 갚을 테니 너도 나에게 진 빚을 갚아라. 그것은 바로 오네시모를 용서하는 것이다." 이것은 예수님이 우리에게 하시는 이야기입니다.

예수님을 믿는다는 것은 무엇일까요? 우리는 많은 것을 배우고 훈련하고 예배를 드리지만, 정작 예수님을 믿는다는 것이 어떤 의미인지는 생각해 보지 않습니다. 예수님을 믿는다는 것은 지식적인 차원이 아닙니다. 십자가의 예수님을 바라보며 우리의 인격과 삶이 혁명적으로 변화되는 사건입니다. "내가 너를 용서하듯이 너도 다른 사람을 용서하라"는 예수님의 말씀이야말로 십자가의 본질입니다.

그래서 바울이 빌레몬에게 한 권면은 복음입니다. 바울이 빌레몬에게 요청한 모든 것은 당시 로마 사회에서는 불가능한 일이었습니다. 주인을 등지고 법을 어기고 물건을 훔쳐 도망간 노예를 용서하고, 가족처럼 여기며, 자신의 스승처럼 여기라는 바울의 이야기는 당시 사회를 뒤엎고도 남는 혁명과도 같은 이야기였습니다.

오직 그리스도의 사랑의 법 안에서만 가능한 일이었습니다. 그래서 교회에는 세상이 다스릴 수 없는 사랑의 법, 그리스도의 법이 존재하고, 교회는 이 영향력을 가지고 세상에 나아가는 것입니다.

그런데 이 편지를 읽어 보면 바울은 이미 빌레몬 공동체가 이 일을 할 것을 확신하고 있었음을 알 수 있습니다.

"오 형제여 나로 주 안에서 너로 말미암아 기쁨을 얻게 하고 내 마음이 그리스도 안에서 평안하게 하라 나는 네가 순종할 것을 확신하므로 네게 썼노니 네가 내가 말한 것보다 더 행할 줄을 아노라"(몬 1:20-21).

빌레몬 가정에서 모이는 이 예수 마을 공동체 이야기는 신약 시대 교회의 중요한 모범이 됩니다. 돈을 훔치고 도망친 노예를 형제로, 스승처럼 모시리는 편지 안에 하나님의 말씀이 있기 때문입니다.

이방인에서 그리스도인이 되고, 말씀의 은혜를 받아서 녹사가 되이 가르치며 삶의 은혜를 가정에서 나누는 빌레몬, 그리고 도망친 노예인 오네시모를 용서하고 받아들여서 한 형제요 그리스도 안에서 동역자로 맞이하는 삶! 이런 사람을 세상이 어떻게 이길 수 있겠습니까! 그래서 그리스도인을 세상이 감당하지 못할 사람이라고 합니다(히 11:38).

바울은 자신을 "그리스도 예수를 위하여 갇힌 자 된 바울"(몬 1:1)이라고 소개했습니다. 세상이 쇠사슬을 채웠지만, 바울은 그렇게 이야기하지 않았습니다. "예수님을 위하여 옥에 갇혔다"라고 말했습니다. 오네시모는 세상의 신분으로 노예가 된 자이고, 바울은 예수님을 위하여 옥에 갇힌 죄수였습니다.

그런데 예수님을 위해 스스로 로마 감옥에 갇힌 자가 골로새 지방의 유지인 빌레몬으로 하여금 예수님을 믿게 하고, 더불어 그의 노예인 오네시모를 종에서 자유하게 했습니다. 이것은 예수 안에서 갇힌 자만이 가질 수 있는 특권입니다.

우리도 이런 특권과 능력을 누리기 원하지 않습니까? 예수님의 보혈로 거듭났다면, 이 특권을 사용하십시오. 예배 가운데 선포된 말씀의 은혜를 나누고, 삶에서 받은바 은혜를 나누며, 그것을 통하여 죄의 덫에 걸려 죽어 가는 한 영혼을 구원한다면, 세상에서 가장 가치 있는 일을 하는 것입니다. 예수님을 믿는 이유, 사랑하는 이유, 교회를 섬기는 이유가 이 한 편의 말씀에 담겨 있음을 분명히 깨달아야 합니다.

정통한 초대 교회 전승에 의하면, 주인인 빌레몬은 골로새교회의 감독으로 있다가 네로 황제의 박해 때 순교를 택했다고 합니다. 그리고 그의 노예였지만 해방되어 동역자가 된 오네시모는 나중에 에베소 전체 교회를 다스리는 감독이 되었다고 합니다. 주인은 골로새교회 감독으로, 종은 에베소교회 감독으로 쓰임 받은 것입니다.

이처럼 목장교회는 비전 공동체가 되어야 합니다. 그것이 바로 예수님이 꿈꾸시던 하나님 나라의 비전입니다. 죽어 가는 영혼을 불쌍히 여기고 사랑하여 그리스도의 복음을 전하는 공동체가 되는 것입니다. 교회 안에 있는 어떤 모임도 복음을 전하는 것에 초점을 맞추지 않으면, 그것은 암세포와 같습니다.

빌레몬은 비록 이방인이었지만 가정을 개방하고 자신이 받은 말씀의 은혜를 나누었습니다. 빌레몬의 공동체처럼 삶에 임하신 하나님이 베푸시는 은혜를 나누고 그것을 통해 영혼을 구원하는 행동을 하는 그리스도인의 모임이 된다면 거기에는 놀라운 하나님의 능력과 평화가 임할 것입니다.

마음의 평안, 은혜의 능력은 우리의 믿음에 달려 있습니다. 하나님은 준비하고 계십니다. 그것을 누리는 것은 나의 믿음입니다. 다음 말씀처럼 그리스도의 은혜가 여러분의 심령과 함께 있기를 원합니다.

"그리스도 예수 안에서 나와 함께 갇힌 자 에바브라와 또한 나의 동역자 마가, 아리스다고, 데마, 누가가 문안하느니라 우리 주 예수 그리스도의 은혜가 너희 심령과 함께 있을지어다"(몬 1:23-25).

2. 코로나 시대, 목장교회의 3가지 실천 지침

가상공간을 목장교회로 만들자

지구촌교회는 코로나19로 인해 많은 변화를 겪었습니다. 작년 5월에는 마을장님들을 대상으로, 6월에는 지구 목사님들을 대상으로 설문조사를 했습니다. 그리고 목장 가을 학기가 시작하기 전에는 웹상에서 모임을 가질 수 있는 애플리케이션인 줌(ZOOM)으로 목장 모임을 비대면으로 하는 것을 훈련했습니다.

어려움이 많을 것입니다. 특히 나이 드신 분들은 생소할지 모릅니다. 그러나 많이 훈련된다면 예루살렘 초대 교회와 사도 바울 시대의 셀그룹을 능가하는 목장교회가 될 수 있습니다. 시간과 공간을 초월할 수 있는 모임이 시작될 수 있을 것입니다.

하나님은 지금, 다가올 마지막 때를 우리에게 준비시키고 계십니다. 우리는 가상공간을 미전도 종족으로 생각하고 가상공간을 목장교회로 만들어 가야 합니다. 코로나19가 끝나도 가상공간에서 하는 목장 사역이 여러 방면에서 큰 힘을 발휘할 것입니다.

국제어린이양육기구인 컴패션으로부터 코로나19와 복음 전도에 대한 강의를 부탁받고 가상공간을 활용해 강의한 적이 있습니다. 2,000명 이상의 사람들이 전 세계에서 강의를 들었습니다. 다 같이 한자리에 모일 수 없었지만, 가상공간에서는 가능한 일이었습니다. 얼마 전에는 침례교단 선교사님들을 위한 강의도 줌으로 했습니다. 50명 이상의 선교사님들이 각국에서 동시에 강의를 들었고, 질의응답 시간도 가졌습니다.

사도 바울 시대는 인편에 부치는 편지로 소통을 했습니다. 얼마나 불편하고 비효율적이며 안전하지 않은 방법입니까? 그러나 하나님은 엄청난 성령의 역사를 만들어 내셨습니다. 이 시대는 이와 같은 성령의 역사를 기대하며 가상공간을 어둠의 세력으로부터 탈환해서 순기능의 공간으로 만들어야 합니다. 줌을 통한 목장 모임으로 서로 만나지만 여러 가지 소셜네트워크서비스(SNS) 채널을 통해 메시지를 주고받으며 늘 격려하고 소망이 되는 이야기도 해야 합니다. 하나님이 이 시대에 허락하신 가상공간을 탈환해서 목장교회로 만드는 공동체가 되길 소망합니다.

소외된 사람들을 목장교회로 인도하라

우리 주변에 있는 오네시모와 같은 사람을 찾아야 합니다. 다문화 가정, 이주 노동자, 새터민 가정, 한 부모 가정, 장애인 가정, 소외되고 경제적으로 힘든 분들에게 다가가는 목장교회가 되어야 합니다.

하나님은 우리만 말씀의 은혜를 나누고 충만할 것이 아니라, 목장 공동체를 통해 많은 사람과 소통하고 교제하길 원하십니다. 누구보다도 고통스럽게 코로나 시대를 경험하고 있는 사회적 약자들과 취약 계층을 돕는 사역을 해야 합니다.

사랑과 용서가 넘치는 목장교회를 만들자

며칠 전에 작은 노래방을 운영하는 60대 여성 두 분이 극단적인 선택을 했습니다. 유서에는 코로나 상황으로 월세를 감당하지 못하고 생활고로 인하여 결국 죽음을 택했다는 내용이 적혀 있었습니다.

지금 이런 일들이 곳곳에서 벌어지고 있습니다. 소상공인과 자영업자들의 경제고가 극에 달했습니다. 사람들은 서로가 분노하고 예민합니다. 이러한 때 그리스도인들은 어떻게 생각하고 행동해야 할까요?

오네시모를 향한 바울의 마음에서 해답의 단초를 찾을 수 있습니다. 바울은 빌레몬에게 그의 종인 오네시모를 용서하고 사랑하며, 혹 오네시모가 빌레몬에게 진 빚이 있다면 그것을 자신이 다 갚겠다고 했습니다. 이와 같은 결단은 그리스도인이 해야 하는 일입니다.

우리 모두는 무엇을 판단하고 정죄하기 이전에 내가 예수 그리스도의 십자가 복음을 만나기 전에 죄의 노예로 살아갔던 사람임을 기억해야 합니다. 바울은 자신을 감옥에 갇힌 자라고 이야기하지만, 그는 상대적으로 자유하고 부유했던 빌레몬에게 말씀을 가르치고, 제자로 삼고, 그의 종인 오네시모도 예수님을 믿게 했습니다. 아울러 그 둘의 관계가 서로 용서하고 사랑하는 진정한 예수님의 공동체가 되도록 만들었습니다.

하나님이 우리를 에클레시아 곧 교회로 불러 주신 이유가 여기에 있습니다. 그리고 이제 코로나 한복판에서 예배당 밖으로 쫓아내셨습니다. 예배당 밖에서 이 역할을 감당해 내라고 하십니다. 목장교회는 확장된 공동체로 이 세상에서 그 일을 감당해 내야 합니다.

지금 세상이 교회에 원하는 것은 원수를 사랑하는 것, 서로 사랑하고 용서하는 것입니다. 예수님의 법칙을 실천할 것을 원하고 있습니다. 신앙생활은 그리 복잡하지 않습니다. 빌레몬처럼, 오네시모처럼 사는 것입니다. 그것이 목장교회 곳곳에서 일어나야 합니다.

우리는 오네시모의 이야기를 통해 우리가 예수님을 몰랐을 때 죄의 노예였음을 기억해야 합니다. 예수님은 모두에게 원수진 관계가 있다면 그것을 풀라고 다음과 같이 명령하십니다.

"이후로는 종과 같이 대하지 아니하고 종 이상으로 곧 사랑받는 형제로 둘 자라 내게 특별히 그러하거든 하물며 육신과 주 안에서 상관된 네게랴"(몬 1:16).

예수님이 나를 종과 같이 대하지 아니하시고 사랑받는 형제로 대하셨기 때문에 우리도 그렇게 다른 사람을 대하라고 말씀하십니다. 이런 일들을 가장 효과적으로 할 수 있는 곳이 바로 소그룹 공동체인 목장입니다. 대그룹 공동체를 이루기 힘든 뉴노멀 시대, 목장교회가 해답입니다.

NEW NORMAL
뉴노멀시대의
그리스도인

전도

_ 뉴노멀 시대, 복음 전도와 선교의 4가지 핵심

그 때에 선지자들이 예루살렘에서 안디옥에 이르니
그 중에 아가보라 하는 한 사람이 일어나 성령으로 말하되
천하에 큰 흉년이 들리라 하더니 글라우디오 때에 그렇게 되니라
제자들이 각각 그 힘대로 유대에 사는 형제들에게
부조를 보내기로 작정하고 이를 실행하여
바나바와 사울의 손으로 장로들에게 보내니라(행 11:27-30).

코로나19 전염병은 전 세계에 심각한 타격을 주고 있습니다. 많은 나라가 사회, 경제, 문화, 교육 등 전반에 걸쳐 변화를 맞이하게 되었습니다. 교통과 통신의 발달로 국가 간의 교류가 활발했던 세계가 전염병으로 인해 교류가 통제되고 차단되는, 그야말로 시대에 역행하는 상황을 경험하고 있습니다.

이런 상황에서 예수님이 주신 지상 내 사명은 세계 모든 교회와 그리스도인들에게 엄청난 도전과 과제가 아닐 수 없습니다. 우리는 뉴노멀 시대에 어떻게 복음을 증거하며 선교할 수 있을까요? 우리에게 최악처럼 보이는 이 상황을 복음을 전하는 기회로 만들 수 있을까요? 하나님은 우리가 어떻게 선교를 감당하길 원하시는지 깊이 생각해 보아야 합니다.

사도행전은 28장으로 이루어져 있습니다. 그리고 크게 1-12장과 13-28장으로 나눌 수 있습니다. 1-12장에서는 베드로를 중심으로 예루살렘교회 사역이, 13장부터 마지막 장까지는 사도 바울을 중심으로 이방인 선교가 이루어집니다. 그런데 이 중심의 축을 바꾸는 두 가지 큰 사건이 있습니다. 첫 번째는 핍박이고, 두 번째는 자연재해입니다. 우리가 지금 당면하고 있는 상황과 매우 흡사합니다. 이것은 우연일까요?

사도행전 8장에서는 스데반의 죽음을 기점으로 예루살렘교회에 큰 핍박이 일어났습니다. 이 핍박으로 인해 그리스도인들이 사방으로 흩어지게 되었습니다. 비로소 예루살렘 지역에만 국한되었던 복음이 수많은 지역으로 전파된 것입니다. 곧 베니게와 구브로, 안디옥까지 이르러 복음이 증거되었습니다(행 11:19). 특별히 안디옥 지역에서 복음의 놀라운 역사가 일어났습니다. 곧 유대인과 이방인들이 예수님을 영접하고 교회가 세워졌습니다.

사도행전 9장에서는 예수교를 핍박하던 사울이란 청년이 오히려 예수님을 영접했습니다. 그리고 10장에서는 베드로가 기도 가운데 '하늘에서 내려오는 보자기' 환상을 보게 되었습니다. 이 보자기에는 거룩하지 않은 동물들이 담겨 있었습니다. 이 환상을 통해 베드로는 고넬료라는 백부장에게 예수님을 증거하게 되었습니다.

이와 같은 믿지 못할 일들이 일어났습니다. 핍박을 통해 믿는 자들이 흩어지자 안디옥에서는 이방인들이 예수님을 믿게 되었고, 사도 베드로가 이방인 로마 군대 장관에게 복음을 증거하게 되었습니다. 그야말로 '영적 뉴노멀'(Spiritual New Normal), 영적인 새로운 기준이 세워지는 역사가 일어난 것입니다.

이 새로운 시작으로 인해 예루살렘교회에서 중대 회의가 열렸습니다. 당시 제자들은 마음속으로 이방인을 터부시했는데, 그런 이방인들이 예수님을 믿게 되었으니 회의를 열 수밖에 없었겠지요. 그래서 예루살렘교회는 사실 파악을 위하여 그들 중에 가장 영적 분별력이 뛰어난 바나바를 안디옥에 파견했습니다. 그리고 바나바는 직접 보고 경험을 통해 놀라운 하나님의 역사를 깨닫게 되었습니다. 비유대인들, 즉 헬라인들이 예수님을 믿게 된 것을 확인한 것입니다.

이후 바나바의 여정은 사울을 찾아가는 것으로 이어집니다. 바나바가 목격한 사울은 예수님을 믿는 사람들을 죽이거나 핍박했던 사울이 아니었습니다. 이제 그는 완전히 변하여 복음을 증거하고 있었습니다.

사도행전 9장에는 예루살렘에 있는 모든 제자가 사울이 변화된 것에 의심을 품고 사울 만나기를 꺼리는 장면이 등장합니다. 이때 사울을 예루살렘으로 데려가 제자들에게 소개해 준 사람이 바로 바나바입니다. 바나바가 우리에게 '세우는 사람'이라고 알려진 이유가 여기에 있습니다.

이런 관계로 바나바는 안디옥에 모인 그리스도인들을 교육하고 영적으로 인도하기 위해 사울을 데리고 가서 1년간 거기서 함께 제자훈련을 하고 교회를 세웠습니다. 그리고 그렇게 세워진 안디옥교회에서 사람들은 예수님을 믿는 사람들을 '그리스도인'이라고 부르기 시작했습니다. 예루살렘, 유대인 중심이 아닌 이방인 지역의 안디옥에서 '그리스도인'이라 불리게 된 것입니다.

"바나바가 사울을 찾으러 다소에 가서 만나매 안디옥에 데리고 와서 둘이 교회에 일 년간 모여 있어 큰 무리를 가르쳤고 제자들이 안디옥에서 비로소 그리스도인이라 일컬음을 받게 되었더라"(행 11:25-26).

지금까지 살펴본 내용을 배경으로 하여 사도행전 11장 27-30절을 통해 코로나 뉴노멀 시대에 교회가 감당해야 하는 복음 전도와 선교에 관한 4가지 핵심을 살펴보고자 합니다.

1. 성령님의 인도하심을 철저하게 받아야 한다

2020년 마이크로소프트 회사의 창시자이며 세계적인 부호인 빌 게이츠(Bill Gates)는 코로나19에 대한 전망을 내놓았습니다. 코로나19 백신 보급 및 종식이 2021년 말까지 지속될 것이라는 내용이었습니다. 그러나 다른 의견도 존재합니다. 많은 전문가는 2021년에 코로나19가 종식된다고 해도, 또 다른 전염병이 더 짧은 주기로 생겨날 것이라고 전망합니다. 그래서 인류는 이제 주기적으로 발생할 전염병에 대비해야 한다고 이야기합니다. 상당히 설득력 있는 이야기지요.

'뉴노멀'이나 '언택트' 등 코로나19 이후 널리 쓰게 된 단어들 역시 누군가 영향력 있는 사람들이 먼저 사용하기 시작했습니다. 사람들은 누구나 시대적으로 영향력 있는 사람들의 말에 귀를 기울입니다. 특별히 시대가 어려울수록 사람들은 예언자적인 이야기에 귀를 기울입니다.

세상의 이치도 이러한데 영적인 부분은 말할 것도 없습니다. 그렇다면 그리스도인은 누구의 이야기에 귀를 기울여야 할까요? 성도 개개인뿐 아니라 교회와 복음 전도, 선교를 이끌어 가시는 분은 성령 하나님이십니다.

"그때에 선지자들이 예루살렘에서 안디옥에 이르니"(행 11:27).

갑자기 '선지자'라는 단어가 등장합니다. 우리는 선지자들이 구약에만 존재한다고 생각하는데, 그렇지 않습니다. 신약 시대에도 선지자들이 존재했습니다. 이들은 사도들과 함께 하나님의 복음 사역을 귀하게 감당했습니다. 선지자는 미래의 일을 예언하기도 하지만 '지금 이 시대에 우리가 어떻게 살아야 하는가?'에 대한 삶의 방향과 회개에 대한 강력한 말씀을 선포하기도 했습니다. 하나님 말씀으로 날카롭게 이야기하고 채찍질했습니다.

예루살렘에서 안디옥에 이른 선지자 중에 아가보라는 사람이 있었습니다. 그는 사도 바울이 체포될 것을 예언한 선지자입니다(행 21:10-11). 사도행전 11장에서 아가보는 이렇게 예언했습니다.

> "그중에 아가보라 하는 한 사람이 일어나 성령으로 말하되 천하에 큰 흉년이 들리라 하더니 글라우디오 때에 그렇게 되니라"(행 11:28).

아가보 선지자는 자신의 임의대로 이야기한 것이 아닙니다. 성령 하나님이 주신 말씀에 따라 예언한 것입니다. 그 내용은 바로 천하에 기근이 든다는 것이었습니다.

역사적으로 볼 때 글라우디오황제의 통치 기간에 전 세계적으로 기근이 든 적은 없습니다. 그러나 역사가 요세푸스(Flavius Josephus)에 의하면, 주후 46-48년경에 여러 지역에서 기근이 발생했다는 기록이 있습니다. 특히 유대 지역에 심각한 기근이 있었다는 증언입니다.

성령님의 음성을 듣는 것은 신비주의가 아닙니다. 성령님은 하나님의 영이십니다. 하나님을 따르는 그리스도인은 시대를 분별하기 위해서 하나님의 음성을 들어야 합니다. 흔히 사도행전을 이야기할 때 다른 별명이 있는데 바로 '성령행전'입니다.

하나님의 부르심을 받은 사도들은 철저히 성령님의 음성을 듣고 복음 전도를 감당했습니다. 사도 바울이 당시 전 세계로 알려진 지역을 3회에 걸쳐 여행하며 선교를 감당할 수 있었던 까닭은 바로 성령 하나님의 인도하심 때문이었습니다. 사도 바울이 제자들과 동료들의 반대에도 불구하고 전도 여행을 할 수 있었던 이유는 사도 바울이 기도 가운데 성령님이 주시는 말씀을 듣고 따라갔기 때문입니다.

사도행전 11장에도 직간접적으로 성령님과 하나님의 음성을 뜻하는 단어들이 여러 차례 반복되어 등장합니다.

"또 들으니 소리 있어 내게 이르되"(7절).
"또 하늘로부터 두 번째 소리 있어"(9절).
"성령이 내게 명하사"(12절).
"천사가 내 집에 서서 말하되"(13절).
"성령이 그들에게 임하시기를"(15절).
"성령으로 세례를 받으리라"(16절).
"성령과 믿음이 충만한 사람이라"(24절).
"그 중에 아가보라 하는 한 사람이 일어나 성령으로 말하되"(28절).

성령으로 말미암지 않고는 사도행전이, 복음 전도와 선교가, 교회가 세워지지 않았다는 사실을 우리는 코로나 한복판에서 다시금 깨달아야 합니다.

성령님의 음성은 우리 인생에 내비게이션입니다. 우리는 그 하나님의 음성을 듣기 위하여 매일 하나님 말씀을 묵상하는 것입니다. 더불어 무시로 깨어 기도하는 것입니다.

그리스도인들만 인생의 내비게이션을 필요로 하지 않습니다. 내일 일을 알 수 없어 두려움에 찬 사람들은 누군가가 깃발을 들고 말씀을 외쳐 주기를 원합니다. 진리를 외쳐 주기를 바랍니다. 지금 이 시대에 얼마나 많은 사람이 내일을 염려하며 불안 가운데 있는지 모릅니다. 그래서 그들은 여러 소리에 귀를 기울이며 살아갑니다.

그러나 분명한 진리가 있습니다. 코로나19 전이든, 코로나19 이후든 모든 시대는 성령께서 이끌어 가신다는 사실입니다. 사도행전의 선교 역사도, 흉년 가운데 복음 증거의 역사도 성령께서 이끄신 것입니다. 그러므로 우리는 철저히 그분의 음성을 듣고 순종해야 합니다.

우리는 아가보 선지자의 시대적 예언을 오늘날에도 들어야 합니다. **우리는 영적으로 흉년이 든 시대를 맞이했습니다.** 아프지만 성령의 말씀을 듣고 복음 전도를 재정립해야 합니다. 절망적일수록 성령님의 음성을 들어야 합니다.

2. 고난을 통해 하나가 되어야 한다

핍박은 예루살렘에 머물던 기독교를 유대 지역 밖으로 끄집어냈습니다. 복음의 축을 예루살렘에서 사마리아와 안디옥 같은 이방인 지역으로 나아가게 했습니다(행 1:8).

하나님은 코로나 뉴노멀 시대를 통하여 예배당 신앙 안에 갇혀 있었던 우리를 세상 밖으로 끌어내고 계십니다. 코로나 시대를 살아가고 있는 지금, 교회가 핍박을 받고 있습니다. 몰매를 맞기도 합니다. 망신을 당하기도 합니다. 그리스도인들을 거부하는 식당, 기업체가 생기기도 합니다.

교회의 생태계에도 변화가 일고 있습니다. 코로나19 이전에는 수만 명이 모이는 교회를 대형 교회라고 했습니다. 그러나 코로나 한복판에서 아무리 규모가 큰 교회일지라도 예배 인도를 돕는 사람들만 예배당 안에 있습니다. 성도 한 명 없이 텅 빈 예배당에서 목사 혼자 설교를 할 때도 있었습니다. 이것은 과거에 있었던 일상이 아닙니다. 전혀 상상하고 싶지 않았던, 생각하기도 싫었던 상황들이 뉴노멀로 다가왔습니다.

우리는 마음이 상하기도 하고 슬프기도 합니다. 저항을 해보기도 하고 누구에게 원인을 쏟아부으며 원망을 하기도 하지요. 새로운 변화가 시작되면 사람들은 저항합니다. 전통을 버리는 것을 죽음으로 생각합니다. 때로는 전통에 젖은 그리스도인들조차 마찬가지입니다.

그러나 우리는 사도 바울의 고백처럼 말씀의 본질, 예수 그리스도 외에는 배설물로 여길 줄 알아야 합니다. 하나님이 예루살렘 중심으로 살아간 그리스도인들을 전 지역으로 흩어지게 하신 이유가 무엇일까요? 무엇을 위해 핍박과 기근을 허락하셨을까요?

첫 번째로 하나님이 핍박을 허락하신 이유를 알아보겠습니다. 예루살렘교회는 한동안 이방인들도 예수님을 믿는 영적 뉴노멀을 받아들이지 못하고 저항했습니다. 하나님이 아브라함 때부터 말씀하셨고, 여전히 성령께서 말씀하시는 그것, 곧 이스라엘 백성을 부르신 목적이 어디에 있는지를 하나님이 수차례 말씀하셨음에도 불구하고 그들은 예루살렘에 모여 있는 것을 좋아했습니다.

그러나 신앙적 핍박이 일어나자 그들은 자신들 본연의 자세를 깨닫고 흩어져 비로소 복음을 증거했습니다. 그렇게 복음은 헬라인에게도 전해졌습니다. 이와 같은 과정은 우연의 일치일까요?

두 번째로 하나님이 심한 기근을 허락하신 이유를 살펴보고자 합니다. 이 기근으로 중심축이 다시 한번 흔들렸습니다.

"제자들이 각각 그 힘대로 유대에 사는 형제들에게 부조를 보내기로 작정하고"(행 11:29).

이 말씀에서의 '제자들'은 안디옥의 그리스도인들을 뜻합니다. 이 소식을 접한 그들은 예루살렘에 구제비 혹은 선교비를 거두어 보내기로 결정했습니다. 기근이 곳곳에서 일어났기 때문에 안디옥도 형편은 마찬가지였을 것입니다. 그러나 지역적으로 안디옥이 조금 형편이 나았는지도 모르겠습니다. 헬라인, 부유한 계층들도 있었던 것 같습니다.

말하자면, 지교회가 모교회를 도운 것입니다. 더 자세하게 말하자면, 이방인 공동체인 안디옥교회가 정통 유대인 공동체인 예루살렘교회를 도운 것입니다. 기근 때문에 선교의 축이 이동되는 것입니다.

하나님은 이 사건을 통하여 유대인 선교 중심인 베드로 중심의 리더십에서 이방인 전도 중심인 사도 바울 리더십으로 이동을 시키십니다. 이것이 성령께서 이루시는 역사입니다.

이처럼 선교는 하나님이 이루어 가십니다. 그러므로 여기서 중요한 것은 누가 리더십을 가지느냐가 아닙니다. 기근이라는 고난을 통해 이방인을 무시하던 예루살렘 성도들과 안디옥교회의 이방인 성도들이 하나가 될 수 있었던 사실이 중요합니다. 예루살렘교회는 사실 계속된 유대

교의 핍박과 지속된 흉년으로 이중고를 겪고 있었을 것입니다. 그런데 하나님이 주신 흉년이라는 고난 가운데 처음으로 서로가 사랑이 담긴 물질을 주고받는 아름다운 역사가 일어난 것입니다.

한국교회는 많은 분열을 경험했습니다. 한국교회처럼 교단과 교파가 많은 나라도 없습니다. 정치적 분열, 이념적 분열, 세대 간 분열, 계층 간 분열 등이 존재합니다. 하나님이 "제발 그만"이라고 말씀하십니다. 고난의 시기에 서로에게 분노를 쏟아붓는 일을 멈추고 성령의 음성을 듣고 하나가 되어야 합니다.

일부러 전염병을 퍼뜨리거나 타인을 배려하지 않고 마스크를 쓰지 않는 등의 문란한 행위들은 처벌을 받아야 합니다. 그러나 일상생활을 하는 가운데 본인도 모르게 코로나19 감염이 확진된 사람을 범죄인 취급하는 문화는 하나님이 보시기에 선하지 않습니다.

두려움을 조장하거나 사람들을 정죄하는 행위로는 문제를 해결할 수 없습니다. 확진자는 감염 환자이지, 범죄자가 아닙니다. 코로나19 감염이 확진되었던 사람들이 완치 후에 대인기피증으로 인해 한동안 사람들을 대하지 못한다는 이야기를 들었습니다.

지구촌교회에도 코로나19 감염 확진을 받은 성도가 있었습니다. 그러나 교회 건물은 방역을 철저히 했고, 예배 시 거리를 유지하며 성도 모두가 마스크를 쓰고 있었기에 방역 당국에서는 우수 방역이라고 공개하고 추가 조치나 전수 조사가 필요 없다고 했습니다. 물론 확진자가 나온 가족은 모두가 코로나19 검사를 받고 2주간 자가격리를 했습니다.

저는 그때 전화로 기도하고 격려해 드렸습니다. 얼마나 힘드셨겠습니까. 나로 인하여 다른 사람들이 피해를 입었다는 생각이 드는 것은 육신이 아픈 것을 떠나서 엄청나게 두려운 일입니다. 이 일을 겪은 후 그 가족이 이번에 주변 성도님들 기도의 힘을 절실히 느꼈다며 감사해하셨습니다. 확진된 가족도 완치되었습니다.

저는 코로나 시즌에 접어들기 시작하면서부터 우리 교회에 확진자가 나오면 몇 명이든, 누구든, 서로가 얼마나 피해를 입든, 교회가 폐쇄되든 서로 정죄하지 말고 기도하며 사랑으로 격려하자고 했습니다.

교회는 세상이 뭐라고 하든 세상과 달라야 합니다. 감염된 사람들의 고통과 두려움이 얼마나 클지를 생각하고 함께 느끼는 것이 신앙이고 하나 됨입니다. 공감 능력의 정도가 신앙의 깊이입니다. '얼마만큼 공감할 수 있는가'가 신앙의 척도입니다. 하늘에 계신 하나님의 아들이 공감하시고 이 땅에 오신 것이 복음 아닙니까.

공감이 이방인과 유대인을 고난 가운데 하나로 만들었습니다. 오히려 전염병을 통하여서 영적으로 성령 안에서 하나가 되는 놀라운 역사가 있기를 바랍니다.

3. 복음 전도와 구제에 더욱 힘써야 한다

안디옥교회의 이방인 성도들은 자신들을 무시했던 예루살렘교회 성도들의 고통을 보았습니다. 그들은 기도 가운데 공감했습니다. 성령께서 그들에게 긍휼의 마음을 주신 것입니다. 그리고 그들은 회의를 하여 구제 헌금을 보내기로 작정했습니다.

"제자들이 각각 그 힘대로 유대에 사는 형제들에게 부조를 보내기로 작정하고"(행 11:29).

여기서 '각각 그 힘대로'라는 말의 의미는 '자신의 능력에 맞게'라고 할 수 있습니다. 그러나 있는 그대로의 한국말 번역대로라면 '정말 힘껏' 핍박과 기근 가운데 있는 예루살렘 성도들을 위하여 헌금을 모금한 것입니다.

초대 교회의 역사에서 기근 가운데 고통당하는 예루살렘 성도들을 위해 헌금한 교회는 안디옥교회뿐이 아닙니다. 갈라디아교회(갈 2:10), 고린도교회(고전 16:1), 그리고 마게도냐와 아가야 사람들(롬 15:26)이 신약성경에 기록되어 있습니다. 이방인들이 구제와 선교를 위해 일어난 것입니다. 바로 역 선교가 일어난 것입니다.

하나님이 인류 역사에서 전염병이나 기근, 재난, 전쟁을 허용하실 때마다 우리는 절망 가운데 있을 수 있습니다. 그러나 할 수 있는 만큼 힘껏 서로를 돌아보는 선행과 구제에 그리스도인들이 앞장서야 한다고 믿습니다. 성경과 인류 역사를 돌이켜 봤을 때 그리스도인들은 전염병과 같은 환란과 고난의 때에 그런 역할을 감당했습니다.

코로나19 때문에 선교지에서 추방당하거나 잠시 입국했다가 발이 묶인 선교사님들이 많이 계십니다. 그 선교사님들을 위해 많은 성도님이 집을 공유해 주시고 귀하게 섬겨 주셨습니다. 또한 '각각 그 힘대로' 헌금하셨습니다. 이것은 코로나19 한복판에서 이룬 놀라운 기적이고 감사입니다. 교회에 나올 수 없는 상황에서도 교회 사역을 위해 애쓴다는 것은 참 감사한 일입니다.

이 말을 꼭 기억하면 좋겠습니다. '교인도 국민입니다.' 대한민국 5분의 1이 그리스도인이라고 한다면, 교인도 국민입니다. 정부가 구제금을 지급하기 전에 수많은 교회가 먼저 돕고 있었습니다. 자신이 출석하는 교회뿐 아니라 주변 사람들을 도왔습니다.

꼭 드리고 싶은 권면이 있습니다. 교회에서 구제를 받는 분들은 당당하게 받으십시오. 교회에 등록할 때 목사님들이 새신자를 향해서 하는 말이 있습니다.

"우리는 여러분과 한 가족이 되기를 원합니다."

이 말이 립서비스가 아니길 원합니다. 선교사님, 미자립교회도 다 그리스도 안에서 한 가족입니다. 가족은 서로에게 도움을 받을 때 너무 미안한 마음을 갖지 않는 것이 좋습니다. 대신 베푸는 사람은 베풀 수 있어서 감사하고, 받는 사람은 받을 수 있어서 감사한 마음을 가지면 됩니다.

대형 교회는 사실, 작은 교회들 때문에 사는 것입니다. 처음 믿는 사람 중에 미자립교회나 작은 교회에 가서 예배드리고 예수님을 영접하는 사람들이 많음을 봅니다. 그 후 조금 더 큰 교회로 옮겨 가는 분들이 많습니다.

작은교회 친구 목회자들이 가끔 저에게 충고를 해 줍니다. 작은 교회 덕분에 큰 교회가 사는 것이라고 말입니다. 맞습니다. 선교사님들 때문에 신나게 선교 헌금을 보내는 것입니다. 그러니까 큰 교회는 작은 교회들과 선교사님들 때문에 복을 받는 것입니다. 그러므로 오히려 미안한 마음이 있습니다.

여러 간증과 편지들이 수없이 많지만, 몇몇 사모님들의 간증을 잊을 수 없습니다. 남편 목사님을 먼저 보내고 홀로 되신 사모님은 누구도 알

아주지 않잖아요. 세상 속에서, 사역 속에서도 잊힙니다. 이번 코로나 상황에서 교단적으로 그런 사모님들의 가정을 50가정 이상 도왔습니다.

그분들이 우리가 보낸 편지와 성금을 받고 한참을 펑펑 우셨다고 합니다. 그 이유는 성금 때문이 아니라, 누군가 이런 시기에 나를 잊지 않고 기억해 주었다는 것에 대한 고마움 때문이었습니다. 우리의 도움을 '하나님이 나를 잊지 않고 기억하신다'라는 주님의 음성으로 들으셨다고 합니다. 그리고 하나님 나라에 갈 때까지 교회를 위해서 기도하겠다고 하셨습니다.

그러니 구제를 하는 것은 사랑의 빚을 지는 것입니다. 안디옥교회 역시 이러한 마음으로 예루살렘교회를 도왔습니다.

4. 내 교회와 주변 이웃은 우리 교회가 책임져야 한다

다음 말씀은 한 구절, 한 단어가 모두 중요합니다.

"이를 실행하여 바나바와 사울의 손으로 장로들에게 보내니라"(행 11:30).

'이를 실행하여', '바나바와 사울의 손으로' 보내졌다고 서술합니다. 안디옥교회는 구제 헌금을 수거하여 바나바와 사울의 손으로 예루살렘에 도착하게 했습니다. 사울 역시 예루살렘교회가 무시하던 사람입니다. 그런데 하나님은 참 역설적이십니다. 그 걷은 헌금을 예루살렘교회를 핍박했던 사울의 손에, 그들이 무시하고 두려워했던 사울의 손에 붙여 주셨습니다. 여기서 바울과 바나바의 손은 하나의 책임감과 사명감이라고 생각합니다.

각 교회와 그 교회 안에 있는 소그룹에는 지정된 국내 선교지와 해외 선교지가 있습니다. 하나님이 바울과 바나바의 손에 맡기셨듯, 우리 손에 그 미자립교회, 농어촌교회, 선교지를 맡기셨습니다. 이 어려운 시대에 목회자, 선교사님, 교회와 나라, 지역을 붙들고 기도하기 바랍니다. 하나님이 우리를 믿고 붙들어 주신 그 손에 그 사역지를 맡기셨음을 기억하십시오.

세계 복음화 또한 우리 주변부터 시작하는 것입니다. 예수님 사랑, 예수님 자랑은 유대 예루살렘부터 시작합니다. 일부 일탈하는 교회들 때문에 교회가 터부시되는 시대가 되었지만, 그 또한 하나님의 주권 안에 있다고 생각합니다. 건강한 교회들이 주변 이웃을 계속 섬긴다면 다시 많은 것이 회복될 것입니다. 따라서 하나님이 우리를 이 시대, 이 자리에 부르셨다면 각자 주어진 자리에서 하나님이 맡겨 주신 사명을 최선을 다해 완수해야 합니다.

경건

_ 예수님을 닮아 가는 삶

누구든지 스스로 경건하다 생각하며
자기 혀를 재갈 물리지 아니하고 자기 마음을 속이면
이 사람의 경건은 헛것이라
하나님 아버지 앞에서 정결하고 더러움이 없는 경건은
곧 고아와 과부를 그 환난중에 돌보고
또 자기를 지켜 세속에 물들지 아니하는 그것이니라(약 1:26-27).

코로나19가 한창 시작되던 2020년 3월과 4월, 많은 경제학자가 전 세계 경제가 1930년대 경제대공황 때처럼 어려워질 것이라고 전망했습니다. 그로부터 6개월이 지난 후 이 전망은 어떻게 됐을까요? 현실적으로 전 세계 경제가 제2차 세계대전 이후 가장 큰 타격을 입고 있다는 분석이 지배적이었습니다.

독일의 저명한 경제학자 다니엘 슈텔터(Daniel Stelter)는 최근에 『코로노믹스』라는 베스트셀러를 내놓았습니다. '코로노믹스'는 '코로나'와 '경제학'(이코노믹스)이라는 단어를 결합한 새로운 용어로, 코로나 쇼크 이후 세계 경제의 미래와 앞으로 우리가 가야 할 길을 분석한 책입니다.

슈텔터는 전 세계가 글로벌화에서 반세계화로 전환될 것이라고 전망합니다. 곧 자국민을 위한 보호주의 정책이 강화될 것이라는 분석입니다. 이밖에 기업 비용이 높게 상승할 것이며, 경제는 500년간의 금리들을 바탕으로 한 연구를 통해 전염병 종식 후 고금리와 인플레이션 시대가 올 것이라는 전망을 내놓았습니다. 그러면서 코로나 이후 시대에 기업과 개인이 대비해야 할 전략에 관하여 이야기합니다.

시대의 고비마다 중요한 문제는 먹고사는 문제입니다. 그래서 경제학자 및 정치학자 등 각 분야의 전문가들은 바닥을 친 경제를 어떻게 끌어올릴 것인가에 대하여 저마다의 전략을 내놓습니다. 이런 세태에 그리스도인들은 무엇을 해야 할까요? 성경은 우리에게 어떤 지침을 줄까요? 전 세계가 신음하고 있는 팬데믹 시기에 우리는 어떻게 살아야 할까요?

이 모든 질문에 대한 답을 제공하는 성경 말씀이 있습니다. 바로 야고보서입니다. 야고보서는 5장뿐인 짧은 성경이지만 오늘을 살아가는 우리에게 굉장히 중요한 답변들을 제공합니다.

1. 야고보서, 시대의 물음에 답하다

야고보서 1장은 초대 교회에 흩어져 있는 모든 그리스도인에게 하는 문안 인사로 시작합니다. 그러면서 당시 그들이 당하고 있는 여러 가지 고난과 역경을 인내로써 이겨 나가라고 격려합니다. 서론에서부터 이렇게 고난에 관해서 이야기하는 성경책은 드뭅니다. 야고보서는 마치 지금 우리가 당하는 모든 고난과 시험을 아는 듯이 모든 고난과 시험에 관한 이야기를 시작합니다.

이어지는 2장에서는 우리 그리스도인들에게 가난하고 궁핍한 자들을 돌보고 믿음과 행함에 일치를 보이라고 도전합니다. 3장에서는 믿는 자로서 우리의 언어의 정결에 대하여 강조하고, 4장에서는 비록 그리스도인이 세상에서 살고 있지만, 세상을 사랑하지 말고 오직 하나님께 중심을 두는 삶을 살라고 강조합니다.

그리고 마지막 5장에서는 말씀을 정리하면서, 고난당하는 자들로서 예수님의 재림을 기다리는 사람들은 인내해야 하며, 서로 기도하고, 용서하고, 사랑하며, 진리 안에서 서로 걸을 수 있도록 도와야 한다고 격려합니다.

야고보서에 등장하는 중요한 단어들을 꼽는다면 '고난', '인내', '믿음', '행함', '구제', '정결', '절제', '기도', '용서'입니다. 그리스도인으로 살아가는 우리에게 모두 중요한 단어들입니다. 그런데 이 모든 단어를 종합해주는 한 단어가 야고보서 1장 26-27절에 등장합니다. 바로 '경건'이란 단어입니다.

"누구든지 스스로 경건하다 생각하며 자기 혀를 재갈 물리지 아니하고 자기 마음을 속이면 이 사람의 경건은 헛것이라 하나님 아버지 앞에서 정결하고 더러움이 없는 경건은 곧 고아와 과부를 그 환난중에 돌보고 또 자기를 지켜 세속에 물들지 아니하는 그것이니라"(약 1:26-27)

그렇다면 '경건'이란 단어는 무슨 뜻일까요? 사실 그리스도인들만큼 경건이란 단어를 많이 쓰는 사람들은 없습니다. 영적인 단어입니다. 그러면서도 우리는 경건이라는 뜻이 성경에서 무엇을 의미하는지는 잘 생각하지 않는 것 같습니다.

흔히 '경건'하면 어떤 모습을 떠올리나요? 만약 제가 설교 시간에 나훈아 씨가 부른 "잡초"나 요즘 아이돌이 부르는 노래를 부른다면 '아, 목사님, 경건하지 못하게 왜 저러시나'라고 생각할 것입니다.

여기서 경건은 '거룩하지 않다'는 의미보다는 '종교적이지 않다'는 뜻입니다. 여기서 사용된 경건이란 단어의 헬라어는 '쓰레스케이아'(η θρησκεια)입니다. 이 단어의 본래 의미는 '의식적이거나 외형적으로 행해지는 종교 행위'를 뜻합니다. 이런 의미로 야고보서 1장 26절을 다시 해석해 보면 다음과 같습니다.

"누구든지 스스로 경건하다[종교적이다] 생각하며 자기 혀를 재갈 물리지 아니하고 자기 마음을 속이면 이 사람의 '경건'은 헛것이라."

즉, 스스로 '종교적이다'라고 생각하면서 속과 겉이 다른 종교생활을 한다면 아무리 열심히 해도 헛것이라는 뜻입니다. 사실 우리는 경건이란 단어를 생각할 때 주일에 교회에 빠지지 않고, 성경책을 열심히 읽으며, 헌금 생활을 하고, 열심히 섬기는 것을 떠올립니다.

그러나 그런 식의 경건을 말한다 해도, 자기 마음을 속이면 참된 경건이 아니라는 이야기입니다. 우리는 얼마든지 그런 모습으로 사람들을 속일 수 있고 그런 모습을 드러낼 수 있습니다.

여기에 쓰인 '쓰레스케이아'라는 단어보다 신약성경에서 경건이란 뜻으로 더 많이 쓰인 단어는 '유세베이아'(εὐσέβεια)입니다(딤전 2:2, 3:16, 4:7-8, 6:3, 5-6, 11; 딤후 3:5; 딛 1:1). '유세베이아'란 단어는 'Euv'(좋은)와 'sebeia'(존경하다)라는 단어가 합쳐져 '존경을 받을 만한 선한 행위'란 뜻으로 쓰였습니다.

이런 뜻을 가진 유세베이아는 당시 헬라 사회에서 명예로운 시민의 삶의 덕목이었습니다. 바울은 디모데에게 경건에 관하여 '유세베이아'란 의미를 써서 이렇게 권면합니다.

"망령되고 허탄한 신화를 버리고 경건에 이르도록 네 자신을 연단하라

육체의 연단은 약간의 유익이 있으나 경건은 범사에 유익하니 금생과 내생에 약속이 있느니라"(딤전 4:7-8).

바울이 이야기한 '망령되고 허탄한 신화'들은 야고보서 1장 26절 말씀과 맞닿습니다. 곧 자기 혀를 재갈 물리지 않고 하고 싶은 대로 말하고 살지만, 겉과 속이 다른 삶 말입니다. 이런 사람들의 삶의 모습에 대해서 바울은 다시 한번 다음과 같이 경고했습니다.

"누구든지 다른 교훈을 하며 바른 말 곧 우리 주 예수 그리스도의 말씀과 경건에 관한 교훈을 따르지 아니하면 그는 교만하여 아무 것도 알지 못하고 변론과 언쟁을 좋아하는 자니 이로써 투기와 분쟁과 비방과 악한 생각이 나며 마음이 부패하여지고 진리를 잃어 버려 경건을 이익의 방도로 생각하는 자들의 다툼이 일어나느니라"(딤전 6:3-5).

바울은 경건을 종교적으로 생각하고, 자기 자신을 과시하고 나타내는 이익의 재료쯤으로 생각하기 때문에 끊임없이 다툼이 일어난다고 경고했습니다. 그러나 경건은 '쓰레스케이아'이든 '유세베이아'이든 내면과 외면이 균형 잡힌 삶을 말하는 것입니다.

KJV 성경은 경건을 'Godliness'라고 번역합니다. '경건'이란 말은 'God'(하나님)이라는 뜻에서 파생되었기 때문입니다. 즉 **참된 경건은 성경책을 끼고 사는 삶이 아니라, 그리스도인으로서 예수님을 닮아 가는 삶을 의미합니다.**

그렇다면 누구도 예외 없이 어려운 시절을 살아가고 있는 이 시대에 그리스도인은 어떻게 예수님을 닮은 경건한 삶을 살 수 있을까요? 이 장 본문이 야고보서 1장 26-27절 말씀에서 그 단서들을 찾을 수 있습니다.

2. 이 시대에 추구해야 할 경건

하나님 아버지 앞에서의 경건

특별히 야고보서에서는 '환난 때의 경건'에 관해 이야기합니다. 보통 때도 중요하지만 고난당할 때 경건의 실천이 더 중요하다는 것입니다. 야고보는 환난의 때에 추구해야 할 하나님 아버지 앞에서의 경건을 다음과 같이 선언했습니다.

"하나님 아버지 앞에서 정결하고 더러움이 없는 경건은 곧 고아와 과부를 그 환난중에 돌보고 또 자기를 지켜 세속에 물들지 아니하는 그것이 니라"(약 1:27).

야고보는 '정결하고 더러움이 없는' 경건을 이야기했습니다. 고난과 환난의 때에는 내일에 대한 염려 때문에 중심이 흔들리게 됩니다. 사람들을 미워하고 질투하며 도덕성도 무너집니다.

얼마 전에 미국에서 목회하고 있는 목사님과 이런 대화를 나눴습니다. "한국은 코로나19 확진자가 200-300명만 나와도 세상이 무너질 것처럼 두려움을 주는 통제사회라 답답하고, 미국은 하루에 십만 명이 넘는 확진자가 나와도 마스크를 쓰지 않는 것이 자유라고 외치는 자유 방종의 사회다"라는 골자의 대화였습니다.

지금은 정말 전 세계가 도덕성이 무너진 혼돈의 시대입니다. 이런 시대에 어떻게 하나님 앞에서 정결하고 더러움이 없는 경건을 추구할 수 있을까요? 야고보서는 우리에게 아주 본질적이면서도 단순하고 명쾌한 답을 제시합니다.

"하나님을 가까이하라 그리하면 너희를 가까이하시리라 죄인들아 손을 깨끗이 하라 두 마음을 품은 자들아 마음을 성결하게 하라"(약 4:8).

하나님 아버지 앞에서 정결하고 더러움이 없는 경건의 비결은 '하나님을 가까이하는 것'입니다. 이것은 그 어떤 프로그램이나 전략보다 분명한 해답입니다. 그런데 어떻게 하는 것이 '하나님을 가까이하는 것'일까요? 이 역시 어찌 보면 매우 간단합니다. 하나님을 사랑하면 됩니다.

그러나 세상과 동시에 하나님을 사랑하는 두 마음을 품어서는 안 됩니다. 야고보서 1장은 두 마음을 품은 사람은 하나님 앞에 기도 응답을 받을 생각을 하지 말라고 경고합니다. 세상과 하나님 사이에서 하나님을 사랑하기로 결정하는 것, 그것이 경건의 첫 시작입니다.

이웃을 구제하는 경건

하나님 앞에서의 경건이 '하나님을 사랑하는 것'임을 깨달은 사람은 자연스럽게 다음 단계로 진입합니다. 그것은 이웃에 대한 사랑입니다. 하나님을 사랑하는 첫 번째 경건이 내면의 사랑이라면, 이웃을 구제하는 이웃 사랑은 경건의 실제적인 겉모습입니다. 이 사랑이 하나님에 대한 사랑을 증명해 줍니다. 하나님을 가까이하는 사람은 이웃을 무시하거나 미워하지 않습니다. 그들을 사랑하여 구제합니다.

성경에는 야고보서 1장 27절 말씀을 비롯해 고아와 과부를 돌보라는 하나님의 말씀이 무수하게 많이 등장합니다. 당시 사회에서 가장 소외되고 연약한 사람들은 전쟁이나 사고로 남편을 잃은 여인들이었습니다.

여인들은 인구 조사를 할 때 여자는 계수하지 않을 정도로 사람 취급을 받지 못했습니다. 부모를 잃은 고아와 집이 없는 나그네들 역시 사정은 마찬가지였습니다. 그러나 하나님은 이런 사람들을 세심하게 신경 쓰셨습니다.

"네가 밭에서 곡식을 벨 때에 그 한 뭇을 밭에 잊어버렸거든 다시 가서 가져오지 말고 나그네와 고아와 과부를 위하여 남겨두라 그리하면 네 하나님 여호와께서 네 손으로 하는 모든 일에 복을 내리시리라"(신 24:19).

신명기 24장 및 신명기 전체에는 이런 말씀들이 자주 등장합니다. 에스겔서에서는 하나님이 이스라엘 백성을 심판하신 이유를 이웃 사랑의 부재에서 찾으셨습니다.

"그들이 네 가운데에서 부모를 업신여겼으며 네 가운데에서 나그네를 학대하였으며 네 가운데에서 고아와 과부를 해하였도다"(겔 22:7).

하나님은 또한 이스라엘 백성이 형식적인 예배를 드리고 우상 숭배를 하며 타락했을 때 회복을 위한 방법으로 다음과 같이 제시하셨습니다.

"너희는 스스로 씻으며 스스로 깨끗하게 하여 내 목전에서 너희 악한 행실을 버리며 행악을 그치고 선행을 배우며 정의를 구하며 학대 받는 자를 도와 주며 고아를 위하여 신원하며 과부를 위하여 변호하라 하셨느니라"(사 1:16-17).

하나님이 예배가 무너진 자들에게 제시하신 회복 방법은 우리에게 중요한 의미를 부여해 줍니다. 하나님은 늘 소외된 계층에 대한 관심과 사랑을 그치지 않으셨습니다. 우리가 하나님을 가까이한다면 하나님의 이러한 관심과 사랑을 외면할 수 없습니다.

다시 말해, 우리가 경건을 추구한다면 하나님이 사랑하시는 소외된 자들을 돌아보는 일로 이어질 수밖에 없습니다. 야고보서는 믿음의 실천을 강조합니다. 특별히 믿음의 실천이 이웃 사랑과 구제로 나타나야 함을 강조합니다. 그러면서 불의한 방법으로 재물을 얻은 부자들에 대해서는 엄중히 경고합니다.

"들으라 부한 자들아 너희에게 임할 고생으로 말미암아 울고 통곡하라 너희 재물은 썩었고 너희 옷은 좀먹었으며 너희 금과 은은 녹이 슬었으니 이 녹이 너희에게 증거가 되며 불 같이 너희 살을 먹으리라 너희가 말세에 재물을 쌓았도다 보라 너희 밭에서 추수한 품꾼에게 주지 아니한 삯이 소리 지르며 그 추수한 자의 우는 소리가 만군의 주의 귀에 들렸느니라 너희가 땅에서 사치하고 방종하여 살륙의 날에 너희 마음을 살찌게 하였도다"(약 5:1-5).

우리 역시 이 엄중한 경고에 귀 기울여야 합니다. 그리고 하나님을 가까이하고 이웃을 구제하는 경건을 위해 부단히 노력해야 합니다. 지구촌교회도 이웃 사랑을 위해 끊임없이 노력합니다.

누군가는 소외된 사람들에 대한 정의와 공의의 수준이 그 사회의 건강함을 예측할 수 있는 척도라고 말했습니다. 교회와 그리스도인들이 이러한 사역에 힘쓰는 것은 하나님 사랑, 이웃 사랑을 넘어 우리 사회를 건강한 사회로 이끄는 원동력이 될 것입니다.

자기를 지키는 경건

마지막으로 이 시대가 추구해야 할 경건은 무엇일까요? 하나님 앞에서의 경건은 자기를 지켜 세속에 물들지 않는 것입니다.

"하나님 아버지 앞에서 정결하고 더러움이 없는 경건은 곧 고아와 과부를 그 환난중에 돌보고 또 자기를 지켜 세속에 물들지 아니하는 그것이니라"(약 1:27).

야고보서 1장 27절은 그리스도인도 세상에 물들 수 있다는 것을 반증합니다. 그래서 자기를 돌아보라고 합니다. 예수님을 닮아 가는 참된 경건은 선을 행하고 정의를 행한 후에 다시 자신의 모습을 돌아보는 것입니다.

자신을 돌아보는 행위를 통해 얻을 수 있는 유익은 무엇일까요? 경건의 실천 동기를 다시 한번 기억하는 것입니다. 우리는 하나님을 사랑하기 때문에 이웃을 사랑하고, 선을 베풀며, 교회 공동체를 섬깁니다. 그리고 우리가 하나님을 사랑할 수 있는 까닭은 하나님이 먼저 은혜를 베푸셨기 때문입니다.

나그네, 과부, 고아같이 버려진 나를 거두어 옷을 입혀 주시고, 양자 삼아 상속권까지 주신 하나님의 사랑이 이 모든 것을 가능하게 합니다. 이 사랑과 은혜가 하나님의 형상을 닮은 이웃을 돌보게 합니다.

이것이 전제되지 않은 선행은 나의 의, 나의 유익을 위한 재료가 될 수 있습니다. 나에게 적용해야 할 잣대는 '정결하고 더러움이 없는 경건', 즉 거룩이고, 이웃에게 적용해야 할 잣대는 '사랑과 선행'입니다. 그리고 우리 모두가 추구해야 할 하나님의 진리는 '정의와 공의'입니다.

3. 행동하는 경건, '냉수 한 잔'의 힘

야고보서는 로마서와 반대되는 책이 아니라, 로마서를 완성시켜 주는 책입니다. 야고보서는 우리의 믿음이 지적 동의나 탁상공론이 아니라, 실제적인 행동임을 알려 주는 하나님의 말씀입니다. 그래서 하나님 아버지 앞에서의 경건은 살아 있는 믿음, 즉 행함이 있는 믿음입니다. 우리의 변화된 삶이 우리의 구원을 증명합니다.

하나님이 우리에게 주시는 '의-죄 용서함'은 예수님이 나를 대신하여 십자가에서 돌아가신 것을 믿는 믿음으로 받게 됩니다. 그 의는 우리가 믿음대로 삶 가운데 행하면서 살아갈 때 견고해집니다. 즉 내가 믿는 믿음대로 삶 가운데 행하며 살 때 믿음은 자라나며 증명되는 것입니다.

내가 받은 구원은 철저히 나의 공로가 아닌 예수님의 공로이지만, 그 구원의 증명은 삶의 행함에 있습니다. 믿음의 완성은 삶의 변화이며, 그것이 바로 이 시대에 필요한 경건한 삶입니다.

예수님을 사랑하면 예수님을 닮아 가고, 예수님을 닮아 가면 예수님처럼 이웃을 사랑하고 섬기게 되어 있습니다. 예수님이 이런 말씀을 하신 적이 있습니다.

> "또 누구든지 제자의 이름으로 이 작은 자 중 하나에게 냉수 한 그릇이라도 주는 자는 내가 진실로 너희에게 이르노니 그 사람이 결단코 상을 잃지 아니하리라"(마 10:42).

왜 하필 예수님이 '냉수 한 그릇'이라고 말씀하셨을까요? 냉수 한 그릇은 누구라도 헌신할 수 있는 것이기 때문입니다. 하나님은 이런 작은 행함도 귀하게 보시며, 결단코 상을 잃지 않을 것이라고 격려하십니다. 지금은 어느 시대보다 이와 같은 참된 행동을 하는 경건이 필요한 시대입니다.

하나님은 사랑 안에서 정의와 공의를 실행하시는 분이며, 그것을 완성하시려고 자기 아들을 우리에게 보내셨습니다.

> "그 날 그 때에 내가 다윗에게서 한 공의로운 가지가 나게 하리니 그가 이 땅에 정의와 공의를 실행할 것이라"(렘 33:15).

교회 밖에 있는 사람들은 그리스도인들로부터 행동하는 경건을 보기 원합니다. 많은 사람이 질병으로 입원해 있습니다. 코로나19 확진자들과 가족들, 그리고 완치자들은 후유증 및 대인기피증으로 어려움을 겪고 있습니다.

누가 '코로나 블루'를 치료할 수 있을까요? 우리 마음의 상처와 분노, 근심과 걱정은 오직 하나님의 사랑으로만 치료할 수 있습니다. 그러므로 우리는 참된 경건의 실천으로 하나님의 사랑을 전해야 합니다.

기적

_ 이 시대에 필요한 오병이어

예수께서 떡 다섯 개와 물고기 두 마리를 가지사
하늘을 우러러 축사하시고
떡을 떼어 제자들에게 주어 사람들에게 나누어 주게 하시고
또 물고기 두 마리도 모든 사람에게 나누시매
다 배불리 먹고 남은 떡 조각과 물고기를
열두 바구니에 차게 거두었으며
떡을 먹은 남자는 오천 명이었더라(막 6:41-44).

전 세계 코로나19 확진자가 2억 2,000만 명, 사망자는 450만 명을 넘어섰습니다. 백신이 개발되고 접종자가 늘어나고 있지만, 코로나19의 공포는 쉬 사라질 것 같지 않습니다.

코로나 사태 초기에 하버드대학의 감염병학과 교수가 이야기한, 전 인류의 3분의 2가 코로나19에 감염되어야 끝이 보일 것이라는 말이 실감납니다. 많은 사람이 일명 '코로나 블루'로 정신적인 고통을 겪고 있습니다. 희망적인 이야기들이 들리지 않습니다.

예수님 시대의 사람들도 마찬가지였습니다. 당시 로마의 통치를 받고 있었던 유대인들은 절망적인 시대를 살아가고 있었습니다. 메시아사상이 팽배했지만, 말라기 선지자를 끝으로 400년간 하나님의 특별한 계시는 없었습니다.

그러다가 '나사렛 예수'라는 별명이 붙은 사람이 나타나서 하늘의 권세와 같은 말씀을 증거하고, 병든 자를 치료하며, 귀신 들린 자들을 자유하게 하는 놀라운 기적들을 일으켰습니다. 그 소문을 들은 많은 사람이 예수님께로 몰려들었습니다.

오병이어의 기적은 그렇게 예수님과 사람들의 만남으로부터 시작되었습니다. 5,000명이나 되는 사람들이 예수님께 병 고침을 받기 원했습니다. 마음도 치유되기를 원했습니다. 예수님이 이제까지 인생에서 보지 못한 기적을 일으키신다는 소문을 듣고 호기심에 찾아온 사람들도 있었습니다. 예수님의 놀라운 말씀의 권세에 매료된 사람들도 있었습니다.

이처럼 아무리 기적과 말씀이 동일하게 선포되어도 그에 대한 반응은 각각 다릅니다. 더러는 가시떨기에, 더러는 돌밭에, 더러는 길가에, 더러는 좋은 밭에 떨어집니다. 이 장 본문 말씀에 등장하는 사람들은 이와 같이 각각의 이유와 마음가짐을 가지고 예수님을 따랐습니다. 그들이 처해 있던 상황을 본문 말씀에 비추어 자세히 살펴보겠습니다.

1. 그들이 빈 들에 있을 때

예수님이 온종일 말씀을 가르치신 곳은 빈 들이었습니다. 빈 들은 먹을 것도 없고 마을에서도 먼 장소였습니다. 그리고 날은 저물었습니다. 게다가 사람들은 배가 고팠습니다. 사실 이 절망스러운 상황을 보고한 것은 제자들이었습니다. 제자들이 먼저 배가 고팠을 것입니다.

이때 제자들은 사람들에게 휴식 시간이라도 주어서 마을로 내려가 먹을 것을 사 먹게 하는 것이 좋겠다고 예수님께 건의했습니다. 그러자 예수님은 무리가 그렇게 방황하고 배가 고픈 것을 불쌍히 여기셨습니다. 그런데 그다음 예수님의 답변이 놀랍습니다.

"너희가 먹을 것을 주라"(막 6:37).

저는 이 예수님의 말씀이 메아리처럼 귓가에 울려 퍼집니다. 수많은 무리를 보고 불쌍히 여기시며 제자들을 향해서 하신 말씀이 "너희가 먹을 것을 주라"라니요. 이것은 분명 제자들에 대한 시험이었습니다.

예수님은 무리를 불쌍히 여기셨기 때문에 기적을 통해서 무슨 일을 하려고 하시는 중이었습니다. 그러나 예수님은 이 일을 제자들을 통해서 하기를 원하셨던 것입니다. 이것이 오병이어 기적의 핵심입니다.

"예수님, 사람들이 배가 고프니 마을에 내려가서 각자 무엇을 사 먹게 하시지요"라는 제자들의 합리적인 요구에 "너희가 먹이지 그러느냐?"라는 예수님의 대답은 굉장히 엉뚱하면서도, 예수님만 하실 수 있는 말씀입니다.

세상이 소리아 하나님이 방법

이때 그 말을 듣고 계산 빠른 빌립이 나섰습니다. 5,000명의 사람을 먹이려면 각 사람이 조금씩 먹더라도 200데나리온이 있어도 모자란다고 했습니다. 당시 200-300데나리온이 노동자의 월급이었으므로, 이 말은 곧 "그만한 돈도 없지만 있더라도 모자랄 터이니 우리가 어떻게 먹을 것을 줄 수 있겠습니까"라는 뜻이었습니다.

빌립은 그렇게 오랫동안 예수님을 따라다녔는데, 예수님이 무엇을 하실 것이라고 생각하기도 전에 계산주의, 합리주의적인 이야기를 했습니다. 그러나 예수님은 빌립의 대답을 무심히 넘기시고는 다시 질문하셨습니다.

"너희에게 떡 몇 개나 있는지 가서 보라"(막 6:38).

예수님은 이제 모인 사람들의 믿음을 시험하셨습니다. 그런데 놀라운 것은 그 5,000명이나 되는 사람 중에 어느 누구도 조금이라도 갖고 있는 음식을 내놓지 않았다는 것입니다.

그런데 그때 안드레가 한 소년을 데리고 왔습니다. 소년은 자신이 가진 전부인 떡 5개와 물고기 2마리를 예수님께 드렸습니다. 참 놀랍게도 5,000명 중에 "너희에게 떡이 몇 개나 있느냐?"라는 예수님의 질문에 순순히 답변한 사람은 한 소년뿐이었습니다.

그런데 이때 제자 안드레는 "그것이 이 많은 사람에게 얼마나 되겠사옵나이까?" 하며 예수님께 따져 물었습니다. 합리적이고 계산적인 빌립과 달리 안드레는 몸으로는 순종했지만, 마음으로는 불평했습니다.

세상의 첫 번째 소리를 대변하는 이가 빌립이라면, 세상의 두 번째 소리인 만사불평주의를 대변하는 이는 안드레입니다. 그리고 세 번째 세상의 소리는 성공의 소리입니다. 이 소리는 예수님의 표적과 성공의 장면을 보기 위해 모인 무리가 대변합니다.

예수님은 이렇게 순차적으로 몰아치는 세상의 소리에 아랑곳하지 않으시고 사람들을 50명에서 100명씩 무리 지어 앉게 하셨습니다. 그 후 작디작은 오병이어를 가지고 기도하신 다음 떡을 떼어 제자들에게 나누어 주셨습니다.

그리고 그때 놀라운 기적이 일어났습니다. 배고픈 사람들이 배를 완벽하게 채울 때까지 음식이 계속 생겨났습니다. 그리고 성경은 기록합니다. 12광주리가 남았다고 말입니다.

하나님 나라의 법칙

남아 있는 12광주리는 세상이 보여 줄 수 없는 하나님 나라의 특성을 대변합니다. 하나님 나라에는 모자람이 없습니다. 모든 부류의 사람들이 함께 나누어도 풍성합니다.

하나님 나라는 아주 작은 자, 아주 작은 물건을 통해서도 하나님이 역사하시는 나라입니다. 오병이어의 기적을 다룬 본문 말씀이 이 사실을 대변합니다. 그런데 제자들은 그 비전을 보지 못했습니다. 얼마 전까지만 해도 전도 훈련을 위해서 파송 받았던 70인의 제자들은 마치 예수님처럼 귀신을 내쫓고 병을 치유하기까지 했습니다.

그런 경험을 했음에도 제자들은 "너희가 먹을 것을 주라"라는 예수님의 말씀을 도무지 이해하지 못했습니다. 사람들 역시 "너희에게 떡이 몇 개나 있느냐?"라는 예수님의 질문에 선뜻 반응하지 못했습니다. 기적의 주인공이 될 기회를 놓친 것입니다. 예수님이 "너희가 먹을 것을 주라"라고 말씀하셨을 때 제자들이 믿음으로 순종했다면 그들은 더 놀라운 경험을 했을 것입니다.

무리 역시 자신의 것을 예수님 앞에 내어놓는다 한들 무엇이 달라질 수 있겠냐고 생각했습니다. 5,000명을 먹일 만한 음식은 없다고 생각한 것입니다. 5,000명이라는 숫자 앞에서 떡 5개와 물고기 2마리는 보잘것없기 마련입니다.

그러나 하나님 나라는 세상 나라와 다릅니다. 그 나라는 많이 가진 자가 꼭 큰일을 하지 않습니다. 높은 위치에 있는 사람이 꼭 큰 헌신을 하는 것도 아니고, 많이 배운 사람이 꼭 성경 교사가 되는 것도 아닙니다. 젊다고 교회 일을 더 많이 하는 것도 아닙니다. 하나님은 자신을 겸손하게 믿음으로 드리는 사람을 쓰십니다. 그 하나님 나라의 법칙을 작은 소년의 섬김을 통하여 보이십니다. 하나님은 우리의 믿음을 보십니다.

2. 작은 헌신이 이룬 큰 기적

그날, 빈 들에서

빈 들에서 예수님은 두 무리를 시험하셨습니다. "너희가 먹을 것을 주라"라는 말씀으로 제자들을 시험하셨고, "너희에게 떡이 몇 개나 있느냐?"라는 말씀으로 무리를 시험하셨습니다. 이들에게 던진 예수님의 질문의 진의는 이렇습니다. '누구라도 무엇이라도 가진 것을 나눌 수 있느냐?'라는 것입니다.

이 진의에 응답하여 순종한 소년은 자신이 가지고 있는 그 무엇인 떡 5개와 물고기 2마리를 예수님께 드렸습니다. 그리고 소년은 정말 보잘것없는 오병이어로 예수님이 이루신 기적을 보았습니다.

눈앞에서 기적을 경험한 소년의 마음은 어땠을까요? 자신을 쓰신 예수님을 경험했기에 이 소년은 빈 들에 모인 그 누구보다도 가장 놀라운 기적을 경험한 주인공이 되었습니다. 자신의 작은 믿음 때문에, 자신의 작은 헌신 때문에 지금 눈앞에서 평생에 경험하지 못할 놀라운 역사를 경험하고 있습니다. 내가 드린 물고기 2마리 때문에, 내가 드린 떡 5개 때문에 인생이 변하는 순간입니다.

내가 드린 작은 헌신, 달란트, 물질과 마음, 사랑 때문에 하나님 나라가 확장되는 모습을 본 사람이 느끼는 감동은 단지 배불리 먹는 사람들과는 다릅니다. 인생에 도전이 없으면 위험도 없지만, 그와 동시에 열정도 없습니다.

인생에 헌신이 없으면 피곤함도 없지만, 그와 동시에 성취도 없습니다. 하나님 말씀에 대한 세상의 반응은 불평의 소리, 이성의 소리, 논리의 소리, 계산의 소리, 물질주의의 소리입니다.

반면, 예수님은 무리를 목자 없는 양같이 불쌍히 여기시며 사랑하는 마음으로 나아가셨습니다. "너희에게 떡이 몇 개나 있느냐?"라는 질문과 함께 동참할 기회를 주셨습니다. 예수님의 이 질문 앞에 많이 가진 자가 나타나지 않았습니다. 기다림 끝에 오병이어를 가진 소년이 모습을 보였습니다.

현실의 눈으로만 바라보면 오병이어로 5,000명을 먹일 수 없습니다. 200데나리온도 없습니다. 그런데 예수님은 오병이어를 앞에 놓고 감사기도를 드리셨습니다. 하나님의 나라는 말과 계산에 있지 않습니다. 하나님의 나라는 예수님의 말씀을 듣고 작은 행동을 한 소년의 믿음 가운데서 이미 겨자씨처럼 싹트고 있었습니다.

킹덤 프로젝트, 100달러의 기적

제가 미국에서 목회할 때 이 오병이어 구제헌금 운동에 큰 동기를 부여했던 한 사건이 있었습니다. 미국 캘리포니아주의 알리소 비에호라는 도시에는 1985년 5명으로 개척된 코스트힐커뮤니티교회가 있습니다.

이 교회를 개척해서 귀하게 섬기고 있는 데니 벨레시(Denny Bellesi) 목사는 '아름다운 세상을 위하여(Pay It Forward)라는 영화를 보던 중 하나님께 영감을 받아서 거룩한 실험을 하기로 했습니다.

벨레시 목사는 2000년 11월 주일 예배 설교 중에 "하나님 나라를 위해 일할 지원자 100명을 구합니다"라고 도전했습니다. 그러고는 교인들에게 100달러씩을 나누어 주고 "킹덤 프로젝트"를 시작했습니다.

이 프로젝트에는 조건이 있었는데 첫째, 이 돈은 내 돈이 아니라 주인의 돈, 즉 하나님의 돈이라는 점을 명심할 것. 둘째, 그 돈을 투자하되 하나님 나라를 확장하는 데에만 쓸 것. 셋째, 그 사업의 결과를 시작한 날로부터 구십 일이 되는 날에 보고할 것. 바로 이 세 가지 조건이었습니다.

그런데 재미있는 사실은 대부분의 지원자가 평소 교회 생활에 열심 있는 교인들이 아니었다는 점입니다. 지원자들의 형편은 어려울 뿐 아니라 처한 상황도 녹록지 않았습니다. 외면할 수 있는 이유가 충분했지만 그들의 마음속에 거룩한 바람이 일기 시작했습니다.

그 돈은 하나님 나라의 확장과 하나님의 영광 그리고 사람들의 유익을 위해 최선의 투자를 하라고 하나님이 맡기신 돈이었기 때문입니다.

드디어 약속된 90일이 지나고, 프로젝트의 결과를 보고받는 순간이 왔습니다. 총 1만 달러를 가져간 100명의 지원자가 모두 모여 예배 시간에 보고회를 했습니다. 미국의 저명한 NBC 방송은 이 장면을 '데이트라인(Dateline)'이라는 프로그램을 통해 미국 전역에 방송하기 위해 녹화했고, 이 이야기를 듣기 위해 몰려든 이천여 명의 사람들로 교회는 발 디딜 틈도 없이 가득 찼습니다.

백 명의 지원자들의 이야기는 실로 놀라웠습니다. 그들이 받았던 돈 만 달러는 석 달 동안 십만 달러 이상으로 불어났고, 수천 명의 사람이 입을 것과 먹을 것을 제공받았으며, 그 과정에서 그들은 하나님과의 관계를 회복했습니다. 작은 겨자씨 100달러들이 여러 곳에서 만든 기적의 내용은 다음과 같습니다.

- 희망과 가족을 찾은 여인
- 책과 기쁨을 선물 받은 아이들
- 보이스카우트의 꿈을 이룬 소년들
- 미혼모와 태아를 위한 파티
- 자녀 잃은 부모를 위로한 손길
- 학대받는 소년들의 멘토
- 배고픈 사람들을 위한 먹을 것
- 가난한 사람들을 위한 선물과 상품권
- 다양한 구호물자
- 유산하거나 어린 아기를 잃은 가정을 위한 위로 물품
- 골수 기증 등

작은 겨자씨와 같은 그들의 헌신으로 이 프로젝트는 총 15만 달러가 넘는 돈으로 불어났을 뿐만 아니라, 인근 지역과 미국 전역을 비롯해 전 세계에 걸쳐 25만 명에게 직접적인 영향을 끼쳤습니다. 그리고 지원자들의 표현은 각각 달랐지만, 그들은 한결같이 "이 프로젝트로 인해 가장 많은 것을 얻은 사람은 바로 나 자신입니다."라고 고백했습니다.

킹덤 프로젝트는 단지 어떤 대상에 돈을 투자하는 프로젝트가 아닙니다. 이 세상에서부터 영원한 세상까지 하나님의 나라를 확장하고 하나님께 영광을 돌리기 위해 하나님이 우리에게 주신 것, 그것이 어떤 것이

든 충성스럽게 사용하는 것이 바로 킹덤 프로젝트의 참 정의라고 할 수 있습니다.

그리고 그 정의를 십분 이해한 지원자들의 공통된 고백을 6가지 비밀로 압축하면 이와 같습니다.

첫째, 주는 것보다 받는 것이 더 많았습니다.
둘째, 하나님은 우리 기도에 응답해 주십니다.
셋째, 모든 것이 다 하나님의 것입니다.
넷째, 적은 돈으로 아주 큰 일을 할 수 있습니다.
다섯째, 섬길 기회는 우리 주변에 매일 있습니다.
여섯째, 진정 중요한 것이 무엇인지 깨닫게 됩니다.
〈기적의 100달러, 박혜경 옮김. 두란노, 2002. P38-69〉

이 놀라운 고백들이 우리의 존재 자체와 우리가 가진 모든 것이 우선적으로 하나님의 것임을 믿고, 삶의 전 영역에 걸쳐서 그런 자세로 살아가는 우리의 고백이 되길 바랍니다.

M52 오병이어 킹덤 프로젝트

그리고 지금 우리를 둘러싼 현실은 그런 헌신의 고백을 가진 교회와 그리스도인들이 곳곳마다 일어나길 요구하고 있습니다.

아시다시피 현재 한국 사회와 교회는 코로나19로 인해 많은 어려움을 겪고 있습니다. 사회적 거리두기로 인해 쉽게 성도들이 찾아올 수 없는 교회들의 현실도 만만치 않습니다.

이에 따라 지구촌교회는 이 상황을 함께 극복해 가고자 2020년 코로나 특별 헌금 계좌를 별도로 개설하였고 어려움 가운데서도 성도들은 자원하여 나보다 더 어려운 사람들을 돕기 위해 소유의 일부를 기쁨으로 하나님께 드렸습니다.

이를 통해 2020년 한 해 동안 지구촌교회는 경제적으로 어려움에 처해있는 교회 내 900개 가정과 미자립교회 600곳, 해외 교회들과 교민, 900여 명의 현지 선교사님들 그리고 신학생과 교단 내 홀 사모님, 인근 노숙자와 외국인 노동자들을 도울 수 있었고, 특히 2020년 여름에는 코로나뿐 아니라 수해 피해를 입은 지역과 교회들에도 도움의 손길을 펼칠 수 있었습니다.

또한 가까운 지역 교회들과 연합하여 지자체와 방역 공무원들을 방문해 격려하였고, 지역의 전통 시장을 살리기 위한 공감 소비운동도 함께 실천했습니다.

더불어 꿈 많은 스타트업 청년들이 낙담하지 않고 이 위기를 잘 극복할 수 있도록 격려하기 위해 별도의 기금을 조성하고 교회 내외의 청년 소상공인들과 프리랜서들을 선정해 일정 기금을 비롯한 맞춤형 멘토링도 제공했습니다.

그러나 본격적인 어려움은 2021년부터 찾아왔습니다. 코로나로 인한 한국 사회와 교회의 어려움은 전혀 수그러들지 않았습니다. 특히 많이 어려워진 경제로 인해 실직과 폐업의 현실이 쓰나미처럼 닥쳐왔습니다. 어려움을 겪는 목회자나 사역자들도 적지 않았고 성도님들의 삶도 역시 다르지 않았습니다.

이에 저는 우리 지구촌교회가 2020년의 경험을 토대로 이런 상황들을 극복하는 데 필요한 마중물이 되어야 한다는 마음으로 오병이어 비전을 선포했습니다. 또한 '오병이어 구제헌금'이라는 이름의 작은 헌신들이 예수 그리스도의 이름으로 모여 개인과 가정을 살리고, 교회 공동체를 회복시키며, 지역 사회와 도시를 살리는 놀라운 일들로 올해도 다시 이어지게 되기를 기도했습니다.

많은 성도가 이 위기의 시대에 우리를 향한 아버지의 마음을 알고 이 헌신에 적극적으로 동참해 주셨습니다. 이 비전에 더 큰 불씨를 던져 준 감동적인 사연이 있습니다.

오병이어 비전에 대한 설교를 듣고 무명의 젊은 성도분이 교회 사무국을 찾아왔습니다. 이분은 본인의 신분도 밝히지 않은 채 어려운 이웃을 돕는 일에 작은 보탬이 되고 싶다며 봉투 하나를 건네고는 황급히 사라졌습니다. 그 봉투 안에는 꼬깃꼬깃 접힌 오만 원권 45장, 225만 원과 편지가 들어 있었습니다. 그 내용은 이렇습니다.

"안녕하세요. 어려운 이웃을 위해 작은 보탬이 되었으면 좋겠습니다. 저는 단칸방에 단둘이 살고 있는 한 아내의 남편입니다. 언제가 될지는 모르겠지만 다급한 일이 생길 때 사랑하는 아내에게 짜잔 하며 주려고 했던 비상금입니다. 3년 동안 차곡차곡 모은 거라 액수를 떠나 애정이 있는 돈입니다. 모든 것을 보시는 주님이기에 다급한 일이 생긴다 해도 예비하실 것을 믿고 기부합니다. 무엇보다 홀로 자녀를 키우는 부모와 아이들에게 손길이 전해졌으면 좋겠습니다."

장애인 수영선수로 국가대표 선수로도 활약하며 메달을 따기도 했던 한 자매는 취직해서 받은 1년 치 급여 800여만 원을 장애를 가진 아이들을 위해 써달라며 헌금했습니다.

이들의 소중한 헌신은 우리의 가슴을 더욱 뛰게 했고 수많은 성도의 작은 헌신들로 이어져 짧은 기간 동안 수십억 원의 헌금이 모이게 되었습니다.

이를 통해 지구촌교회는 2021년에도 탈북민과 이주 근로자를 포함한 지역사회의 취약계층인 노숙인, 한 부모 가정, 미혼모, 독거노인, 소년 소녀 가장, 다문화 가정, 외국인 노동자, 홀 사모, 미자립교회 등 600여 곳과 중국, 베트남, 인도, 미얀마, 몽골, 인도네시아 등 코로나 상황으로 인해 어려움에 처한 해외 선교사님들과 현지 교회들을 계속해서 도울 수 있었습니다. 특별히 비대면 상황에서 온라인 예배조차 드릴 수 없는 교회들을 돕기 위해 교단 내 100개 교회를 선정해 온라인 교회 건축(홈페이지 및 온라인 예배)을 지원하였습니다.

이렇듯 성도님들의 헌신으로 모인 헌금은 지금도 구제와 돌봄, 전도, 선교 사역에 소중히 사용되고 있습니다. 오병이어의 헌신이 모여 놀라운 일을 이루어 냈습니다.

코로나 팬데믹으로 인한 지구촌의 어려움은 계속되었지만 적지 않은 한국교회들이 이런 섬김의 모습으로 곳곳에서 헌신하고 있습니다. 이렇듯 하나님이 모든 지역 교회에 주신 예수 그리스도의 은혜와 사랑을 소외된 우리 주변의 이웃에게 나누는 헌신과 개인, 가정, 교회 공동체, 지역 사회와 도시, 더 나아가 세계를 살리기 위한 노력은 앞으로도 계속될 것입니다.

섬김

_ 대한민국 피로회복의 비결

살아 계신 아버지께서 나를 보내시매
내가 아버지로 말미암아 사는 것 같이
나를 먹는 그 사람도 나로 말미암아 살리라
이것은 하늘에서 내려온 떡이니 조상들이 먹고도
죽은 그것과 같지 아니하여 이 떡을 먹는 자는 영원히 살리라
이 말씀은 예수께서 가버나움 회당에서
가르치실 때에 하셨느니라(요 6:57-59).

이렇게 모두가 힘들고 지친 이 시대를 살아가는 우리의 모습을 생각하다가 전에 읽은 책 한 권이 생각났습니다. 독일에서 가장 주목받는 한국 출신의 철학자 한병철 박사가 2012년에 출간한 『피로사회』라는 책이었습니다. 저자는 이 책에서 우울증이 끊임없는 경쟁사회와 성과사회의 결과로, 자기 자신이 되지 못한 인간의 좌절에 대한 병리학적 표현이라고 진단합니다.

사회는 계속해서 경쟁하고 성과를 내야 하는데 그런 압박 속에서 '다 타서 꺼져 버린 탈진한 영혼의 표현'이 바로 우울증, 혹은 소진증후군입니다. 그는 책에서 이렇게 말합니다.

"우울증은 규율 사회에서 성과 사회로 이행하는 기간에 나타나는 현상으로 만인에게 자기 주도적으로 될 것, 자기 자신이 될 것을 요구하는 새로운 규범으로 대치되는 순간 나타나는 증상입니다."

우울증은 긍정성의 과잉에 시달리는 사회의 질병으로, 자기 자신과 전쟁을 벌이고 있는 인간을 반영합니다. 이 사회는 성과 사회 속에서 자기 주도적으로 될 것, 그리고 끊임없이 자기 자신이 될 것을 요구합니다. 이러한 현상은 포스트모더니즘 문화와 동일한 슬로건입니다.

문제는 사람이 완벽한 자기 자신이 될 수 없다는 데 있습니다. 끊임없이 자기 자신이 될 것을 요구하는 사회 속에서 자기 자신과 전쟁을 벌이고 있는 인간의 모습! 저는 이 대목에서 그리스도인들이 복음에 대한 확신을 가져야 함을 발견합니다. 128페이지밖에 되지 않는 이 소책자가 유럽과 한국에서 인기를 끌었던 이유는 우리 사회가 갖고 있는 뇌관을 건드렸기 때문입니다.

2019년 4월의 KBS뉴스에 따르면, 2017년 대한민국의 1인 노동 시간은 OECD 35개 국가 중 두 번째로 많았습니다. 하루 노동 시간을 8시간으로 환산했을 때 한국인은 가장 노동 시간이 짧은 독일인보다 연중 4개월을 더 일한 것이고, OECD 평균보다 1.7개월 더 일한 셈이 됩니다.*

더군다나 2020년과 2021년에는 코로나19 전염병 한복판에서 사람들이 피부로 느끼는 피로도는 극에 달해 있는 듯합니다. 마스크를 쓰고 있으니 서로의 웃는 표정을 볼 수가 없습니다. 크게 웃고 떠드는 소리에도 민감합니다. 서로가 다 피곤하고 찌들고 폭발 직전입니다. 이런 사회를 어떻게 살릴 수 있을까요? 특별히 그리스도인으로서 어떻게 사회를 돕고 이끌어 갈 수 있을까요?

---

* https://news.kbs.co.kr/news/view.do?ncd=4190965.

1. 무리와 예수님의 동상이몽

예수님 시대 사람들의 생활양식은 단순했습니다. 지금처럼 경쟁사회가 아니었기 때문에 분명 우울증이나 공황장애 같은 질병은 많지 않았을 것입니다. 지금은 많이 먹어서 당뇨나 각종 질병이 생기지만, 당시의 어려움이라고 한다면 배고픔이었습니다. 병원이 없으니 당연히 질병을 치료할 수가 없었습니다. 그러나 또한 흥미로운 점은 소위 말하는 귀신들린 사람들이 지금 시대보다도 분명 많았다는 것입니다.

예수님은 이런 사람들의 필요를 무시하지 않으셨습니다. 예수님은 먼저 그들을 하나님의 말씀으로 먹이는 사역을 꾸준히 감당하셨습니다. 생명의 말씀만이 그들을 궁극적으로 살릴 수 있음을 아셨기 때문입니다. 그러나 예수님은 그들을 치유하는 사역도 병행하셨습니다. 육신의 질병도 고치시고, 영혼의 질병도 치유하신 것입니다. 또한 그들을 먹이는 일도 마다하지 않으셨습니다

예수님이 가장 먼저 행하신 기적은 가나 혼인 잔치에서 일어났습니다. 그 당시 혼인 잔치의 핵심은 포도주였습니다. 포도주가 떨어지자 예수님은 물로 포도주를 만드는 기적을 일으키셨습니다. 한 소년이 헌신한 떡 5개와 물고기 2마리로 장정만 5,000명을 먹이신 적도 있습니다.

예수님은 사람들을 보실 때 그들의 삶 전체를 보셨습니다. 이것은 하나님이시기 때문에 가능한 일입니다. 그러나 여기서 우리는 신의 시선으로 인간을 죄인으로만 보지 않으신 하나님을 발견하게 됩니다. 만약 인간을 죄인으로만 생각하셨다면 예수님을 이 땅에 보내지도 않으셨을 것이고, 예수님도 그렇게 우리를 대하지 않으셨을 것입니다.

요한복음과 마찬가지로 오병이어 사건을 기록하고 있는 마가복음에서는 자신들의 온갖 문제를 가지고 예수님께 다가오는 사람들을 대하시는 예수님의 모습을 발견할 수 있습니다.

> "예수께서 나오사 큰 무리를 보시고 그 목자 없는 양 같음으로 인하여 불쌍히 여기사 이에 여러 가지로 가르치시더라"(막 6:34).

예수님은 빈 들에서 주님께 나아오는 사람들의 모습에서 인생의 목적 없이 방황하고 있음을 꿰뚫어 보셨습니다. 그리고 그들을 불쌍히 여기사 말씀도 가르치시고 오병이어의 기적으로 풍성하게 먹이기도 하셨습니다.

수많은 사람이 이런 예수님의 모습을 보고 왕으로 삼고자 했습니다. 여기서 왕은 그들이 기다리던 메시아의 개념으로 보아도 무방합니다. 방황하는 무리는 하나님이 계획하신 메시아의 모습을 다 알지는 못하지만, 예수님이 이스라엘의 실제적인 왕으로서 오시는 메시아라고 확신했습니다. 예수님은 그들의 마음을 아시고 그 자리를 떠나셨습니다.

그런데 무리 중 극성파들은 배까지 타고 예수님이 계신 곳을 찾아왔습니다. 이때 예수님은 배를 타지 않으시고 갈릴리 호수를 가로질러 가버나움에 먼저 당도하셨다고 요한복음은 증언합니다(요 6장). 배를 타고 가던 예수님의 제자들은 예수님의 그런 신적인 모습을 보고 두려움과 놀라움에 빠졌습니다.

하지만 놀라움도 잠시, 이제 다시 모두가 갈릴리 반대편으로 옮겨 한자리에 모였습니다. 그런데 그렇게 식음을 전폐하고 예수님이 좋다고 따라온 무리에게 예수님은 면박을 주셨습니다.

"예수께서 대답하여 이르시되 내가 진실로 진실로 너희에게 이르노니 너희가 나를 찾는 것은 표적을 본 까닭이 아니요 떡을 먹고 배부른 까닭이로다"(요 6:26).

그 후 예수님은 썩을 양식을 위해서 일하지 말고 영생하도록 있는 양식을 위해서 일하라고 하셨습니다(요 6:27). 무리는 그렇게 하기 위해서 무슨 일을 해야 하냐고 물었습니다. 그때 예수님은 하나님이 보내신 자를 믿는 것이 하나님의 일이라고 말씀해 주셨습니다(요 6:28-29). 그러자 무리는 다시 질문했습니다.

"그들이 묻되 그러면 우리가 보고 당신을 믿도록 행하시는 표적이 무엇이니이까, 하시는 일이 무엇이니이까"(요 6:30).

얼마나 웃긴 질문입니까? 그들은 지금 하나님이 예수님을 보내셨다는 확신은 있지만 한 번 더 기적을 보여 달라고 요구하고 있습니다. 여기까지만 해도 그나마 괜찮은데, 무리는 우리 조상들은 광야에 있을 때 하늘에서 내려 주는 만나를 먹었다고 이야기했습니다(요 6:31).

참 염치없고, 양심도 없습니다. 바로 전날 5,000명이 넘는 사람들이 오병이어로 배불리 먹고 12광주리가 남는 모습을 지켜본 무리는 지금 그 기적을 일으키신 주인공이 바로 앞에 있는데도 이처럼 어리석은 푸념을 늘어놓고 있습니다.

이에 예수님은 하나님이 주시는 떡은 세상에 내려 주시는 생명의 떡이라고 말씀하셨습니다(요 6:33). 그러자 무리는 그런 생명의 떡을 달라고 예수님께 요청했습니다. 그제야 예수님은 다음과 같이 본론을 이야기하셨습니다.

"예수께서 이르시되 나는 생명의 떡이니 내게 오는 자는 결코 주리지 아니할 터이요 나를 믿는 자는 영원히 목마르지 아니하리라"(요 6:35).

2. 생명의 양식을 얻는 방법

예수님이 스스로가 하늘에서 내려온 생명의 떡이라고 선포하신 것입니다. 그러자 사람들이 수군거리고 난리가 났습니다. 감히 나사렛에서 목수의 아들로 자란 자가 하늘에서 내려온 자라고 하니 갑자기 여론이 바뀌기 시작했습니다. 예수님을 왕으로 삼고자 밤을 새워 쫓아온 사람들은 예수님의 이 한마디에 쑥대밭이 되었습니다.

"자기가 하늘에서 내려온 떡이라 하시므로 유대인들이 예수에 대하여 수군거려 이르되 이는 요셉의 아들 예수가 아니냐 그 부모를 우리가 아는데 자기가 지금 어찌하여 하늘에서 내려왔다 하느냐"(요 6:41-42).

이 말씀은 무리의 정체를 알려 줍니다. 예수님을 메시아, 왕으로 생각하고 따른 무리는 예수님이 하나님의 아들이시라고 생각하지는 않은 것입니다. 그럴 수 있습니다. 오늘날에도 교회에 다니고 직분이 있다고 해서 다 예수님의 제자가 되는 것은 아닙니다. 무리의 반응을 보시고 예수님이 다시 정리해서 말씀해 주십니다.

"진실로 진실로 너희에게 이르노니 믿는 자는 영생을 가졌나니 내가 곧 생명의 떡이니라 너희 조상들은 광야에서 만나를 먹었어도 죽었거니와 이는 하늘에서 내려오는 떡이니 사람으로 하여금 먹고 죽지 아니하게 하는 것이니라"(요 6:47-50).

예수님의 말씀은 이렇습니다. 조상들은 광야에서 매일 하늘에서 내려오는 양식인 만나를 먹어도 죽었지만, 예수님은 하늘에서 내려오신 생명의 떡이기 때문에 예수님을 먹으면 영원히 죽지 않는다는 것입니다.

"나는 하늘에서 내려온 살아 있는 떡이니 사람이 이 떡을 먹으면 영생하리라 내가 줄 떡은 곧 세상의 생명을 위한 내 살이니라 하시니라 그러므로 유대인들이 서로 다투어 이르되 이 사람이 어찌 능히 자기 살을 우리에게 주어 먹게 하겠느냐"(요 6:51-52).

예수님은 더 적나라하게 자신이 생명의 떡이고, 자신의 살을 먹어야 한다고 선언하셨습니다. 이 표현은 마치 식인종을 연상케 합니다. 이에 무리 사이에 다시 한번 논쟁이 벌어졌습니다. 예수님이 하신 이 말씀의 진의에 대해서 서로 다투었습니다. 때로 진리가 선포되면 선과 악이 뒤엉켜 싸웁니다.

이 말씀을 하신 예수님의 진정한 의도는 무엇일까요? 예수님은 요한복음 6장이라는 짧지 않은 말씀들 안에서 계속해서 이야기하셨습니다. 사람들의 질문이 이어질수록 더욱더 적나라하게 말씀하셨습니다.

"예수께서 이르시되 내가 진실로 진실로 너희에게 이르노니 인자의 살을 먹지 아니하고 인자의 피를 마시지 아니하면 너희 속에 생명이 없느니라 내 살을 먹고 내 피를 마시는 자는 영생을 가졌고 마지막 날에 내가 그를 다시 살리리니 내 살은 참된 양식이요 내 피는 참된 음료로다"(요 6:53-55).

예수님에 대해 모르는 사람이 이 말씀을 읽으면 기절초풍하거나 어떤 이유에서든 다시는 교회에 발걸음을 하지 않을지도 모르겠습니다. 그러나 이 말씀은 문자적인 의미가 아니라 상징적인 의미 가운데 비유로 하신 말씀입니다.

예수님이 무리와 나누신 이 대화는 오병이어 기적의 연장선입니다. 예수님은 목자 없이 들에서 지치고 피곤하며 헤매는 양 떼와 같은 무리를 불쌍히 여기셔서 그들에게 떡과 물고기를 배불리 먹게 하셨습니다. 그래서 그들은 "떡을 먹고 배부른 까닭이로다"(요 6:26)라는 예수님의 말씀처럼 배불리 먹여 주시기 때문에 예수님을 따라다녔습니다.

여기에 문제가 있습니다. 받을 복만 따라다니면 기복주의가 되고, 자신이 만든 종교적 법칙을 따르면 율법주의가 되며, 삶에서 노력은 하지 않고 기적만 찾으면 신비주의가 됩니다.

이렇게 사는 사람들은 아무리 열심히 살아도 인생 자체가 피곤합니다.

복을 따라 살지만 복이 생기지 않으면 절망하고, 내가 만든 법칙을 상대방이 따라 주지 않으면 분노하게 됩니다. 언제나 오병이어의 기적만 바라며 하늘만 쳐다보면 일어나지 않는 기적에 실망하여 현실을 회피할 수밖에 없습니다.

예수님은 이 대화 가운데 '생명'과 '영생'이라는 말씀을 반복하셨습니다. 무리에게 필요한 것은 오늘 먹을 양식 이상의 무엇이었기 때문입니다. 그들에게 필요한 것은 인생의 목적, 삶의 동기, 그리고 무엇보다 진정한 생명이었습니다.

예수님은 오늘 당장 먹어야 할 양식이 필요했기 때문에 오병이어의 기적을 보여 주셨습니다. 그러나 인간의 본질은 더 많은 양식을 얻기 위해 경쟁하고, 성과를 내기 위해 노력하며, 필요 이상의 욕심을 만족시키기 위해 일하게 되어 있습니다. 예수님은 그렇게 우리를 병들게 하고 오늘만 존재하는 썩는 양식이 아니라, 진정한 생명과 영원히 살 수 있는 양식을 주겠다고 선언하신 것입니다.

그런데 그 생명의 양식을 획득하는 방법을 사람들은 이해할 수 없었습니다. 예수님의 살과 피를 먹어야 한다니요? 그들이 "내 살을 먹고 내 피를 마시는 자는 영생을 가졌고 마지막 날에 내가 그를 다시 살리리니 내 살은 참된 양식이요 내 피는 참된 음료로다"(요 6:54-55)라는 예수님의 말씀을 어떻게 이해할 수 있었을까요.

당시 유대 사회는 우리 문화처럼 밥상 공동체였습니다. 밥을 함께 먹는 문화는 곧 삶을 나누는 친밀한 문화를 말합니다. 미국 사람들은 집에서 모임을 하거나 소그룹 교제를 나눌 때, 우리처럼 음식을 거의 나누지 않습니다.

이해할 수 없는 예수님의 말씀은 이런 유대 사회의 문화를 반영한 것으로, 예수님과의 친밀한 교제를 의미하며 전하신 말씀이었습니다.

"내 살을 먹고 내 피를 마시는 자는 내 안에 거하고 나도 그의 안에 거하나니 살아 계신 아버지께서 나를 보내시매 내가 아버지로 말미암아 사는 것같이 나를 먹는 그 사람도 나로 말미암아 살리라 이것은 하늘에서 내려온 떡이니 조상들이 먹고도 죽은 그것과 같지 아니하여 이 떡을 먹는 자는 영원히 살리라"(요 6:56-58).

이 아이러니한 말씀의 진정한 의미는 예수님의 사랑 고백입니다. 모든 것을 나누는 밥상 공동체의 친밀한 교제를 넘어 "나랑 사귀자!"라고 프러포즈하시는 것입니다.

신약 시대에는 이처럼 예수님과 대화하며 교제했지만, 구약 시대에는 하나님이 사람들에게 하나님의 말씀인 율법을 주셨습니다. 그리고 이스라엘 백성은 그 율법에 의해 하나님과 언약을 맺었습니다. 즉 하나님과 계약 관계를 맺은 것입니다.

그러나 이스라엘 백성은 시간이 지나자 하나님께 불순종하면서 하나님의 말씀을 남용했습니다. 말씀 앞에 서서 자신이 변화되는 것이 아니라, 다른 사람들을 정죄하는 도구로 율법을 사용했습니다. 규범사회로 살아간 것입니다.

그러나 그것은 하나님의 뜻이 아니었습니다. 십계명의 핵심은 '하나님을 사랑하고 이웃을 사랑하는 것'이었습니다. 예수님은 십계명의 이 부분을 분명히 짚어 주셨습니다.

사람들이 놓친 것, 즉 언약의 핵심은 바로 사랑입니다. 결혼할 때 서로가 상대방에게 하는 언약서가 법적인 족쇄인가요, 아니면 사랑의 언약인가요? 사랑의 언약입니다. 그것을 변형시키는 것은 바로 죄로 물든 인간입니다. 하나님은 언제나 동일하십니다.

3. 피로 사회, 그 극복을 위한 길

역사 속에서 인간들은 사회성과 도덕성을 추구해 왔습니다. 그러나 어느 철학자가 절규했던 것처럼, 인간이 만드는 사회는 이상하게도 도덕적이지 않습니다. 이와 같은 사실을 증명한 책이 있습니다.

로랑 베그(Laurent Begue)가 쓴 『도덕적 인간은 왜 나쁜 사회를 만드는가』입니다. 사실 책의 내용을 보면 "스스로 도덕적인 줄로 생각하는 인간은 왜 나쁜 사회를 만드는가?"라는 제목이 더 어울립니다. 이 책의 결론이 '자신은 도덕적이라고 생각하지만 도덕적이지 않기 때문에 나쁜 사회를 만든다'이기 때문입니다. 저자는 이러한 현실을 다음과 같이 고발합니다.

"가혹한 역설이지만 스스로 타의 모범이 될 만하다는 생각이 모범적일 수 없는 행동들을 낳는다. …자신의 도덕성이 우월하다는 생각을 유도했더니 타인의 위반 행동에 엄격한 비난을 퍼붓거나 앙심을 품었다."

"실험 결과, 유기농 식품을 구매했던 사람들이 채점표를 속여서 사례금을 부풀리는 경우가 더 많았다. …그들은 자신이 도덕적이라는 생각만으로도 훨씬 더 탐욕스러운 태도를 보였다."

이 책은 많은 실험 결과를 통해서 자신이 도덕적이라고 생각하는 사람들이 안으로는 더 부정을 저지를 수 있다는 것을 보여 줍니다.

21세기 하이테크의 시대를 살고 있는 우리는 코로나19 한복판에서 인간들의 어떤 모습을 목격하고 있습니까? 자기 조절 능력이 상실된 시대, 자유를 추구하지만 결국 방종으로 치닫는 모습을 보게 됩니다. 지금은 끊임없는 경쟁사회, 성과사회, 삶의 절반 가까이를 인터넷이나 가상공간에서 살아가는 시대, 개인화를 추구하지만 참된 공동체가 그리운 사회, 무엇보다도 가장 완벽한 인간을 원하면서도 도덕성을 상실한 시대입니다.

사람이 전문성을 추구하다 보면 처음에는 그 분야에서 기쁨을 느끼지만, 시간이 지남에 따라서 감정이입이 떨어지고, 사람을 일처럼 대하고, 본인도 기계적이 되어 버립니다.

법률인이나 가게에서 일하는 사람들도 마찬가지입니다. 의사도, 목회자도 피해 갈 수 없습니다. 사람을 사람으로 대하고 서로에게 부족한 부분을 이해하며 긍휼히 여겨야 하는데, 세상이 발전할수록 점점 인간미가 사라집니다. 특히 경쟁사회, 성과사회에서는 더욱 그런 현상이 뚜렷합니다. 한마디로 모두가 피곤한 사회입니다.

대한민국 사회가 너무 피곤합니다. 정치적으로는 혼란하고, 경제적으로는 위기가 다가옵니다. 무엇보다 사람들의 마음이 메말라 있습니다.

분노로 가득 차 있습니다. 한마디로 절망적입니다. 이 모든 절망적이고 피곤한 상황을 어떻게 이겨 나갈 수 있을까요?

참된 양식을 먹어라

현실의 문제가 있을 때 그것이 아무리 커 보이더라도 진리를 어떻게 적용할지 고민하는 것이 곧 신앙입니다. 거대한 현실의 문제 앞에 내가 중요하게 여기던 가치에 의해서 움직일 것입니까? 아니면 현실과 타협하거나 현실을 회피하거나 현실의 지배를 받으며 살아갈 것입니까?

그리스도인은 내가 믿고 있는 '길이요 진리요 생명이신 예수님'(요 14:6)에 의해서 현실을 극복하고 이끌어 가는 사람입니다. 예수께서 주신 참된 양식을 받은 사람들이기 때문입니다(요 6:55).

예수님은 모든 현실의 문제를 극복할 능력을 갖추신 분입니다. 그런 예수님이 원하시는 것은 우리와의 사귐입니다. "거두절미하고, 피곤한 영혼들이여! 내가 너희를 쉬게 하리라. 나랑 사귀자"라고 프러포즈하시는 것입니다. 눈에 보이는 떡만 바라보지 말고, 영원한 생명의 떡이신 예수님을 만나고 교제하고 사랑하라는 것입니다.

예수님이 일으키신 기적만 보고 계속 예수님을 따르는 사람들, 떡을 먹고 배불러서 따르는 사람들, 왕 삼으려고 따르는 사람들을 향한 예수님의 일침은 바로 "나랑 사귀자!"라는 단순한 말씀이었습니다.

백신이 개발되었지만, 바이러스는 언젠가 또 나타날 것입니다. 생로병사의 문제는 그 누구도 풀 수 없는 문제입니다. 인간의 힘으로 완벽한 유토피아를 꿈꾸는 것은 에덴동산에서 바벨탑에 이르기까지 출몰했던 사탄의 거대한 유혹일 뿐입니다.

인간의 능력으로 무엇인가를 해결할 수 있다는 생각은 사탄이 만든 신기루입니다. 오직 그리스도의 보혈만이 죄로 물든 인간들의 피로를 회복시킬 수 있습니다. 오직 그리스도의 살과 피로만 우리의 죄는 회복될 수 있습니다. 예수님이 그렇게 하실 수 있는 이유는 그분 스스로가 십자가에서 오병이어가 되셔서 그 희생으로 우리를 먹이시고 입히시고 살리셨기 때문입니다. 이 시대에 필요한 기적은 오병이어의 주체이신 예수 그리스도이십니다.

그리스도의 사랑을 묵상하라

대한민국에 쌓여 있는 피로를 회복할 수 있는 것은 사랑밖에 없습니다. 직장에서 힘겹고 피곤하게 근무하고 돌아왔을 때 가족의 미소가 모든 피로를 날려 주는 경험을 해보았을 것입니다. 그런데 가족 모두가 피곤하다면, 혹은 만나는 모든 이가 피곤하여 서로 마주 보며 웃을 수 있는 미소마저 볼 수 없게 된다면 우리는 어디에서 위로와 치료를 받을 수 있을까요?

하나님이 인간의 궁극적인 피로 혹은 필요를 채워 주기 위해 오셨습니다. 사랑 많으신 예수님이 십자가에 그 몸과 살이 다 찢기며 돌아가셨습니다. 그 살과 피로 목자 없이 삶을 헤매는 영혼들의 고난과 고통의 문제를 해결하신 것입니다.

사랑을 실천하라

뉴스 곳곳에서 대한민국에 피가 모자란다는 이야기를 듣습니다. 신종플루가 기승을 부렸던 2009년에는 O형과 A형의 재고량이 하루 치도 남지 않아서 최악의 상황을 겪었다고 합니다. 혈액은 5일 정도의 재고량이 있어야 정상인데 코로나 사태가 장기화되면서 헌혈 인구가 줄었고, 3일 정도의 분량까지 내려가 위험수위에 다가갔습니다. 병원에서 수술해야 하는 환자가 수혈을 받지 못해 사망하는 경우도 발생하고 있습니다.

헌혈을 권장하는 어느 광고에서 이런 문구를 보았습니다. "혈액은 인공적으로 대체할 수 없는 만큼 국민들이 꼭 헌혈에 동참해 주시길 간곡히 부탁드린다"라는 내용이었습니다.

지구촌교회는 지난 15년간 헌혈을 꾸준히 해왔습니다. 그러나 코로나 상황에 접어들고 쉽지 않았습니다. 헌혈 참여를 독려하더라도 사회적 거리두기와 제한적인 인원들을 고려할 때 많은 숫자가 모이는 데는 어려움이 있었습니다. 또 모인다고 하더라도 방역 조치와 이동 동선을 어떻게 겹치지 않도록 하느냐에 대한 깊은 논의들이 있었고, 올해는 하지 않는 방향으로도 생각을 해보았습니다.

거기에 더 우리의 결정을 주저하게 했던 것은 그즈음 해병대 장병들이 헌혈에 동참하는 과정에서 확진자와 접촉해 장병 90명이 격리되는 상황이 생겼다는 소식이었습니다. 그로 인해 논의 자체를 중단해야 할 상황이었습니다. 그러나 나의 피 한 방울이 누군가를 살릴 수 있다는 기대와 우리를 대신해 십자가에 달려 돌아가신 예수님의 값진 보혈의 은혜를 생각할 때 더 이상 이 필요를 외면할 수 없었습니다.

결국 큰 결단 끝에 기도로 준비하며 교직원과 지구촌사회복지재단의 자문과 협력을 거쳐 최소한의 자원하는 인원만 헌혈하는 것으로 결정하였고, 200명이 헌혈에 참여하게 되었습니다.

몇 개월 후에는 2차로 수백 명의 청년이 자원하였는데 그때 나온 이름이 바로 '피로회복'입니다. 저는 이 이름에 큰 감동을 받았습니다. 피로에 찌든 대한민국 국민들의 피로, 누가 회복해 줄 것인가요? 오직 예수 그리스도의 보혈로, 즉 그분의 피를 수혈해야 하지 않습니까? 누가 예수님의 피를 수혈해 줄 수 있겠습니까? 바로 그리스도인들입니다.

왜냐하면, 우리야말로 하나님 아들의 살과 피를 통해 죄 씻음을 받고, 허물을 용서받고, 새로운 생명과 영생을 받은 사람들이기 때문입니다. 그래서 코로나19 한복판에서 헌혈자가 줄고 있는 이때 그리스도인은 오히려 더욱 사랑을 실천해야 한다고 생각해 이 비전을 많은 목사님과 나누었습니다.

감사하게도 많은 목사님과 교회가 동참해 주셨고, 이름을 이렇게 정했습니다. "대한민국 피로회복." 부제는 "성탄에서 부활까지"로 했습니다. "대한민국 피로회복"이란 이름에는 다음과 같은 의미가 담겨 있습니다. "코로나에 지치고 피로한 모든 이를 위하여 예수 그리스도의 피로 회복하자. 대한민국 피로회복!"

한국의 6만여 교회에서 한 사람씩만 헌혈하면 6만 팩, 2명씩 헌혈하면 12만 팩이 됩니다. 헌혈하는 사람이 헌혈할 때마다 내 피를 공급받을 영혼을 위해서 기도한다면 예수 그리스도의 사랑이 흘러 들어갈 것입니다. 헌혈하는 것은 작은 헌신이지만, 하나님이 그 작은 헌신을 보시고 오병이어와 같은 역사와 기적을 보이실 거라 믿습니다.

대한민국 피로회복 헌혈 캠페인이 1~8차에 걸쳐 진행되는 동안 38개 교회와 31개의 단체 15,544명이 이 운동에 동참해 주셨고, 지구촌교회는 그 기간 동안 3,222명의 성도가 이 운동에 참여해 주셨습니다. 그리고, 개인 일정으로 현장에 오지 못해 헌혈증만 제출하신 분들을 포함해

2,511명이 헌혈해 주셨습니다.

그중에는 한때 원인 모를 빈혈로 인해 매주 수혈을 받아야 했던 한 자매는 비록 헌혈에는 동참하지 못했지만, 사용하고 남아 있던 헌혈증 모두를 다시 기증하며 이렇게 고백했습니다.

"저는 최근 수년 동안 원인 모를 빈혈로 매주 수혈을 받아야 했던 때가 있었습니다. 매주 병원에서 수혈을 받으면서 '예수 그리스도의 보혈로 제 몸 안의 피가 채워지게 해 주시옵소서'라고 기도했었습니다. 지금은 정말 하나님의 은혜로 건강이 회복되었는데요. 그러면서 한 사람 한 사람의 헌혈이 얼마나 소중한지를 깨닫게 되었습니다. 그리고 제가 수혈을 받았던 기간 동안 지구촌교회 성도님들이 모아주신 헌혈증들을 저에게 기증해 주셔서 큰 도움이 되었습니다.

그래서 이번 기회에 조금이라도 도움이 되었으면 하는 마음으로 동참하게 되었습니다. 저는 비록 체구가 작아서 헌혈로 동참하진 못하고 모아주셨던 헌혈증, 남아 있는 헌혈증으로 "대한민국 피로회복"에 동참하게 되었지만, 더 건강하신 분들이 헌혈에 꼭 동참해 주셨으면 좋겠습니다. '대한민국 피로회복' 파이팅!"

그리고 이 "대한민국 피로회복" 헌혈 캠페인을 통해 몸과 영성뿐 아니라 가정도 회복시키는 놀라운 은혜가 있었다는 간증을 전해오신 분도 있었습니다.

"안녕하세요. 저는 OOO 집사입니다. 이번 '대한민국 피로회복'에 대한 작은 간증을 나누고자 합니다. 저는 부끄럽지만 술을 매우 아끼고 사랑하던 사람이었습니다.

어려서부터 술에 대해 매우 호의적이었고 식사와 함께하는 반주가 자연스러운 환경에서 자라왔습니다. 유교적인 집안의 장손이었기에 술에 대해서는 한없이 관대했었습니다. 사람을 만나는 자리에서 술은 없어서는 안 될 존재였습니다.

그러다 독실한 믿음의 가정에서 자란 아내를 만나 주님을 영접하고, 신실하게 믿음 생활도 하고, 목장에도 참여하고, 제자훈련도 열심히 하였지만, 또 다른 주님은 버릴 수가 없었습니다. 옛 친구들과 동료들을 만났을 때만이 아니라, 가정에서도 홀로 술을 마시는 일은 더욱 늘어갔습니다. 점차 성장해가는 아이들의 눈에 술에 취해 해롱거리는 아빠의 모습이 점차 혐오스럽게 느껴졌었던 것 같았습니다.

그럴 때마다 항상 '이제 술을 줄여야겠다'라고 마음은 먹었지만, 코로나로 인해 집에서 지내는 시간이 더 많아지면서, 집에서 술을 먹는 횟수는 점차 늘어만 갔습니다. 그러던 중에 교회의 '대한민국 피로회복' 캠페인을 접하고 뜻깊은 행사에 참여해야겠다고 결심하며 신청을 했습니다. 그래도 양심이라는 게 있었는지, 헌혈하기 며칠 전부터는 술을 잠시 먹지 말아야겠다고 생각하고 행사에 참여했습니다. 그러나 문진을 하던 중에 헌혈할 수 없다는 통보를 받았습니다.

지난 2006년에 교회에서 헌혈을 했었는데, 그때 간 수치가 높아서 폐기 처분하면서 헌혈 부적합 대상으로 분류되었기 때문이었습니다. 대신에 혈액검사를 통해서 정상이 나오면 다음번에 헌혈할 수 있다는 안내를 받았습니다. 그래서 혈액검사를 하고 약 3주간 결과를 기다렸습니다.

검사 결과를 기다리던 어느 날 잠들기 전에, 하나님은 제게 다음과 같은 부담을 주셨습니다. '아들아. 이제 그만 네가 섬기는 나 아닌 또 다른 주님을 그만 버릴 때가 되지 않았니?' 이렇게 말씀하시는 것이 느껴졌습니다. 그 순간 저도 모르게 '네. 하나님! 저 이제 술을 끊어볼게요. 지난 30년간 마셔온 그 술을 끊어보겠습니다'라고 말하고 결단했습니다.

다음 날 아침 저는 아내와 아이들 앞에서 선언했습니다. '아빠가 오늘부로 술을 끊겠다!' 그러자 저희 딸이 A4용지와 펜을 갖고 와서는 제게 내밀며 '여기다 각서 쓰세요'라고 말하는 것이었습니다. 저는 그 자리에서 각서를 썼고, 저희 아내는 그 각서를 여러 장 복사해서 집안 곳곳에 붙여놓았습니다. 다들 반신반의하는 눈치였습니다.

그런데 하나님이 역사하셨는지 이상하게도 그날부터 술 생각이 나지 않았습니다. 제 이성과 의지대로 했었다면 얼마 못 가서 다시 술을 찾았을 것입니다. 술을 마시는 대신에 하나님은 저를 매일같이 탄천을 걷도록 인도하셨고, 걸으면서 목사님의 설교와 찬양을 들으면서 기도하였습니다. Road(길)를 통해 Lord(주)를 만나는 은혜도 경험케 하셨습니다.

또한 하나님은 술을 마시는 에너지를 가족을 위한 식사 준비에 사용하게 하셔서 요리라는 저의 또 다른 은사를 만나게 되었습니다. 정성스럽게 준비한 식사를 식구들이 맛있게 먹는 모습을 보면서 저도 모르게 흥이 나게 되었고, 이런저런 요리도 만들게 하시고, 얼마 전에는 돼지 족발도 맛있게 만들어 먹었습니다. 항상 술과 함께 먹으려 했던 기름지고 칼로리 높은 무거운 음식들에서 벗어나 몸을 생각하는 건강한 식단으로 바뀌게 되었습니다.

그 결과 항상 무뚝뚝하고 따가운 눈으로 바라봤던, 북한의 김정은도 두렵게 한다는 중2병에 걸렸던 딸이, 살갑게 아빠를 부르며 다가왔습니다. 아빠가 해주는 저녁 식사가 너무 기대된다고 말하며 안 하던 애교도 부렸습니다.

그리고 항상 술 마시는 남편을 못마땅하게 여기던 아내도 변화되었습니다. 작년에 임직 받을 때 '임직을 받는 마당에 술을 끊지 않으면 하나님이 그 대가로 당신의 몸을 치실 거야!'라고 말하며 독설을 퍼부었던, 애정표현도 안 하던 아내가 요즘 너무 행복하다는 말을 자주 하곤 합니다.

얼마 전에 헌혈하고 혈액검사 결과를 받았습니다. 10대 이후로 이렇게 깨끗하게 나온 적이 없었습니다. 술을 끊었더니 항상 무거웠던 몸도 가벼워지고, 정신도 맑아지고, 몸과 마음이 깨끗하게 회복되어 가고 있음을 느낍니다. 또한 하나님에 대한 신뢰가 더욱더 깊어지고 하나님과 더 친밀해짐을 느끼게 되었습니다.

무엇보다도 항상 무겁고, 웃음이 별로 없었던 저희 가정이, 활력이 넘치고 밝게 변화되었습니다. 딸이 아내에게 다음과 같이 말했습니다. '엄마! 아빠가 변화되니까 우리 집이 변화되었어.'

제 스스로, 제 능력으로는 할 수 없었던 일입니다. 집안의 가장이 하나님 앞에서 바로 서야 가정이 온전히 설 수 있다는 것을 하나님이 제게 직접 눈으로 보여주셨습니다. 하나님은 '피로회복' 캠페인을 통해 저의 몸과 영성을 회복시키시고, 저희 가정도 회복시키시는 놀라운 은혜를 경험케 하셨습니다.

이렇게 세상의 유혹에 넘어질 수밖에 없는 한없이 부족하고 나약한 저와 저희 가정을 회복시키시기 위해 전혀 예상할 수 없는 방법으로 인도하신 하나님의 크신 사랑에 감사하고 찬양을 올려드립니다. '대한민국 피로회복', '가정회복'입니다."

대한민국 피로회복은 우리 그리스도인들에게 특별한 의미가 있습니다. 우리의 헌신과 믿음을 보시는 주님은 우리의 영적인 필요와 육적인 필요 모두를 외면치 않고 채워주시는 분이십니다. 그렇기 때문에 우리 그리스도인들도 이웃들이 당하는 삶의 어려움을 외면치 않아야 합니다.

그 때문에 그들을 돕기 위해 작은 정성을 드리는 것과 동시에 '대한민국 피로회복' 헌혈 운동이 진행되는 동안 이 땅의 지치고 상한 모든 영혼이 그리스도의 보혈로 덮어져 새롭게 되기를 기도했습니다.

PART / 4
뉴노멀 시대,
무엇을 기다려야 하는가?

- 추수가 임박할 때 무슨 일이 일어나는가
- 종말을 사모하라
- 우리가 바라보아야 할 나라

NEW
NORMAL

바라보아야
할 것

추수가 임박할 때 무슨 일이 일어나는가

대답하여 이르시되
좋은 씨를 뿌리는 이는 인자요
밭은 세상이요 좋은 씨는 천국의 아들들이요
가라지는 악한 자의 아들들이요
가라지를 뿌린 원수는 마귀요
추수 때는 세상 끝이요 추수꾼은 천사들이니
그런즉 가라지를 거두어 불에 사르는 것 같이
세상 끝에도 그러하리라(마 13:37-40).

미국의 저명한 설문조사 기관인 바나그룹의 회장 데이비드 킨너맨(David Kinnaman)는 "코로나19에 따른 강제 폐쇄 때문에 18개월 이내에 미국에 있는 교회 5곳 중 1곳이 영원히 문을 닫을 수 있다"라고 예측했습니다.

이어서 그는 "목회자의 70%가 코로나19 대유행 초기에는 자신의 교회가 살아남을 것이라고 확신했는데, 최근에는 58%로 줄어들었으며, 앞으로 우리는 코로나 팬데믹아 미국인들을 근본적으로 바꾸었다는 사실을 실감하게 될 것"이라고 했습니다.* 더불어 목회자 중 거의 5분의 1(18%)이 코로나19 전염병 기간 동안 성도들의 신앙이 많이 악화되었다고 고백하며, 제자훈련에 더 많은 시간을 투자해야 한다고 조언했습니다.

미국복음주의협회(NAE)가 2020년 4월에 발표한 헌금 현황 보고서에 따르면, 미국 교회의 3분의 2에 해당하는 교회가 3월 중순에 헌금 감소를 겪었습니다. 1,000개 교회를 대상으로 한 이 설문조사 결과, 34%의

---

* http://www.cheraldus.com/archives/14901

교회에서 10-20%, 22%의 교회에서 30-50%, 9%의 교회에서 75% 이상 헌금이 감소한 것을 알 수 있습니다.

우리나라의 상황도 크게 다르지 않습니다. 6만여 개의 교회 가운데서 많게는 1만 개 이상의 교회가 1년 안에 문을 닫을 것으로 예상하는 우려의 목소리가 있습니다. 분명히 엄청난 도전의 시대입니다. 교회뿐만 아니라 사회의 전 영역에서 이런 엄청난 변화가 진행되고 있습니다. 그야말로 모든 것이 재편되고 있는 것입니다.

그러나 동시에 시간이 갈수록 깨닫는 것은 코로나 팬데믹이 우리 신앙의 뿌리 깊은 내면을 파헤치고, 신앙의 본질을 점검하게 하는 역할을 하고 있다는 것입니다. 코로나19는 우리를 "예배란 무엇인가? 하나님을 믿는다는 것은 무엇인가? 섬김과 선교는 무엇인가?"라는 본질적인 물음 앞에 서게 합니다.

이처럼 시대를 분별하는 영적 통찰력은 매우 중요합니다. "나는 어느 시대의 한복판에 서 있고, 이 시대는 어디를 향해 가고 있으며, 하나님은 무슨 말씀을 우리에게 주고 계시는가? 나는 그런 하나님의 뜻을 온전히 분별하고 있는가?" 하는 질문과 여기에 대한 영적 로드맵이 중요합니다. 왜냐하면 세상 사람들도 그 로드맵을 찾고자 하기 때문입니다.

1. 시대의 로드맵, 비유로 말씀하시다

마태복음 13장에는 7가지 비유가 등장합니다. 13장 전까지 예수님은 종교 지도자들을 만나 대화하셨지만, 이제는 자신을 조금이나마 경험했음에도 불구하고 거부하는 사람들을 만나 돌이키게 하시고자 바닷가로 나가셨습니다. 그러자 수많은 사람이 모여들었습니다.

당시 유대인들은 크게 두 가지 문제 때문에 예수님을 찾았습니다. 첫째는 경제, 건강, 영적인 문제 등 자신의 삶의 모든 문제 때문이었습니다. 둘째는 예수님에 대한 소문을 듣고 시대를 분별하기 원했기 때문이었습니다. 그들은 로마의 압제와 이스라엘의 독립에 대한 문제를 안고 예수님을 찾았습니다. 예수님을 따라나선 제자들의 목적 역시 이 두 가지 이유에서 벗어나지 않았습니다.

그러나 어쨌든 그들은 종교 지도자들처럼 예수님께 적대적이지 않았습니다. 그들은 예수님이 필요했기 때문입니다. 그들에게 예수님은 당시 유대인들이 가장 잘 이해할 수 있는 농사와 씨 뿌리는 비유로 천국을 설명하셨습니다.

첫 번째 비유는 4가지 각기 다른 토양의 밭에 농부가 씨를 뿌렸는데, 그 토양에 따라서 다른 결과가 나온다는 말씀입니다. 이것은 하나님의 말씀을 받아들이는 우리의 마음 밭에 관한 비유입니다. 그다음 비유가 본문 말씀입니다. 이 말씀은 바로 그 유명한 '알곡과 가라지에 대한 비유'입니다. 좀 더 이해하기 쉽게 현대인의성경으로 말씀을 보겠습니다.

"하늘나라는 자기 밭에 좋은 씨앗을 뿌린 사람에 비할 수 있다. 사람들이 다 잠들었을 때 원수가 와서 밀밭에 독보리를 덧뿌리고 갔다. 밀이 싹터서 자랄 때 독보리도 함께 자라는 것을 보고 종들이 주인에게 와서 '주인님, 밭에 좋은 씨앗을 뿌리지 않았습니까? 그런데 독보리가 어디서 생겨났습니까?' 하고 물었다. 그러자 주인은 '원수가 이런 짓을 했구나'

하고 대답하였다. 종들이 '그러면 우리가 가서 독보리를 뽑아 버릴까요?' 하고 다시 묻자 주인은 이렇게 말하였다. '아니다. 독보리를 뽑다가 밀까지 뽑을까 걱정된다. 추수 때까지 둘 다 함께 자라도록 그냥 두어라. 추수 때에 내가 추수꾼들에게 먼저 독보리를 뽑아 단으로 묶어서 불태워 버리고 밀은 내 곳간에 모아 들이게 하겠다'"(마 13:24-30, 현대인의성경).

예수님은 이 비유를 말씀하신 후 천국에 관한 또 다른 비유를 말씀하셨는데, '사람이 밭에 심은 겨자씨'의 비유입니다(마 13:31-32). 이어지는 누룩에 대한 비유 역시 씨앗의 비유와 비슷한 자라남에 대한 비유입니다(마 13:33).

예수님은 이 모든 비유를 말씀하신 후 집으로 돌아오셨습니다. 그러자 제자들은 비유의 뜻이 무엇인지를 예수님께 물었습니다. 예수님은 그 비유의 의미를 다음과 같이 다시 풀어서 말씀해 주셨습니다.

"좋은 씨를 뿌리는 농부는 바로 예수님이시다. 씨를 뿌리는 장소인 밭은 세상을 말하는 것이고, 좋은 씨는 천국의 아들들이고, 가라지는 악한 자의 아들들을 비유하는 것이다"(마 13:36-43 참조).

그러면 좋은 알곡들 사이에 나쁜 가라지를 뿌린 자는 누구일까요? 바로 원수인 사탄 마귀입니다. 알곡과 가라지를 추수하는 때는 세상의 종말을 의미합니다.

추수꾼들은 하나님이 부리시는 선한 영인 천사들입니다. 세상의 심판 날에 나쁜 씨앗인 가라지는 거두어들여서 불에 사르게 될 것이고, 선한 백성인 알곡은 보상을 받게 될 것입니다. 이 말씀 가운데 우리가 배울 수 있는 아주 중요한 교훈들이 몇 가지 있습니다.

2. 알곡과 가라지 비유, 그 안의 통찰

우리가 사는 세상에는 선과 악이 공존합니다

알곡과 가라지 비유에서 하나님은 '선한 농부'로 등장하십니다. 24절은 "천국은 좋은 씨를 제 밭에 뿌린 사람과 같으니"라고 표현합니다. 천국의 주인 자체도 선하시고, 천국 주인이 하시는 일의 의도도 선합니다. 저는 미국에서 목회할 때 항상 아이들에게 이 말을 외치게 했습니다.

"하나님은 선하시다. 항상 선하시다"(God is good, all the time).

하나님은 선하시고 하나님께는 불가능이 없다는 사실을 알고 있기 때문입니다. 하나님은 모든 것을 하실 수 있고, 하나님 자체가 선하시기 때문에 하나님이 하시는 모든 일은 선합니다. 그리고 그런 것이 완벽하게 이루어지는 곳이 바로 천국입니다. 하나님은 선한 의도를 가지고 세상을 창조하셨고, 선한 의도로 세상 가운데 좋은 씨앗을 뿌리셨습니다.

그러나 이 세상에 가라지가 들어왔습니다. 바로 악한 사탄입니다. 사탄은 선한 알곡들 사이에 악한 의도인 가라지를 심었습니다. 그러므로 우리가 사는 이 세상에는 선과 악이 공존합니다.

하나님은 선을 보호하기 위해서 악의 심판을 유보하신다

여기서 알곡의 씨앗은 당시 팔레스타인 땅에 뿌리던 밀의 씨입니다. 그런데 그 밀과 아주 비슷한 것을 '독보리'라고 합니다. 실제로 당시에 농사지을 때 이런 일이 종종 발생했다고 합니다. 실수든 고의든 독보리가 뿌려질 때 얇게 뿌리를 내리면 쉽게 뽑을 수 있지만, 깊이 뿌리를 내리면 밀의 뿌리들과 얽혀서 쉽게 제거할 수 없게 됩니다.

농사를 짓는 분들은 이 알곡과 가라지의 비유를 잘 이해하실 것입니다. 저도 미국에서 잔디에 자란 잡초 때문에 고생을 많이 했습니다. 잡초를 제거하려다가 잔디를 망친 적이 한두 번이 아니었습니다. 잡초나 가라지를 제거할 때는 타이밍이 중요합니다.

알곡과 가라지가 드러나는 때는 반드시 온다

하나님은 선을 보호하기 위해 악의 심판을 유보하시지만, 알곡과 가라지, 즉 선과 악이 드러나는 때가 반드시 옵니다. 때로는 선과 악이 잘 드러나지 않습니다. 그러나 하나님은 그것이 분간되는 때를 주십니다. 이때를 정하는 주체는 농부인 하나님이십니다. 우리는 그때를 분별해야 합니다.

추수의 때 악은 심판을, 선은 보상을 받는다

우리는 이 땅에 살면서 선하신 하나님의 통치 아래 있긴 하지만, 거의 대부분의 사람들은 인생이 끝날 때까지 악에 대한 문제들을 풀 수 없습니다. 그래서 살아가면서 악에 대한 문제, 고통에 대한 문제로 밤을 지새울 때가 많습니다. 이것은 인간의 한계입니다.

그러나 그리스도인들이 그 고민에만 머물러 있는 것은 지혜로운 일이 아닙니다. 악에 대한 문제들보다 분명한 것이 있기 때문입니다. 그것은 바로 성경이 선한 사람들에 대한 보상과 악한 사람들에 대한 심판을 강력하게 약속한다는 사실입니다. **하나님은 성경을 통해 추수 때에 어떤**

일이 일어나는지를 말씀해 주십니다.

"인자가 그 천사들을 보내리니 그들이 그 나라에서 모든 넘어지게 하는 것과 또 불법을 행하는 자들을 거두어 내어 풀무 불에 던져 넣으리니 거기서 울며 이를 갈게 되리라 그 때에 의인들은 자기 아버지 나라에서 해와 같이 빛나리라 귀 있는 자는 들으라"(마 13:41-43).

이 시대를 잘 분별하기 원하는 자는 이 말씀에서 지혜를 얻어야 합니다. '마지막 때에 악에 대한 심판이 분명히 있다'는 것, 우리는 이 사실을 기억해야 합니다.

그렇다면 이 말씀의 교훈들을 이 시대에 어떻게 적용하며 살아갈 수 있을까요? 이 말씀을 단순히 이해하고 기억하는 차원에서 끝낼 수도 있습니다. 그러나 어찌 보면 지금 이 시대가 이 말씀에 부합한 시대가 될 수 있습니다. 우리가 당면한 코로나19 전염병 시대, 이 말씀이 어떻게 우리의 삶에 실제적 적용점을 제공해 줄까요?

3. 임박한 추수의 때, 우리의 삶을 위한 가이드

인내하며 하나님의 선하심을 바라보라

선한 의도를 가지고 선한 씨앗을 뿌리신 하나님을 바라보고 믿는 것이 신앙입니다. 만약 여기에 문제가 생긴다면 당연히 신앙이 흔들립니다.

시편 기자는 "너희는 여호와의 선하심을 맛보아 알지어다"(시 34:8)라고 했습니다. 하나님은 풍성한 하나님의 선하심을 우리에게 음식처럼 제공해 주십니다. 특별히 그 선하심을 깊이 알 수 있을 때가 있습니다. 우리의 삶이 가장 곤고할 때입니다. 그때가 가장 가까이에서 하나님을 바라볼 기회입니다. 내 삶을 향한 하나님의 의도가 선하다면 믿고 인내해야 합니다.

이것이 쉬운 싸움이라고는 말할 수 없습니다. 그러나 반드시 끝나는 여정입니다. 하나님은 선한 농부이신 하나님을 신뢰하는 자에게 반드시 선한 열매를 맺게 하실 것입니다. 내 인생의 종말이든, 인류의 종말이든 선한 싸움을 싸우며 당하는 고난이 있다면 그분의 선하심을 바라보며 인내하십시오. 추수의 때에 주께서 이루실 것입니다.

알곡에 집중하라

가라지에 집중하다 보면 알곡을 놓칠 때가 있습니다. 알곡은 공동체의 사람이 될 수도 있고, 선한 사람이 감당하는 중요한 사명이 될 수도 있으며, 어떤 상황이 될 수도 있을 것입니다.

하나님이 내 주변에 가라지와 같은 사람들을 허용하실 때 많은 시간을 거기에 허비하지 말아야 합니다. 잡초는 결국 제거되어 뿌리째 뽑히고 불에 타 버릴 것입니다. 이것은 하나님이 본문 말씀에서만 아니라 성경 전체를 통하여서 말씀하시는 '징벌과 심판'의 원리입니다.

가라지가 사람이든, 상황이든 완전히 무시할 수는 없을 것입니다. 그러므로 우리는 하나님이 내 주변에 심으신 선한 사람들, 선한 알곡들에 초점을 맞추어야 합니다. 알곡에 초점을 맞출 때 하나님이 자라나게 하시고 열매 맺게 하실 것입니다.

내 안의 가라지를 제거하라

우리 시대의 가장 뛰어난 정신과 의사이면서 복음주의자인 스캇 펙(M. Scott Peck)은 하버드대학에서 공부했으며, 미국 정신의학회에서 주는 최고의 상을 받았습니다. 그리고 그가 쓴 『거짓의 사람들』이 비기독교 저널로부터 수많은 찬사를 받았습니다.

그런데 이 책에서는 세상의 모든 희생과 파괴의 조종자로 악령을 지목합니다. 그는 정신과 의사로서 수많은 사람을 대상으로 임상 실험을 하며 악과 사탄의 실체를 너무나 분명하게 경험했습니다. 그래서 그 악에 대하여 맹렬하게 분노합니다. 이처럼 기독교 색채를 바탕으로 쓴 이 책에 세상도 찬사를 보내고 있다는 사실에 우리는 주목해야 합니다. 그는 이 책에서 이런 말을 합니다.

"악을 직접 들여다봐야 치유를 꿈꿀 수 있다."

이것은 나부도 섬뜩한 말인 동시에 우리가 꼭 들어야 하는 말입니다. 일반적으로 사람들은 악을 너무나 싫어합니다. 악한 일을 저지른 사람들을 매우 증오합니다.

그러나 그들의 심령 가운데 악이 싹트게 내버려 둔 책임에 관해서는 이야기하지 않습니다. 특별히 사회적 책임에 대해서는 더욱 말하지 않습니다. 그런 환경 가운데 태어나고, 그런 사회적 구조에서 자란 것에 대한 우리 공동의 책임에 관해서 말입니다. 악한 사람을 미워하면서도 그것을 방관한 나의 잘못을 들여다보고, 내 안의 가라지를 바라보아야 하는 책임이 그리스도인들에게 있습니다.

스캇 펙은 이 책을 읽는 독자들에게 책에 관하여 이렇게 소개합니다. "이 책은 분노와 두려움을 일으킬 수 있는 위험한 책입니다"라고 말입니다. 그러면서 한 가지 주의점을 다음과 같이 일러줍니다.

"여러분은 일단 마음속에 한 가지만 유념하면 된다. 자신에 대한 판단과 치유에서 시작하지 않는 한 우리의 판단은 안전한 것이 될 수 없다는 사실이다. 인간의 악을 치유하려는 씨름은 언제나 나로부터 시작된다. 자신을 깨끗하게 하는 것이야말로 언제나 우리 최대의 무기가 될 것이다."

주님은 알곡과 가라지 비유를 통하여서 내가 세상의 악에 대해 분노하기 전에 가장 먼저 내 안의 가라지를 보길 원하십니다. 선한 농부이신 하나님은 적어도 교회 안에 있는 우리에게 날마다 온갖 선한 말씀을 주시고 우리를 채우십니다.

그러나 그것을 시기하는 악령은 내 안에 교만과 폭력과 탐욕의 가라지를 심으려 할 것입니다. 이런 영적 사실을 말씀을 통해서 미리 아는 나 자신이야말로 내 안의 가라지를 뽑아야 할 죄인입니다.

신앙생활을 하면서 우리는 종종 이런 질문 앞에 서게 됩니다. "내가 문제인가, 다른 사람이 문제인가?", "내가 문제인가, 내가 마주한 상황이 문제인가?"라는 질문입니다. 이에 대한 답이 모든 것을 말해 줍니다. 때로 하나님의 자리에 올라가서 "세상은 악하다"라고 이야기하면서 나 자신은 모든 문제와 상황에서 빼 버리지는 않습니까? 내가 하나님의 자리에 앉아 있다면 내 안의 가라지를 뽑아낼 수 없습니다.

하나님은 선한 농부이시고, 그 하나님이 나를 선하게 창조하셨습니다. 그러나 사탄은 나의 불순한 의도에 동조하여 내 안에 가라지를 심었습니다. 그러므로 내 안의 가라지를 먼저 뽑아 버려야 합니다. 천국 가는 날까지, 성화 될 때까지 사탄이 심어 놓은 내 안의 가라지를 계속해서 뽑아내야만 합니다. **선한 농부이신 하나님은 내 안에 가라지를 제거하는 만큼 세상을 분별하는 위대한 능력을 주실 것입니다.**

최선을 다해 분별하고 선하신 농부를 의지하라

알곡과 가라지의 말씀은 천국 비유 중 하나입니다. 또한 종말에 관한 이야기입니다. 천국과 종말의 이야기는 둘 다 현재 눈에 보이지 않지만 가장 본질적이고 근본적인 이야기입니다. 우리는 많은 순간, 세상에 존재하는 알곡과 가라지를 분별하지 못합니다. 내 안에 존재하는 알곡과 가라지는 더욱 분별하지 못할 때가 많습니다.

이 말씀을 준비하면서 하나님이 또 하나의 귀한 책을 만나게 하셨습니다. 토머스 그린(Thomas Green)이 쓴 『밀밭의 가라지』입니다. 토머스 그린은 마태복음 13장 알곡과 가라지의 비유로 영적 분별을 주제 삼아 심혈을 기울여 책을 집필했습니다. 그는 이 책에서 이런 이야기를 합니다.

"기도자들이 깊이 자책하며 간절히 뿌리를 뽑고 싶어 갖은 노력과 기도를 하여도 절대 뿌리 뽑히지 않는 가라지들도 있다. 이런 경우 행동하는 묵상가에게 슬픔은 몇 배나 더 크게 느껴질 것이다. 테레사의 말처럼 주님께서 오셔서 기쁘게 여기실 가라지가 전혀 없는 내면의 정원을 내어 드릴 수 없을 뿐만 아니라, 추수할 들판에 무수하게 자라나 추수꾼을 괴롭히는 가라지 때문에…사역 또한 방향을 잃고 열매도 덜 맺게 된다."

그러면서 그는 이렇게 격려합니다. 우리가 뽑을 수 있는 가라지는 최선을 다해 뽑고(그것이 내 안의 가라지든, 사회 구조 악의 가라지든), 나머지는 선한 농부이신 하나님이 추수의 때에 정리하시도록 맡기라고 말입니다.

때로 내가 하나님의 위치에서 모든 것을 판단하고 휘두르려고 할 때가 있습니다. 그러나 추수의 때는 분명히 있습니다. 그때까지 하나님은 알곡과 가라지를 그대로 두십니다. 하나님의 때에 하나님이 심판하십니다. 이것을 믿는 것이 곧 하나님의 주권을 인정하는 것입니다.

교회만 다니지 말고, 교회가 되라

가라지를 분별하는 것은 중요합니다. 그러나 내가 알곡이 되기 위해 노력하는 것이 더 중요합니다. '누가 가라지인가?'를 생각하며 평생을 허비하는 사람들이 있습니다. 평생 세상의 악과 고통에 대해 연구하는 사람들도 있습니다. 사탄이 뿌려 놓은 악, 우리의 죄악이 빚어낸 고난과 고통의 문제인데, 그것을 놓고 평생 씨름하는 것입니다. 이 씨름은 우리를 괴롭히는 또 하나의 문제가 됩니다. 사도 바울 또한 치열하게 씨름했습니다(롬 7장).

그러나 우리에게는 분명 우리가 해결할 수 없는 문제들이 있습니다. 그렇기 때문에 더욱더 선한 농부이며 목자이신 주님을 바라봐야 합니다. 우리는 악한 가라지의 문제들 때문에 하나님이 그분의 아들을 이 세상, 곧 농장으로 보내셨다는 사실을 깨달은 사람들입니다. 그렇지만 그런 우리가 바로 농장 주인의 아들을 죽인 주범입니다(마 21:37-39). 내가 바로 악한 가라지임을 발견하게 되는 것입니다.

세계를 강타한 코로나19 전염병은 전 세계의 경제와 사회구조뿐 아니라 교회들에게 엄청난 위협이 되고 있습니다. 물론 이것이 도전이며 기회라는 사실을 깨닫고 있습니다. 하나님은 이 시간을 통해서 우리를 게으르고 나약하며 안주하게 하고 탐욕스러우며 고집스럽게 하는 모든 가라지를 제거하고 계십니다.

지금 이 세대, 이 시간은 하나님이 우리 안팎에 있는 모든 가라지를 어느 정도 제거하시고 초심으로 돌아가게 하셔서 마지막 추수를 준비하게 하시는 시간입니다. 하나님이 마지막 때를 준비하고 계신다는 사실은 의심할 여지가 없습니다.

추수의 때가 임박한 지금, 하나님이 우리에게 요구하시는 것들은 분명합니다. 하나님을 모르고 신음하며 고통받고 있는 사람들에게 우리가 맛보았던 기쁨을 나누어 주어야 합니다. 하나님은 우리에게 알곡 주변을 맴도는 가라지가 아니라, 가라지의 심령을 벗어 버리고 알곡이 되라고 하십니다. 교회만 다니는 것에 의지했던 가라지 신앙을 뽑아 버리라고 하십니다.

하나님이 우리를 교회로 부르시고 심으신 이유가 여기에 있습니다. 교인이 아닌, 교회가 되어야 합니다. 움직이는 교회가 되어서 선한 씨앗을 예배당뿐 아니라 세상 한복판에 뿌려야 합니다. 이것을 깨닫고 아버지의 심정으로 울며 씨를 뿌리는 자는 기쁨으로 단을 거두게 될 것입니다(시 126:6). 또한 해와 같이 빛나게 될 것입니다.

"인자가 그 천사들을 보내리니 그들이 그 나라에서 모든 넘어지게 하는 것과 또 불법을 행하는 자들을 거두어 내어 풀무 불에 던져 넣으리니 거기서 울며 이를 갈게 되리라 그 때에 의인들은 자기 아버지 나라에서 해와 같이 빛나리라 귀 있는 자는 들으라"(마 13:41-43).

이 말씀은 세상의 악에 대해서 치열하게 고민하고 씨름하는 사람들에게 주시는 하나님의 말씀입니다. "기다려라, 나의 백성들아. 내가 갚을 것이다"라는 격려의 말씀입니다. 그러므로 우리는 누가 가라지인지에 초점을 맞추는 삶에서 벗어나, 내가 하나님이 기뻐하시는 알곡이 되어야 합니다. 왜냐하면 최고의 수확을 거두어들이는 농부는 바로 하나님이시기 때문입니다.

NEW NORMAL
뉴노멀 시대의
그리스도인

종말을
사모하라

사랑하는 자들아 주께는 하루가 천 년 같고
천 년이 하루 같다는 이 한 가지를 잊지 말라
주의 약속은 어떤 이들이 더디다고 생각하는 것같이
더딘 것이 아니라
오직 주께서는 너희를 대하여
오래 참으사 아무도 멸망하지 아니하고
다 회개하기에 이르기를 원하시느니라(벧후 3:8-9).

1. 성경이 증언하는 말세의 징조

종말을 기대하고 있습니까? 아니면 영원히 살 것이라고 생각합니까? 성경은 인류의 역사는 반드시 시작이 있고 마침이 있다는 사실을 곳곳에서 이야기합니다. 성경이 말하는 말세의 모습 중에 중요한 몇 가지를 제시하겠습니다.

첫 번째는 자연재해의 심화입니다. 예수님은 감람산에서 가르치실 때 종말의 징조에 관해 언급하셨습니다. 종말의 때에 곳곳에 지진과 기근, 전염병이 있을 것이고 일월성신, 즉 하늘의 태양과 달과 별에 이상한 징조가 있을 것이라고 하셨습니다. 또한, 바다에 해일과 쓰나미의 재해들이 있을 것도 언급하셨습니다(마 24-25장; 막 13장; 눅 21장). 요즘 이런 현상이 빈번하고 광범위하게 일어나고 있는 것을 목격합니다.

두 번째는 각 민족 간의 분쟁과 전쟁입니다. 마태복음 24장에서 예수님은 나라와 민족들이 서로 대적하는 전쟁의 소리와 난리들이 곳곳에 있을 것이라고 말씀하셨습니다.

세 번째는 거짓 선지자들의 일어남입니다. 거짓 선지자들의 가르침으로 배교하는 일들이 교회 안에서 일어날 것입니다(살후 2:3). 예수님은 거짓 선지자들이 많이 일어나서 큰 표적과 기사도 보일 것이라고 하셨습니다. 이로써 많은 사람을 미혹하며 택하신 자들도 미혹할 것이라고 말씀하셨습니다(마 24:11, 24).

네 번째는 극심한 도덕적 타락입니다. 특별히 예수님은 누가복음 17장에서 노아 홍수 시대의 모습과 아브라함의 조카 롯 시대 소돔과 고모라 성의 타락이 말세의 타락의 모습과 흡사할 것이라고 경고하셨습니다. 현대는 성적인 탐욕과 방종의 모습들로 말미암아 많은 가정이 파괴되고 성인 이전의 십 대들이 무수히 임신을 하고 또한 낙태를 합법화합니다.

옥스퍼드대학이나 미국 PBS 방송, 심지어 UN에서도 쓰는 통계 자료에 의하면, 현재 전 세계 인구 78억 3,400만 명 중에서 2020년 1월부터 12월 26일까지 사망한 사람들의 자료는 다음과 같습니다.

- 말라리아로 39만 명
- 독감으로 48만 명
- 물 부족으로 83만 명
- 자살로 106만 명
- 교통사고로 133만 명
- 에이즈로 166만 명
- 코로나19 바이러스로 175만 명
- 담배로 인해 493만 명
- 암으로 811만 명

- 굶주림으로 1,100만 명
- 낙태로 4,200만 명
- 에이즈 감염으로 4,200만 명

이 통계 자료가 시사하는 바가 무엇입니까? 이 통계는 현대인에게 만연된 죄의 종류가 무엇인지를 파악할 수 있게 합니다. 낙태나 에이즈로 인한 사망자 수가 월등하게 많음을 보게 됩니다. 에이즈에 감염된 사람의 숫자가 어마어마하여 '사망자 통계'라는 범주에는 맞지 않았지만 인용했습니다.

이로써 현대인의 생명 경시 풍토와 동성애 및 성에 대한 인식을 파악할 수 있습니다. 그런데 성경은 종말의 시대에는 이런 현상들을 무시한다고 기록하고 있습니다. 세상의 정욕을 좇아 살며 종말이 없다고 판단하는 자들이 있다고 증언합니다.

"먼저 이것을 알지니 말세에 조롱하는 자들이 와서 자기의 정욕을 따라 행하며 조롱하여 이르되 주께서 강림하신다는 약속이 어디 있느냐 조상들이 잔 후로부터 만물이 처음 창조될 때와 같이 그냥 있다 하니 이는 하늘이 옛적부터 있는 것과 땅이 물에서 나와 물로 성립된 것도 하나님의 말씀으로 된 것을 그들이 일부러 잊으려 함이로다"(벧후 3:3-5).

성경은 종말이 늦어지는 이유도 설명합니다.

"이로 말미암아 그때에 세상은 물이 넘침으로 멸망하였으되 이제 하늘과 땅은 그 동일한 말씀으로 불사르기 위하여 보호하신 바 되어 경건하지 아니한 사람들의 심판과 멸망의 날까지 보존하여 두신 것이니라"(벧후 3:6-7).

최후의 심판을 위해서 하나님이 지구를 보전하고 계신다고 이야기합니다. 그러나 정말 하나님이 인내하시며 종말을 늦추시는 이유는 여기에 있습니다. 모든 사람이 멸망하지 않고 구원받기를 원하시기 때문입니다.

"사랑하는 자들아 주께는 하루가 천 년 같고 천 년이 하루 같다는 이 한 가지를 잊지 말라 주의 약속은 어떤 이들이 더디다고 생각하는 것 같이 더딘 것이 아니라 오직 주께서는 너희를 대하여 오래 참으사 아무도 멸망하지 아니하고 다 회개하기에 이르기를 원하시느니라"(벧후 3:8-9).

주님의 인내하심은 모든 사람이 구원에 이르도록 하기 위함입니다. 그러나 인류의 마지막은 반드시 임합니다. 그것도 도둑같이 말입니다.

"그러나 주의 날이 도둑 같이 오리니 그 날에는 하늘이 큰 소리로 떠나가고 물질이 뜨거운 불에 풀어지고 땅과 그 중에 있는 모든 일이 드러나리로다"(벧후 3:10).

이 말씀을 통해 종말에 관한 두 가지 힌트를 얻습니다. 도둑같이 임한다는 것과 하나님이 불의 심판을 행하실 것이라는 사실입니다. 성경은 이토록 명확하게 말세에 관해 이야기합니다. 그리고 우리는 성경에서 예언한 말세의 징조들을 경험하며 살고 있습니다. 그렇다면 이 말세의 때에 우리는 어떻게 살아야 할까요?

2. 종말의 때, 우리 삶의 경영을 위한 지침

성경은 이렇게 질문합니다.

"이 모든 것이 이렇게 풀어지리니 너희가 어떠한 사람이 되어야 마땅하냐"(벧후 3:11).

종말의 때에 "어떠한 사람이 되어야 마땅하냐?"라는 질문을 던진 성경 기자는 이후의 말씀을 통해 그에 합당한 답을 제시합니다. 3가지를 사모하라고 말입니다. 이 장 본문 말씀인 베드로후서 3장 1-15절이 제시하는 답을 따라가 보겠습니다.

하나님의 마지막 날이 오기를 간절히 사모하라
마지막 구원과 심판이 있는 날을 사모해야 합니다.

"하나님의 날이 임하기를 바라보고 간절히 사모하라 그 날에 하늘이 불에 타서 풀어지고 물질이 뜨거운 불에 녹아지려니와"(벧후 3:12).

그냥 바라보는 것이 아닙니다. 간절히 사랑하라고 했습니다. 마치 사랑하는 것처럼 매일매일 기다리는 것입니다. 세상에는 이미 물의 심판이 있었습니다.

"이로 말미암아 그 때에 세상은 물이 넘침으로 멸망하였으되"(벧후 3:6).

그러나 그때는 하나님이 세상에 기회를 주시고 노아를 통하여 방주를 만들게 하셨습니다. 그리고 물로 세상의 죄악을 심판하셨습니다. 그러나 이제 마지막 종말은 불의 심판으로 마무리하실 것입니다.

그런데 이 말씀은 하나님의 날, 즉 종말의 날을 바라보며 간절히 사모하라고 권면합니다. 우리는 왜 불이 풀어지는 무시무시한 종말을 사모해야 할까요? 마가복음 13장 24-27절에 그 해답이 있습니다.

"그 때에 그 환난 후 해가 어두워지며 달이 빛을 내지 아니하며 별들이 하늘에서 떨어지며 하늘에 있는 권능들이 흔들리리라 그 때에 인자가 구름을 타고 큰 권능과 영광으로 오는 것을 사람들이 보리라 또 그 때에 그가 천사들을 보내어 자기가 택하신 자들을 땅 끝으로부터 하늘 끝까지 사방에서 모으리라"(막 13:24-27).

예수님은 이처럼 이 세상을 심판하기 위해 다시 오겠다고 약속하셨습니다. 그러므로 우리는 종말의 날을 간절히 바라보며 사모해야 합니다. 그때에 하나님이 하나님의 백성들을 땅 끝으로부터 하늘 끝까지 사방에서 찾아서 구원해 주실 것이기 때문입니다.

새 하늘과 새 땅을 사모하라

그리스도인은 하나님이 모든 것을 새롭게 하신다는 미래에 대한 소망을 가져야 합니다.

"우리는 그의 약속대로 의가 있는 곳인 새 하늘과 새 땅을 바라보도다"(벧후 3:13).

하나님이 우리에게 심판의 때에 약속하신 것은 멸망하는 지구가 아니라, 하나님이 다시 건설하신 새 하늘과 새 땅입니다.

언젠가 한 매체를 통해 코로나19 환자는 장례 없이 화장을 한다는 보도를 접했습니다. 유가족 중에 딸이 이런 말을 했습니다. "엄마 얼굴도 못 봤죠. 왜냐하면 코로나 균체라고요, 엄마이기 이전에." 너무나 가슴 아픈 이야기입니다. 현재의 방역 지침은 장례를 치르기 전에 화장부터 하는 것입니다. 이때 밀접접촉자였던 가족은 자가격리 대상자가 되고, 마지막 순간에 서로 얼굴도 보지 못하게 됩니다. 가족들이 임종을 지키지 못하는 너무나 가슴 아픈 일이 벌어지고 있습니다.

그러나 세계보건기구(WHO)에서는 감염병으로 숨진 사람을 화장해야 한다는 가설에 근거가 없다고 지침을 내렸다고 합니다. 그러니 얼마나 억울하고 황당한 일입니까.

지구촌교회에도 코로나19 감염으로 인해 사랑하는 아내를 하늘나라로 먼저 보내고 말할 수 없는 슬픔 가운데 계시는 성도님이 있었습니다. 제가 그분께 할 수 있는 말은 오직 예수님 안에 있는 부활에 대한 소망뿐이었습니다.

사람의 인생에서 다시 사는 부활만큼 소망을 주는 소식은 없습니다. 하나님이 우리에게 새 하늘과 새 땅을 주신다는 의미는 우리가 죽은 후에 우리의 영과 육이 가장 아름다운 모습으로 부활한다는 뜻입니다. 이것이 주님이 다시 오시는 종말을 사모해야 하는 또 하나의 이유입니다.

경건한 삶을 사모하라

종말과 심판이 있음을 진정으로 확신하는 사람은 자신의 생활 습관을 바꿀 수밖에 없습니다. 죽음이 어떤 것인지, 모든 사람은 왜 종말을 맞이하는지, 천국과 지옥이 어떤 곳인지를 깨달은 사람들은 패러다임 시프트를 감행합니다.

이 모든 일을 일어나게 하시는 살아 계신 하나님을 만난 사람은 인생의 가치관과 말과 행동이 달라질 수밖에 없습니다. 이에 성경은 종말을 맞이하는 성도들에게 다음과 같이 권면합니다.

"그러므로 사랑하는 자들아 너희가 이것을 바라보나니 주 앞에서 점도 없고 흠도 없이 평강 가운데서 나타나기를 힘쓰라"(벧후 3:14).

현대인의성경은 조금 더 쉽게 서술합니다.

"그러므로 사랑하는 여러분, 여러분은 그 날을 기다리며 하나님 앞에서 흠 없는 깨끗한 생활을 하여 평안한 마음으로 그분을 뵙도록 노력하십시오"(벧후 3:14, 현대인의성경).

11절도 마찬가지입니다.

"이 모든 것이 이렇게 풀어지리니 너희가 어떠한 사람이 되어야 마땅하냐 거룩한 행실과 경건함으로"(벧후 3:11).

성경에도 기록되어 있듯이 종말이 있음을 아는 사람은 함부로 살지 않습니다. 얼마 전 코로나19 확진자가 크게 늘었을 때 병원 시설이 부족하다는 이야기가 뉴스에 자주 등장했습니다. 심각한 중증 환자가 생겨도 전담 병원이 없으면 치료받지 못하고 집에서 기다려야 하는 상황에 직면하게 되었습니다.

그러다가 뉴스에서 평택 박애병원이 병상 220개 전체를 코로나19 환자들을 위해서 내어놓았다는 소식을 접했습니다. 이 소식은 온갖 매스컴을 장식했습니다. 왜냐하면 이런 헌신이 매우 어려운 일이기 때문입니다. 그리고 무엇보다 이런 결정을 한 박애병원 원장님이 지구촌교회의 영구 재직인 집사님이시라는 소식에 참 기뻤습니다. 이처럼 숨은 그리스도인들의 헌신이 계속되고 있음을 믿습니다.

"하나님 아버지 앞에서 정결하고 더러움이 없는 경건은 곧 고아와 과부를 그 환난중에 돌보고 또 자기를 지켜 세속에 물들지 아니하는 그것"(약 1:27)임을 기억하십시오.

종말의 때를 바라보는 참된 경건은 우리를 세속에 물들지 않게 하고, 예수 그리스도의 사랑으로 복음을 전하며, 연약한 이웃을 돌아보는 것입니다. 마태복음 24장에서 예수님은 종말에 관해서 이런 말씀을 하셨습니다.

"그 때에 많은 사람이 실족하게 되어 서로 잡아 주고 서로 미워하겠으며 거짓 선지자가 많이 일어나 많은 사람을 미혹하겠으며 불법이 성하므로 많은 사람의 사랑이 식어지리라"(마 24:10-12).

마지막 때에는 서로를 미워하고 증오하고, 미혹하고 미혹 당하는 일이 끊이지 않을 것입니다. 마지막 때에 사람들은 서로를 사랑하지 않습니다.
그러나 종말을 확신하는 그리스도인들은 오늘을 누구보다 치열하게 살아가며 미움을 일삼는 세상에 대항하여 사랑을 실천합니다. 종말에는 사람에 대한 하나님의 사랑이 깃들어 있습니다.

"또 우리 주의 오래 참으심이 구원이 될 줄로 여기라"(벧후 3:15).

한 사람이라도 더 구원하고 싶으신 하나님은 오래 참으십니다. 영혼 사랑에 대한 아버지 하나님의 심정을 엿볼 수 있습니다. 그러나 이 말씀이 하나님이 영원히 악에 대하여 인내하신다는 뜻은 아닙니다. 종말이 필요한 이유는 하나님의 공의가 모든 사람에게 실현되는 날이기 때문입니다. 공의가 실현되는 날, 그것이 종말입니다.

3. 하나님 나라와 종말의 두 가지 관점

우리는 '아직과 이미' 사이에 살고 있습니다. 인류의 종말은 아직 오직 오지 않았습니다. 완벽한 하나님 나라도 아직 오지 않았습니다. 그러나 우리는 이 땅 가운데서 이미 경험하고 있는 하나님 나라가 있음을 기억해야 합니다.

예수님을 영접한 사람들은 이 땅에서도 죄 사함의 기쁨을 경험하고 있고, 구원의 기쁨, 기도 응답의 기쁨, 섬기는 기쁨 등 하나님이 선사하시는 능력을 이미 경험하고 있습니다. 천국에 가서 경험할 것들의 그림자를 이 땅에서 경험하는 것입니다.

마찬가지로 인류의 종말도 '이미와 아직' 사이의 긴장 관계에 있습니다. 인류의 종말은 하나님이 인류의 죄에 대하여 오래 참으심으로 아직 오지 않았습니다. 그러나 하나님이 각 개인마다, 각 시대마다 심판하시는 부분이 있다는 것을 깨달아야 합니다.

인류가 역사 속에 경험한 재앙들을 모두 하나님의 직접적인 심판이라고 단정 지을 수는 없습니다. 그러나 코로나19 바이러스가 하나님이 인류에게 울리는 경종의 도구임을 시간이 흐름에 따라 깨달아 가고 있습니다.

하나님이 정하신 인류의 종말이 아직 오지 않았다고 죄에서 돌이키지 않는 사람은 그가 속한 공동체와 민족, 그리고 그 개인에게 하나님의 심판이 임할 것을 기억해야 합니다. 죽음을 경험한 뒤 그 누구도 다시 살아서 돌아오지 못했습니다. 이것은 모든 개인마다 분명히 삶에 대한 마지막 판단이 있음을 증거하는 것입니다.

개인의 종말과 시대의 종말은 인류사에 항상 있어 왔습니다. 이것은 앞으로 다가올 인류의 종말을 보여 주는 그림자입니다. 인류의 종말은 반드시 옵니다. 왜냐하면 2000년 전에 이 땅에 오셨던 예수님이 반드시 다시 오셔서 모든 것을 심판하고 구원하겠다고 하셨기 때문입니다.

"그 때에 그 환난 후 해가 어두워지며 달이 빛을 내지 아니하며 별들이 하늘에서 떨어지며 하늘에 있는 권능들이 흔들리리라 그 때에 인자가 구름을 타고 큰 권능과 영광으로 오는 것을 사람들이 보리라 또 그 때에 그가 천사들을 보내어 자기가 택하신 자들을 땅 끝으로부터 하늘 끝까지 사방에서 모으리라"(막 13:24-27).

세상의 불의와 불평등과 억울함 및 이해할 수 없는 고난과 아픔을 겪는 사람들은 이 말씀을 기억해야 합니다. 내가 정말 억울한 일을 많이 당한 사람이라고 생각할수록 여기서 소망을 찾아야 합니다. 인류의 종말은 그 모든 것을 갚아 주시는 하나님의 최종 판단입니다. 그 성적표가 나에게도, 상대방에게도, 국가와 민족에게도 배부됩니다.

이처럼 종말은 악한 자에게는 말 그대로 심판이 되고, 선한 자에게는 말 그대로 완전한 회복으로 임합니다. 그러므로 하나님의 정의와 공의를 보기 원하는 사람들은 종말을 사모해야 합니다.

NEW NORMAL
뉴노멀 시대의
그리스도인

우리가 바라보아야 할 나라

요한이 잡힌 후 예수께서 갈릴리에 오셔서
하나님의 복음을 전파하여 이르시되
때가 찼고 하나님의 나라가 가까이 왔으니
회개하고 복음을 믿으라 하시더라(막 1:14-15).

제가 오랫동안 살았던 미국도 마찬가지이지만, 귀국해서 2년간 경험한 우리 대한민국은 현재 어느 때보다 더 정치적인 논쟁이 치열합니다. 정말 건국 이래 이처럼 국론이 분열되고 혼란스러운 때가 있었나 싶을 정도입니다. 그런데 기독교인들 안에서조차 이념이 신앙 위에 있는 듯 말하는 것을 들을 때는 정말 마음이 아픕니다.

사회주의라는 것은 공산주의의 발전된 경제 시스템입니다. 일부 유럽에 공산주의를 도입한 나라들이 있으나, 엄밀히 말하자면 공산주의는 신의 존재를 부인하고 물질을 근본으로 여기는 유물론에 기반을 두고 있습니다. 공산주의를 거쳤던 모든 나라에는 한결같이 독재 정부가 들어섰습니다.

공산주의가 들어선 나라들에서는 교회가 탄압과 핍박을 받았습니다. 창조의 세계가 하나님으로부터 시작되었음을 믿으며, 십자가의 사랑과 은혜를 강조하는 기독교와 이 세상의 창조 본질이 물질로 시작되었다고 생각하며, 노동자의 계급투쟁과 피의 혁명을 거치며 세상이 완성된다는 공산주의는 서로 앙숙이 될 수밖에 없습니다.

중국이 공산주의에서 진보된 반사회주의와 반자본주의 경제 시스템을 도입했지만, 기독교인들을 핍박할 수밖에 없는 이유는 사실상 그들이 신봉하는 사상으로 창조주 하나님을 받아들일 수 없기 때문입니다.

남미의 베네수엘라 같은 나라도 차베스 정권 때 사회주의 경제 시스템을 도입했습니다. 베네수엘라는 전 세계 석유 매장량이 1위일 뿐만 아니라 많은 천연자원을 가진 나라인데, 그럼에도 불구하고 사회주의 시스템으로 전향하며 가난한 사람은 더욱 가난해지고, 극소수의 일부 고위 계층만 배부른 가장 불행한 나라 중 하나가 되었습니다.

저는 기독교인들이 자유롭게 신앙생활을 할 수 있고 교회를 세울 수 있는, 지구상에 존재하는 그나마 성경과 가장 근접한 이념은 자유민주주의 이념이라고 생각합니다. 종교의 자유를 허락해 주기 때문입니다. 미국의 남침례교단이나 회중교회, 장로교회 등은 미국 건국과 정치에 많은 영향력을 서로 주고받았고, 그것이 미국을 이끌어 가는 건강한 힘이 되었습니다.

그러나 저는 미국에 오랫동안 살면서 자유민주주의가 갖고 있는 자본주의 시장 경제 시스템의 문제도 많이 경험했습니다. 이 시스템 역시 가진 자들이 나누지 않으면 빈익빈 부익부 현상이 나타납니다. 자본주의의 가장 큰 병폐는 탐욕을 제어하지 못했을 때 나타나는 사회 시장의 불균형입니다.

자본주의 시스템 안에서 내가 성공해서 돈을 많이 벌었다면 그것을 갖지 못한 자들과 함께 나누라는 것이 기독교가 가르치는 이웃 사랑의 실천입니다.

자유민주주의에는 종교의 자유와 개인의 자유를 많이 허용하기 때문에 기독교인들이 복음 전도 사역을 하기에 가장 좋은 국가 시스템인 것은 사실입니다. 그러나 자본주의에 막스베버(Max Weber)가 이야기하는 기독교 윤리와 예수 그리스도께서 보여 주신 사랑의 실천이 빠졌을 때는 사회주의 못지않게 불합리한 현상들이 많이 나타납니다. 그것이 요즘 미국에서 나타나는 인종 차별 문제와 책임이 없는 자유를 외치는 방종의 모습들입니다.

우리 그리스도인들은 우리가 살아가는 이 땅 위에 인간이 만든 어떤 이념도 완벽하지 않다는 것을 명심해야 합니다. 그것은 인간의 이기심과 탐욕, 하나님을 인정하지 않는 교만의 죄성 때문입니다. 인간사 이념의 가치는 오직 하나님을 온전히 섬기고 그분의 말씀을 실현할 수 있게 하는 시스템에 있다고 보아야 합니다.

사랑하는 여러분, 우리는 하나님이 세상을 창조하셨다고 믿는 기독교인들입니다. 저는 공산주의는 절대 반대하며, 자유민주주의를 존중하고 지킬 것이며, 그것이 주는 혜택에 감사하지만, 그렇다고 제가 믿들고 있는 신앙 위에 자유민주주의를 두지는 않습니다.

저의 우선순위는 다른 곳에 있습니다. 예수님은 이 땅에 오셔서 이 점을 분명히 가르쳐 주셨습니다.

1. 예수님이 가르쳐주신 하나님 나라

사복음서 중에 가장 먼저 쓰여진 것으로 알려진 마가복음은 예수님이 이 땅에 오셔서 하신 사역의 핵심을 이렇게 분명하게 요약합니다.

"요한이 잡힌 후 예수께서 갈릴리에 오셔서 하나님의 복음을 전파하여 이르시되 때가 찼고 하나님의 나라가 가까이 왔으니 회개하고 복음을 믿으라 하시더라"(막 1:14-15).

예수님은 우리 그리스도인들이 붙들어야 할 나라가 있다면 그것은 '하나님 나라'라는 것을 분명히 하셨습니다. 하나님은 이스라엘 백성들을 택하셔서 하나님 나라의 백성으로 삼으시는 모델을 제시하시고, 그것을 더욱 가시적으로 보여 주시고자, 하나님의 아들을 이 땅에 보내셨습니다.

그리고 예수님은 이 땅에 오셔서 사역을 시작하시면서 이제 때가 찼고 하나님 나라가 가까이 왔음을 말씀하셨습니다. 하나님 나라의 주인이 이 땅에 오신 것입니다.

예수님은 공생애 3년의 기간 동안 하나님 나라에 대한 강의를 즐겨 하셨습니다. 마태복음 13장을 중심으로 하나님 나라의 비유를 집중적으로 말씀하셨지만, 사실상 예수님이 이 땅에 오셔서 보여 주신 기적과 사역, 모든 말씀이 마지막에 이루어질 하나님 나라에 관한 것이었습니다.

예수님은 자주 비유를 통하여서 하나님 나라가 어떤 것인지를 모든 사람에게 설명해 주셨습니다. 사실 이 비유를 우리가 지금 들으면 너무나 쉽고 재미난 비유들입니다. 그러나 마음에 세속적인 가치관이 가득하고 자기가 중심인 사람들은 이 하나님 나라를 이해할 수도 없었고, 받아들이기도 싫어했습니다.

"천국의 비밀을 아는 것이 너희에게는 허락되었으나 그들에게는 아니 되었나니"(마 13:11).

이렇게 사역 기간 동안 하나님 나라에 대하여 가르쳐 주신 예수님이 십자가에서 돌아가셨다가 3일째에 부활하셨습니다. 그런데 예수님은 바로 하나님 나라로 가시지 않고, 40일을 이 땅에 제자들과 함께 머무셨습니다.

우리는 예수님이 왜 40일 동안 이 땅에 머무셨는지 궁금하지 않을 수 없습니다. 오늘 본문은 예수님이 부활하신 후에 40일 동안 무슨 말씀을 하셨는지를 이렇게 이야기합니다.

> "그가 고난 받으신 후에 또한 그들에게 확실한 많은 증거로 친히 살아 계심을 나타내사 사십 일 동안 그들에게 보이시며 하나님 나라의 일을 말씀하시니라"(행 1:3).

예수님은 사역의 시작도 하나님 나라에 대한 것이었고, 사역의 마침도 하나님 나라에 관한 것이었습니다. 그만큼 예수님은 이 땅에 오셔서 우리가 붙들어야 할 나라가 이 땅 위에 세워진 나라들이 아니라, 우리가 경험하고, 앞으로 가야 할 나라가 하나님 나라임을 강조하신 것입니다.

오늘날 전염병으로 인한 혼돈의 시대에 사람들은 무엇을 붙들어야 할지 막막해합니다. 내일 자체가 불투명하기 때문입니다.

이런 불확실한 시대 속에서 예수님이 말씀하신 하나님 나라는 어떤 나라인지, 그리고 우리는 어떻게 그 나라를 바라보고 붙들어야 하는지, 예수님이 마지막에 남겨 놓으신 말씀을 중심으로 몇 가지를 함께 나누어 봅니다. 우리는 주님의 제자들로서 어떤 나라를 바라보아야 할까요?

2. 하나님 나라를 바라보는 우리의 자세

약속을 붙들고 바라보라

함께 모여 약속을 붙들고 하나님 나라를 바라보며, 교회 공동체를 세우는 백성이 되어야 합니다.

"사도와 함께 모이사 그들에게 분부하여 이르시되 예루살렘을 떠나지 말고 내게서 들은 바 아버지께서 약속하신 것을 기다리라"(행 1:4)

예수님은 하나님 나라로 떠나시면서 제자들에게 한 가지 당부를 하십니다. 예루살렘을 떠나지 말고 함께 모여 있으면서 예수님이 약속하신 성령을 기다리라고 하신 것입니다. 그런데 우리는 이것이 막연한 기다림이 아니라는 사실을 알 수 있습니다. 제자들은 함께 모여 예배하고 기도하며 성령을 기다렸습니다.

"들어가 그들이 유하는 다락방으로 올라가니 베드로, 요한, 야고보, 안드레와 빌립, 도마와 바돌로매, 마태와 및 알패오의 아들 야고보, 셀롯인 시몬, 야고보의 아들 유다가 다 거기 있어 여자들과 예수의 어머니 마리아와 예수의 아우들과 더불어 마음을 같이하여 오로지 기도에 힘쓰더라"(행 1:13-14)

주님이 말씀하신 기다림은 막연한 기다림이 아닙니다. 그들은 함께 모여서 예수님의 말씀을 붙들고 그분을 경배하며, 마음을 같이하여 오로

지 기도에 힘썼습니다. 그리고 오순절에 성령님이 임하셨습니다. 그들은 영적인 눈이 밝아져서 '아 그렇구나, 예수님이야말로 진정한 메시아고 그리스도시구나!'라는 것을 마음 가운데 확신할 뿐만 아니라, 그 확신을 사람들에게 외치기 시작했습니다. 그렇게 해서 예수님 중심의 공동체, 곧 교회가 탄생했습니다.

'교회'는 헬라어로 '에클레시아(Εκκλησία)'라고 하며, '~로 불러내다'라는 뜻입니다. 즉, 하나님은 죄의 어둠 가운데 있었던 사람들을 밖으로 끄집어내어 하나님의 공동체를 세우신 것입니다. 마가의 다락방의 모임은 교회의 모태가 되었습니다.

에베소서에서 사도 바울은 영원 전부터 하나님이 감추어두시고 계획하셨던 놀라운 일들이 바로 이 교회를 통하여 나타났다고 이야기합니다(엡 3: 9-10).

하나님은 이 땅에 하나님 나라를 보여 주시기 위해서 하나님의 아들이신 예수님을 보내셨습니다. 예수님은 십자가에서 돌아가시기 전 베드로에게 주님의 교회를 세우시겠다고 하셨습니다(마 16:18). 그리고 정말 그 말씀대로 예수님은 십자가에서 돌아가심으로써 희생하시면서 교회를 세우셨습니다. 그래서 우리는 교회를 이야기할 때 '주님의 피 값으로 사신 바 된 교회'라고 말하는 것입니다.

그런데 사도행전에 보면 바울이 에베소교회의 리더들과 헤어질 때 "하나님이 자기 피로 사신 교회를 보살피게 하셨느니라"(행 20:28)라고 고백합니다. 하나님도 그분의 교회를 세우시기 위해서 피를 흘리신 것입니다. 교회 공동체가 이렇게 귀한 공동체입니다. 그래서 교회가 하나님 나라의 모형이며, 비밀 병기이고, 하나님 나라를 이루어 가기 위한 하나님 나라의 전초기지인 것입니다.

사람들이 이 땅에 소망이 없다고 이야기할 때, 무엇을 붙들어야 할지 모르겠다고 할 때, 하나님 나라의 모델인 교회는 이 땅에 소망을 제시해야 합니다. 우리는 그런 교회를 세우라고 '에클레시아!' 끄집어냄을 받으며 부르심을 받은 사람들입니다. 하나님 나라를 붙들려면 교회 공동체를 세워야 합니다.

하나님 나라의 가장 큰 특성은 하나님의 통치하심이 임하는 곳이라는 사실입니다. 하나님은 창조주이시기 때문에 모든 우주 만물과 모든 세상을 다스리십니다. 그러나 죄로 물든 세상이 완벽하게 하나님의 통치를 받으려면 심판의 종말이 와야 합니다.

그 종말의 날에 한 사람이라도 더 구원을 받고 형벌을 받지 않게 하시려고, 하나님이 예수님을 통하여 이 땅에 세우고자 하신 공동체가 바로 교회 공동체입니다. 따라서 우리는 순종함으로 교회를 세워나가야 합니다. 하나님 나라는 하나님의 통치하심에 순종할 때 더욱 극대화됩니다. 능력도 극대화되고 하나님이 주시는 기쁨도 극대화됩니다.

성령을 통해 바라보라

그리고 우리는 성령을 통해 하나님 나라를 바라보며, 능력을 경험하는 백성이 되어야 합니다. 예수님은 이어서 이렇게 말씀하십니다.

"요한은 물로 세례를 베풀었으나 너희는 몇 날이 못되어 성령으로 세례를 받으리라 하셨느니라"(행 1:5).

우리가 성령을 받고 성령을 의지하지 않으면, 비록 구원받은 사람이라고 할지라도 시간이 지나면서 다시 나의 왕국을 건설하게 됩니다. 우리는 시간이 지남에 따라서 나의 왕국을 건설하게 되어있습니다. 사도 바울은 이런 현상을 겪고 있는 갈라디아 지역 교인들에게 이렇게 질타했습니다.

"너희가 이같이 어리석으냐 성령으로 시작하였다가 이제는 육체로 마치겠느냐"(갈 3:3).

성령으로 시작한 것을 부인하지 않습니다. 그러나 '지금의 삶을 봐라, 이제는 육체로 마치겠느냐'라는 질책입니다.

아까 읽은 마가복음에서 예수님은 하나님 나라에 들어가려면 회개함이 있어야 한다고 하셨습니다. 회개는 내가 이제까지 산 것을 후회하는 정도가 아닙니다. 회개는 내가 이제까지 살았던 삶에서 완전히 되돌이켜서 새사람이 되는 것입니다. 그런데 사람이 이렇게 180도 변화되는 것은 성령의 역사가 없이는 불가능합니다. 예수님은 니고데모와의 대화에서 이렇게 말씀하셨습니다.

"예수께서 대답하시되 진실로 진실로 네게 이르노니 사람이 물과 성령으로 나지 아니하면 하나님의 나라에 들어갈 수 없느니라"(요 3:5).

예수님이 오시는 길을 예비하며 회개를 외쳤던 세례 요한도 이런 고백을 합니다.

"나는 너희로 회개하게 하기 위하여 물로 세례를 베풀거니와 내 뒤에 오시는 이는 나보다 능력이 많으시니 나는 그의 신을 들기도 감당하지 못하겠노라 그는 성령과 불로 너희에게 침례를 베푸실 것이요"(마 3:11).

성령의 역사 없이는 회개도 진정으로 하지 않습니다. 성령의 역사가 없는 사람은 예수님을 진정으로 만나지 못합니다. 진정한 삶의 성화 과정을 경험할 수 없습니다.

예수님과 3년을 동행하며 모든 신기한 말씀과 기적을 경험했던 제자들이었지만, 그들은 오순절 마가의 다락방에 임한 성령님의 역사를 통해서 영적인 눈이 비로소 뜨이게 되었습니다. 예수님이 그렇게 하실 능력이 없으셔서 그랬던 것이 아닙니다. 하나님 아버지가 계획하신 하나님 나라가 그런 것입니다.

교회는 성령님을 통하여, 예수 그리스도를 통하여, 회개하며 거듭난 사람들이 모인 공동체입니다. 그래서 교회는 요한계시록 말씀처럼 성령님이 하시는 말씀에 순종해야 하며, 성령님의 음성에 민감해야 하며, 성령님을 통하여 사람들을 세우고, 성령님을 통하여 사역해야 합니다. 하나님의 영이신 성령님이 없는 교회는 그냥 사람이 많이 모이는 기업에 불과합니다.

그러나 성령님을 통해 바라보는 나라는 회심하는 영혼들의 회개의 역사가 가득합니다. 베드로가 첫 설교를 하자 사람들은 자복하며 "우리가 어찌할꼬(행 2:37)"를 외쳤습니다. 그때 베드로는 이렇게 선포합니다.

"베드로가 이르되 너희가 회개하여 각각 예수 그리스도의 이름으로 세례를 받고 죄 사함을 받으라 그리하면 성령의 선물을 받으리니"(행 2:38).

그리고 그렇게 성령을 선물로 받은 사람들에게 하나님의 나라는 이렇게 임재합니다. 로마서 말씀입니다.

"하나님의 나라는 먹는 것과 마시는 것이 아니요 오직 성령 안에 있는 의와 평강과 희락이라"(롬 14:17).

성령을 통하여서 하나님 나라를 붙드는 사람들은 하나님의 능력을 경험합니다. 여기 있다 저기 있다 시간과 공간의 개념이 아닌, 하나님의 정의로운 통치에 순종할 때 하나님이 주시는 평강과 기쁨이 넘쳐나는 것입니다.

예수 그리스도를 증거하며 바라보라

예수 그리스도를 증거하며 하나님 나라를 바라보고, 사명을 감당하는 백성이 되어야 합니다.

예수님은 마가복음에서 하나님 나라의 핵심이 복음이라고 하셨습니다. 복음의 핵심은 바로 그 말씀을 하신 하나님의 아들, 예수 그리스도이십니다. 하나님 나라는 하나님의 아들이신 예수 그리스도를 통하여 이루어지는 나라입니다. 예수님이 승천하시기 전에 마지막 말씀으로 주신 유언장과도 같은 말씀이 바로 마태복음 28장 말씀입니다.

그것은 바로 하나님 나라를 경험한 예수님의 제자들이 모든 사람에게 다가가서 예수 그리스도를 증거하고, 예수님의 제자로 만들라는 예수님의 지상 명령이었습니다. 오늘 본문 사도행전 1장 8절에서도 예수님은 같은 이야기를 하십니다.

"오직 성령이 너희에게 임하시면 너희가 권능을 받고 예루살렘과 온 유대와 사마리아와 땅 끝까지 이르러 내 증인이 되리라 하시니라"(행 1:8).

성령은 듀나미스, 능력을 주십니다. 이 능력을 더 이상 나를 위해서 사용하는 것이 아니라, 내가 이미 충만한 은혜, 구원의 은혜, 영생의 은혜를 받았기 때문에 오직 이것을 주님을 증거하는 데 사용해야 합니다.

하나님 나라를 바라보는 백성은 삶의 모든 초점을 복음의 핵심인 예수님의 십자가와 부활을 증거하기 위해 애씁니다. 자신의 헌신으로 하나님 나라가 확장되는 기쁨을 맛보기 때문입니다. 내가 하나님 나라의 증인으로 쓰임 받는 것이 너무나 황홀하기 때문입니다.

무장하고 준비하라

코로나 전염병 상황에서 우리는 그동안 누렸던 많은 자유가 속박을 받는 것을 경험했습니다. 이것에 불편해하기도 하고, 화를 내기도 하고 우울해하기도 합니다. 그러나 전염병 상황에서는 모두가 예외 없이 자유가 속박될 수밖에 없습니다.

그런데 여러분, 중요한 사실이 있습니다. 우리가 말한 자유의 대부분은 사실 우리가 육신적으로 누렸던 부분들이라는 점입니다.

저는 목회자로서 누구보다도 코로나가 빨리 종식되기를 간절히 기도합니다. 성도 없이 설교하고 목회하는 것이 어떤 것인지를 경험하기 때문입니다. 그러나 또 한편으로는 코로나가 종식되기 전에 그동안 우리에게 주신 은혜를 사용하고 본질을 회복해야 합니다. 그리고 그동안 우리가 방종 가운데 교만하고 죄지었던 것들을 회개해야 합니다.

그렇게 영적으로 무장하고 준비하지 않으면, 코로나가 끝나고 일상으로 다시 돌아가고 사람들은 행복해질 것 같지만, 시간이 조금만 지나면 범죄율이 엄청나게 급증하고 밤 문화는 더욱 활성화될 것입니다. 억눌렸던 죄의 본성들이 올라올 것이기 때문입니다.

코로나가 종식되면 성도들은 감격스러운 마음을 가지고, 예배당으로 몰려들 것입니다. 그러나 마가복음에서 예수님이 말씀하신 진정한 회개함과 복음의 핵심이신 예수님의 십자가와 부활을 회복하지 못한다면 그것은 우리에게 재앙일 수 있습니다. 하나님 나라를 40일 동안 이야기하시고 약속하신, 성령님의 폭발적인 역사를 이야기하신 예수님에게 제자들은 이런 맥 빠진 질문을 합니다.

> "그들이 모였을 때에 예수께 여쭈어 이르되 주께서 이스라엘 나라를 회복하심이 이때니이까 하니"(행 1:6).

예수님은 하늘로부터 오는 위대한 나라, 곧 '하나님 나라'를 이야기하시는데 제자들은 여전히 세상의 나라인 이스라엘의 독립에 관심이 있습니다. 내가 태어난 조국, 내 부모님의 나라, 우리의 민족은 소중한 것이고, 때로는 목숨을 내걸고 싸우며 지켜야 하는 존재입니다. 그러나 70년 만에 포로에서 돌아와 나라를 다시 세워도, 하나님 나라를 추구하지 않으면 국가주의와 민족주의가 주는 울타리 안에 빠져 하나님을 잊어버리고 다시 우상 숭배를 합니다.

그러나 반대로 로마의 압제와 유대인들의 핍박을 받아도, 그리스도인들은 그들이 추구하는 하나님 나라 안에서 참된 자유를 누렸습니다. 그들은 남들이 보지 못하는 거대한 로마 제국을 압도하는 더 커다란 하나님의 나라를 바라봤기 때문입니다.

하나님의 의로운 통치하심과 그 안에서 주시는 평강이 있으니, 어떤 환난 가운데서도 그리스도인들은 진정한 기쁨을 누릴 수가 있습니다. 자유가 있는 민주주의면 가장 좋지만, 공산주의든, 이슬람권이든, 봉건주의든, 왕정 정치든 그 시대에서 하나님 나라를 추구하는 백성은 하나님이 지키시고 인도하심을 믿어야 합니다. 그것이 곧 하나님 나라에 속한 백성의 강한 믿음입니다.

하나님은 코로나를 통하여서 우리의 밑바닥을 보게 하시고 우리의 신앙의 본질을 보게 하십니다. 코로나가 종식되면서 우리가 맞이할 참다운 부흥의 역사를 준비하고 계십니다. 하나님 나라를 통한 이전보다도 더 큰 영광을 준비하고 계십니다. 하나님 나라는 하나님의 거룩과 사랑과 공의와 은혜가 하나님의 통치하심으로 균형 있고, 힘있게 실천되는 나라입니다.

The kingdom of God, 바실레이아 투 데오! 이 하나님의 나라가 아직 완전하게 오지 않았지만, 이미 우리 마음 가운데 주신 놀라운 성령의 능력으로 바라볼 수 있음에 감사하시기 바랍니다.

NEW NORMAL
뉴노멀 시대의
그리스도인

에/필/로/그

뉴노멀 시대에도
여전히 변하지 않는 복음

『뉴노멀 시대의 그리스도인』책을 집필하면서, 지구촌교회에 부임한 지 2주년을 맞이했습니다. 교회 역사문서팀에서 2주년에 대한 소회를 써 달라는 요청을 받고 기도하며 글을 썼는데, 공교롭게도 이 책 마지막 부분에서 하고 싶은 이야기들이 결론적으로 잘 담겨 있습니다.

이 책은 학술적인 책이 아니라, 뉴노멀 시대에 성도들과 함께 현장에서 고민하고, 기도하고, 예배한 흔적이 담겨 있기에 2주년에 대한 소회가 에필로그로 잘 어울린다고 생각하여 여기에 담습니다.

2021년 지구촌 취임 2주년 소회

할렐루야! 주님의 존귀하신 이름을 높이며 샬롬의 평강으로 여러분에게 문안 인사드립니다.

어느덧 지구촌교회에 부임한 지도 이제 2년을 넘어 3년 차 사역을 바라보고 있습니다. 저에게는 지난 2년이 그 어떤 목양지에서 보낸 시간보다 특별한 경험이었습니다. 아마 여러분도 대부분 그러셨을 것입니다.

그 이유는 우리 시대에 누구도 경험해 보지 못한 새로운 전염병 창궐이 우리의 모든 패러다임을 바꾸어 놓았기 때문입니다. 과거에는 지극히 정상이었던 것들이 비정상으로 여겨지고, 규율 위반이 아니었던 행위들이 범죄로까지 취급받는 시대가 되었습니다.

일단 사람들이 함께 만나는 것부터가 눈치가 보이고 부자연스럽습니다. 가족끼리 오손도손 모여 웃고 즐겁게 소리 내어 교제를 나눈 마지막이 언제인지 잘 기억이 나지 않습니다. 양로원에 부모님을 위탁한 자녀들로부터 일 년 동안 부모님의 손조차 잡아보지 못했다는 정말 안타까운 고백을 종종 듣습니다.

코로나로 인해 소천하여 장례를 치르지만, 마지막 임종을 지켜보지 못한 이웃들도 우리 주변에 있습니다. 경제, 사회, 문화, 우리 삶의 모든 영역에 걸쳐 눈에 보이지 않는 바이러스가 우리의 수많은 것들을 바꾸어 놓았습니다. 또한 집값은 역사상 최고점을 찍고, 젊은 부부들은 평생 모아도 내 집 마련이 아득히 멀기만 한 이 현실이 더욱 우리 모두를 힘들게 합니다.

우리는 정말 한 번도 경험해보지 못한 어려움들을 겪고 있습니다. 무엇보다 우리 지구촌 공동체에 있어서 소중한 모임인 목장 교제, 그리고 대면 예배를 자유롭게 할 수 없다는 것이 가장 큰 고통입니다. 가장 어려울 때 함께 얼굴을 맞대고 기도하고 교제하는 가운데 위로받았던 목장 모임, 신앙 공동체로서 함께 드렸던 공 예배, 기도의 은혜가 묻어 있는 성전의 그 자리, 이제 우리는 공동체로 함께 누려 오던 그때의 그 감격과 위로와 힘을 어디서 받을 수 있을까요?

뉴노멀 시대! 말씀을 전하는 목회자로서, 영적으로, 정신적으로, 경제적으로, 육체적으로, 지치고 힘든 하루하루를 살아가는 우리 성도들에게 어떻게 하면 예수 그리스도의 복음으로 위로하고, 다시 일어서게 할 수 있을지가 지난 일 년 반 동안 저의 치열한 고민이었습니다.

비록 얼굴을 맞대고 예배하는 시간은 많지 않았지만, 하나님은 우리 성도님들 한 분 한 분의 울부짖음과 고난 가운데의 어려움을 성령님을 통해 보고 듣게 하셨습니다. 정말 이 시대의 목회는 우는 자들과 함께 울고, 웃는 자들과 함께 웃는 것이 필요함을 절실히 깨닫습니다.

구약 시대의 선지자 에스겔은 극한 절망 가운데 있었습니다. 그러나 그는 그 절망 중에도 소망을 보았습니다. 포로로 잡혀간 유대인들이 비록 마른 뼈와 같이 생기가 사라지고, 죽음의 기운이 가득했지만, 하나님은 그 뼈들을 능히 살리실 수 있는 전능하신 하나님이심을 환상 가운데 바라보게 하셨습니다.

그것은 단순한 환상이 아닌, 하나님이 보여 주신 회복에 대한 비전이었습니다. 비록 우리는 앞을 보지 못해도, 하나님은 우리의 모든 역사를 계획하시고 이끌고 계십니다. 이것 또한 제가 지난 시간 동안 코로나 상황에서 목회하면서 절실히 깨달은 동전의 또 다른 면이었습니다.

에스겔 선지자처럼 절망 가운데 있었을 때 하나님은 성령님을 통해 우리에게 은혜를 부어 주셨습니다. 셀 콘퍼런스를 통해 예수님이 보여주신 12제자 비전이 코로나 상황에서 우리 교회를 끈끈하게 묶어주는 강력한 조직임을 다시 한번 깨닫게 하셨습니다. 작년 블레싱 집회를 통하여 이 시대에는 오히려 더욱더 많은 사람이 깊은 절망 가운데 있기 때문에 예수 그리스도가 그들에게 필요하다는 것을 보게 하셨습니다.

경제가 어려운데도 헌금은 줄지 않고, 오히려 위기 가운데 하나님을 사랑하고 그분이 세우신 교회를 사랑하는 성도가 하늘의 별처럼 많다는 사실로 서로를 격려하게 하셨습니다. 대한민국 피로회복 사역을 통하여 3천 명이 넘는 성도님들이 헌혈에 참여함으로써 오직 예수 그리스도의 보혈만이 우리 대한민국을 구원하실 수 있음을 몸으로 외쳤습니다.

예산에는 없었지만, 'M52 Kingdom 오병이어' 사역을 통하여, 미자립교회, 홀 사모님 가정, 해외 선교지, 미얀마 사태, 취약계층, 소상공인, 장애인, 청년들을 사랑으로 도울 수 있는 기회를 주셨습니다. 그리고도 우리에게는 계속해서 열두 광주리가 남아 있습니다. '오병이어'는 모두가 어려운 가운데 있지만, 누군가 헌신한 작은 정성으로도 하나님은 천국의 풍성함을 능히 맛보게 하실 수 있는 '전능하신 엘샤다이 하나님'이라는 것을 보여 주시는 것입니다.

신앙은 역설입니다. 역설은 곧 우리의 삶에 기적이 임한다는 것입니다. 그렇다면 위기의 시대에 이런 기적들을 계속 경험하기 위해 우리 지구촌 공동체에 필요한 것은 무엇일까요? 무엇보다도 첫째는 '사랑'입니다. 예수님이 십자가에서 보여 주신 사랑입니다. 그리고 둘째는 그 사랑을 통한 서로의 '헌신과 희생'입니다. 그리고 셋째는 그런 마음들로 모여진 '연합'입니다.

이런 것이 가능할까요? 그렇습니다. 예수님이 십자가에서 보여주신 복음은 사람을 변화시키는 능력이 있습니다. 도저히 변할 것 같지 않은 사람을 변화시키려면 어떤 것에도 변하지 않는 절대 진리가 필요한 것입니다. 바로 하나님의 말씀, 예수 그리스도의 복음입니다.

그래서 저는 이 뉴노멀 시대에도 여전히 변하지 않는 복음을 선포할 것입니다. 그 본질을 더욱더 강조하고, 복음의 본질에 목숨 걸고 목회할 것입니다. 십자가와 부활과 성령의 사역을 강조할 것입니다. 생명력 있는 예배와 뜨거운 기도를 여전히 강조할 것입니다. 영혼 구원을 위한 전도와 가난한 이웃들에 대한 구제를 더욱더 외칠 것입니다. 여전히 세계 선교를 강조할 것입니다. 민족 치유와 세상 변화를 위해 3N 3G 사역을 이어 갈 것입니다.

그러나 한 가지 우리가 꼭 잊지 말아야 하는 것이 있습니다. 이 변하지 않는 복음의 능력을 담는 그릇은 새로워져야 한다는 것입니다. 시대가 변했습니다. 예수님 말씀처럼 새 술은 새 부대에 담아야 합니다. 하나님은 새로운 시대에 복음을 담을 수 있는 그릇을 온전히 준비하라고 하십니다. 저는 오래전 새벽기도 때 성경 전체를 묵상하며, 예수님이 말씀하신 새 술과 새 부대의 의미를 저 개인적으로 적용하기를 원했습니다.

그때 하나님이 마음 가운데 주신 새 가죽 부대 즉, 복음을 담는 그릇의 의미는 세 가지였습니다. 첫째는 '깨끗한 그릇'이었습니다. 둘째는 '겸손한 그릇'이었습니다. 셋째는 '순종하는 그릇'이었습니다.

인터넷 사역, 미디어 사역, 가상공간, 공공 사역, 문화 사역, 그 외 코로나 상황에서 등장하는 여러 가지 전략이 있습니다. 코로나 3.8 전략에서 강조한 것처럼 이것들은 앞으로 발전될 것이며, 이 시대의 사람들에게 복음을 담는 중요한 새 부대가 될 것이고, 이미 그렇게 되고 있습니다. 우리 교회는 이런 사역으로 빠르게 전환하였고, 복음을 전달하는 방식에 대하여 계속해서 함께 치열하게 고민하고 있습니다.

그러나 동시에 그 가죽 부대(그릇)가 깨끗하고, 겸손하고, 순종하지 않는다면 그것은 오히려 독이 될 수 있습니다. 그릇에 담긴 음식(복음)이 주체가 되어야지, 그릇 자체가 주체가 되어서는 안 된다는 이야기입니다.

거룩하신 주님을 내 삶에 담기 위해 내가 변화되어야 합니다.

사랑하는 지구촌교회 공동체 성도 여러분! 우리 모두가 어려운 시대를 만났지만, 에스겔 선지자가 바라보았던 마른 뼈가 다시 살아나는 진정한 부흥을 이 시대에도 경험하시기를 원합니다. 나의 작은 정성과 드림을 통해 우리의 공동체가 풍성해지는 오병이어의 기적을 체험하시기를 원합니다. 서로 사랑하고, 희생하고 헌신하고, 오직 그리스도 안에서 연합하는 목장 모임, 지구촌 공동체가 되시기를 원합니다. 그리고 새 술이신 예수 그리스도를 담기 위해 겸손하고, 깨끗하고, 순종하는 새 가죽 부대가 되어 민족을 치유하고, 세상을 변화시키는 놀라운 역사를 우리 시대에 경험하시기를 주님의 이름으로 축원합니다.

뜨거운 여름이 지나고, 아침저녁으로는 시원한 바람이 솔솔 불어옵니다. 가을 '추수감사 특별 부흥회'가 기다려집니다. 일 년 동안 기도하고 전도하고 싶었던 가족과 이웃들을 주님 앞으로 데려오는 '블레싱 축제'가 기다려집니다. "기쁘다 구주 오셨네"를 함께 힘치게 부를 때킹밀이 기다려집니다. 그렇게 하루, 한 달, 일 년 소망 가운데 살다 보면 주님 뵐 날이 얼마 남지 않았음을 실감하게 될 것입니다.

마라나타! 우리 주님 어서 오시옵소서!

사랑합니다. 감사합니다. 여러분 모두를 주님 안에서 축복합니다.

주 안에서
최성은 목사 드림

사명선언문

너희가 흠이 없고 순전하여……세상에서 그들 가운데 빛들로
나타내며 생명의 말씀을 밝혀 _ 빌 2:15-16

1. 생명을 담겠습니다
만드는 책에 주님 주신 생명을 담겠습니다.
그 책으로 복음을 선포하겠습니다.

2. 말씀을 밝히겠습니다
생명의 근본은 말씀입니다.
말씀을 밝혀 성도와 교회의 성장을 돕겠습니다.

3. 빛이 되겠습니다
시대와 영혼의 어두움을 밝혀 주님 앞으로 이끄는
빛이 되는 책을 만들겠습니다.

4. 순전히 행하겠습니다
책을 만들고 전하는 일과 경영하는 일에 부끄러움이 없는
정직함으로 행하겠습니다.

5. 끝까지 전파하겠습니다
모든 사람에게, 땅 끝까지, 주님 오시는 그날까지
복음을 전하는 사명을 다하겠습니다.

서점 안내

광화문점 서울시 종로구 새문안로 69 구세군회관 1층
02)737-2288 / 02)737-4623(F)

강남점 서울시 서초구 신반포로 177 반포쇼핑타운 3동 2층
02)595-1211 / 02)595-3549(F)

구로점 서울시 동작구 시흥대로 602, 3층 302호
02)858-8744 / 02)838-0653(F)

노원점 서울시 노원구 동일로 1366 삼봉빌딩 지하 1층
02)938-7979 / 02)3391-6169(F)

분당점 경기도 성남시 분당구 황새울로 315 대현빌딩 3층
031)707-5566 / 031)707-4999(F)

일산점 경기도 고양시 일산서구 중앙로 1391 레이크타운 지하 1층
031)916-8787 / 031)916-8788(F)

의정부점 경기도 의정부시 청사로47번길 12 성산타워 3층
031)845-0600 / 031)852-6930(F)

인터넷서점 www.lifebook.co.kr